한국어로 내려온
New Bible

새로운
성 경

제29권

2부 | 총10부

하얀마음

하나님 말씀 중에서

1. 사랑의 하나님

- 세상을 창조하신 하나님은 모두를 사랑하신다. 인간만 특별히 더 사랑하지 않고, 우주 만물을 다 똑같이 사랑하신다. 그러니 하나님이 창조하신 천지 만물과 화친하고, 미물까지도 소중히 대하라.

- 하나님은 특정 종파나 민족만을 더 사랑하지 않으신다. 자기 자신만 구원받겠다는 욕심을 버리고, 자기 종파만 구원받는다는 편협한 교리에서 벗어나야 한다. 종파를 초월해서, 모두를 사랑하라.

- 원수까지 사랑하라 했으니, 이 세상에 사랑하지 못할 자가 누가 있겠는가? 종파가 다르다고 해서 부모 형제와 원수처럼 지내는 자는 인간의 근본을 모르는 자다. 가장 가까운 가족부터 사랑할 때 남도 진심으로 사랑할 수 있다.

- 한 사람을 원수같이 생각하던 마음에서 사랑하는 마음으로 돌리면, 자기 자신의 마음이 가장 기쁘고 행복하다. 하나님께서는 인간의 마음속에 무거움이 없이 기쁘고 행복한 삶을 살기를 바라신다.

- 이웃을 “내 몸처럼” 사랑하라 했으니, 마지막 한 장 남은 천국의 티켓도 이웃에게 양보하라. 자기 중심적인 신앙에서 벗어나서 남을 위해 살아야 한다.

- 독초도, 약초도, 이단도 사탄도 천사도 다 필요하기에 존재한다. 독초일지라도 극소량을 사용해서 생명을 살릴 수 있고, 약초라 하더라도 남용하면 생명을 잃을 수 있다.

- 세상 모든 것을 명약으로 활용하는 것은 인간의 지혜에 달렸다. 어떤 것이든 어떤 사람이든 적재적소에 꼭 필요한 명약으로 승화시키라.

- 사탄도 이단도 천사도 모두 하나님의 주관하에 존재한다. 진정한 하나님의 백성은 사탄과 마귀까지도 감화시켜서 천사로 거듭나게 한다.

2. 기도

▪ 하나님은 인간의 생각까지 모두를 다 알고 계신다. 우리의 소원도 이미 알고 계시기에, 소원의 기도를 할 필요가 없다. 우리가 받을 자격이 되면 내려 주신다.

▪ 죄를 짓고 아무리 회개를 해도 용서받지 못한다. 도둑질한 자는 용서해 달라고 기도하고, 도둑맞은 자는 도둑을 잡게 해 달라고 기도하면, 공의의 하나님은 누구의 편에 서시겠는가?

▪ 자기가 잘못한 것은 그 사람에게 직접 갚고 용서를 구하라. 그가 용서하면 하나님도 용서하신다. 땅에서 매면 하늘에서도 매이고, 땅에서 풀리면 하늘에서도 풀리는 이치다.

▪ "회당에서 기도하지 말고 골방에서 기도하라" 했다. 눈에 보이는 골방이 아니라, 골방과 같이 고요한 마음이다. 잡념을 버리고 하나님을 향해 마음을 집중하며, 사랑하고 용서하는 아름다운 생각만 나오도록 하라.

▪ "두드리면 열릴 것이다." 하는 것은 육의 소원을 위해 두드리라는 것이 아니라, 진리의 깨달음을 얻기 위해 두드리라는 것이다.

▪ 기도하는 방법: 생활 속에서 수시로 기도하는 삶을 살아야 한다.

- "저의 죄를 용서하여 주옵소서." 하는 회개의 기도를 하라.
- 범사에 "하나님! 감사합니다." 하라. 현재 가진 것에 감사하며, 과욕하지 말라. 자기 노력 이상의 것을 더 갖고자 기도하는 것은 도둑놈심보다. 공의의 하나님은 각자 노력한 만큼 주신다.
- "하나님 뜻대로 살아가겠나이다." 하며 마음의 각오를 다지라.

▪ 기도는 하나님의 말씀을 받아서 "행하는 것"이다. 하나님이 계심을 굳건히 믿고, 하늘을 향하여 한 점 부끄럼 없이 사는 삶 자체가 가장 위대한 기도이며, 삶이 곧 예배다.

3. 지도자

▪ 똑같이 사랑한다는 말을 해도, 순수하게 하는 말은 천사의 말이지만, 사기 쳐서 재산을 가로채려고 하는 말은 사탄의 말이다.

- 종교 지도자가 아무리 훌륭한 설교를 해도, 신도의 재물을 거둬서 더 큰 교회를 짓고 자기의 부귀영화를 바라며 설교하면 사탄의 가르침이 된다.

- "저희 교회는 만원사례요, 믿음은 다 같으니 이웃의 개척 교회에 가서 예배를 드리시오." 하며, 이웃 교회의 부흥을 먼저 생각하여 제 신도를 보내는 종교 지도자가 있다면 그를 따르라. 그가 하나님의 사랑을 실천하는 자다.

- "부자가 천국에 들어가는 것은 낙타가 바늘구멍을 통과하는 것보다 더 힘들다" 하였거늘, 지금의 교회에서는 부자가 되기만을 기도하고 소원하니, 이는 곧 천국을 포기하고 지옥 행 열차의 티켓을 사는 것과 같다.

- 예수는 빈손이었다. 종교 지도자가 예수보다 더 호화롭고 편안하게 살아간다면 잘못된 것이다. 부귀영화와 명예를 바라는 자는 절대로 갈 수 없는 좁고 협착한 길이 종교 지도자의 길이다.

- 종교 지도자는 유리로 비춰 봐 한 점의 부끄러움이 없이 살아야 한다. 의식주도 직접 일해서 해결하고, 예수의 가르침과 행함을 그대로 따라야 한다.

- 종말은 없다. 지금의 잘못 가는 종교 집단에게만 종말이 있다. 보이지 않는 하나님은 보이는 육의 종말은 관여하지 않으신다. 환경 파괴로 인간이 스스로 멸망을 자초하는 것이다. 종파끼리 싸우기 전에, 무너진 인성을 바로잡고 지구의 몸살을 해결하는 데 뜻을 모으는 게 급선무다.

4. 성전이란

- 이 세상 자체가 하나님께서 만드신 성전이다. 자연보다 더 아름다운 성전이 있는가? 보이는 건물이 성전이 아니라, 성스러운 마음가짐이 성전이다.

- 반석 위에 교회를 지으라 했다. 지상의 단단한 돌은 인간이 쪼갤 수 있으나, 마음속의 굳은 결의는 세상 무엇으로도 쪼갤 수 없다. 바르고 굳건한 믿음으로 성경의 가르침을 실천하는 것이 마음의 반석 위에 교회를 짓는 것이다.

- 손으로 지은 건물의 교회에 모여서 복음을 전하는 것이 아니라, 교회를 개인과 가정에 심어 주어야 한다. 무너지고 부서지는 건물을 짓지 말고, 마음속에 영원히 불변하는 참진리의 교회를 지으라.

5. 십계명

- 십계명은 인간이 죽어서 반드시 통과해야만 하는 열 개의 관문이다.

- 부모를 공경하지 아니한 자는 "네 부모를 공경하라." 하는 제5계명의 관문이 열리지 않으니 구원받을 수 없다.
- 살인, 간음, 거짓, 우상 등의 나머지 계명도 마찬가지다.

- 십계명은 하나님의 친필이다. 모기소리만 한 하나님의 음성이라도 들어 보겠다고 여기저기 찾아 헤매지 말고, 십계명부터 암송하고 지키라.

- 십계명은 영혼을 구원하는 양식이며, 십계명을 지키는 것이 구원을 받는 길이다. 인간이기에 지키고자 노력하고 또 노력한다면 지킬 수 있다.

- 십계명을 지키고 천사처럼 아름답게 살아가는 그 마음 하나면 세상에 이루어지지 않는 것이 없다.

6. 보물

- 하나님은 재물이 아니라 우리의 마음을 받으신다. 사랑을 실천하며 천사처럼 변하는 마음이 하나님께 바치는 보물이다.

- 보이지 않는 하나님께 재물을 바치려 하지 말고, 너희를 길러 준 부모에게 용돈 드리고, 찾아뵙고, 효성을 다하라. 그것이 하나님께 효도하는 것이다.

- 하늘에는 선과 악의 창고가 있다. 자기 창고에 선이 많으면 천국으로 구원을 받고, 악이 많으면 심판받아 지옥으로 간다. 그것이 바로 "선한 일을 행한 자는 생명의 부활로, 악한 일을 행한 자는 심판의 부활로" 나오는 것이다.

- "선악과를 따먹지 말라"는 것은 양심을 지키라는 것이다. 선과 악을 구분할 수 있는 양심을 최초에 인간에게 주셨다. 선한 열매는 취하고, 악한 열매는 버리며, 양심에 비추어 부끄럼 없는 삶을 살아가라.

- 가장 작은 거짓말을 하지 않고, 가장 작은 죄를 짓지 않으며, 가장 작은 선행을 하고, 가장 작은 악행을 멀리하는 것이 율법의 일점 일획도 빠뜨리지 말고 다 지키는 삶을 사는 것이다.

7. 우상

- 박물관에 있는 불상은 하나의 예술품이다. 그 조각품에 대고 제 소원을 빌 때 우상숭배가 된다. 십자가라 하여도 그 앞에서 소원을 빈다면 우상숭배하는 것이며, 하나님께 소원을 빈다면 하나님을 우상으로 전락시키는 것이다.

- 지금 기복신앙에 젖어 있는 모든 사람이 우상 앞에 절을 하고 있다. 조각품을 우상이라며 파괴하지 말고, 네 마음속에 있는 욕심의 우상을 무너트리라.

- 생수를 약초가 먹으면 약을 만들고 독사가 먹으면 독을 만든다. 같은 성경을 봐도 선한 지도자는 신도를 천사로 만드는 데 활용한다. 그러나 욕심이 가득한 지도자는 재물을 거두어들여 제가 부귀영화를 누리는 데 악용한다. 그가 바로 성경을 우상숭배의 도구로 전락시키는 거짓 선지자다.

- 성경을 한 획도 빼거나 더하지 말라는 것은, 그 가르침을 빠트리지 말고 온전히 지키라는 것이다. 성경 속에서 자기에게 유리한 구절만 보는 것은, 자기에게 불리한 구절들을 빼 버리는 것이다. 믿음이 제일이요, 행함은 구원과는 관계없다는 것은 자신에게 유리한 쪽으로 성경을 악용하는 것이다.

- 진정한 종교 지도자는 종파에 관계없이 어떤 종파든 어떤 책이든 접하고 보고 깨우쳐 견문을 넓히도록 인도한다. 참진리를 모르고 자신이 없는 자가 남을 이단이라며 배척하고, 신도들의 눈과 귀를 가린다.

8. 예수

- 예수의 재림은 없다. 예수가 다시 온다 해도, 과연 누가 그를 예수라고 믿겠는가? 예수와 같은 삶의 행함이 곧 예수의 재림이다. 각자 모두가 "재림 예수"가 되는, 차원 높은 믿음으로 가야 한다.

- 예수는 "주여 주여 하지 말고, 아버지의 뜻대로 행하라"고 했다. 예수가 전한 하나님의 뜻이 곧 "길이요, 진리요, 생명"이며, 그 가르침이 예수의 보혈처럼 소중한 것이다. 예수를 믿는 것은, 예수의 가르침을 믿고 따르는 것이다.

- 예수는 낮은 자로서 만백성을 섬기고자 했다. 만나는 모든 사람을 다 하나님이라 생각하라. 돈을 벌수록 겸손하고, 높은 지위를 얻을수록 낮아지라.

▪ 예수는 종파를 만들지 않았다. 인간이 만든 종교와 인간의 교리를 따르지 말고, 예수를 통해 전한 하나님의 참진리를 연구하고 따르라.

▪ 예수가 2천 년 전에 만백성을 위해 죽었으니, 지금 이 땅에는 예수의 가르침대로 사는 천사만 존재해야 한다. 예수가 죽어 가면서 바란 것은 만백성이 천사가 되어 예수의 자리를 채워 주는 것이지, 지금과 같이 재물을 바치면서 중언부언 제 소원만을 비는 백성들을 바란 것이 아니다.

9. 구원

▪ 천사가 사는 천국에는 천사만 갈 수 있으니, 천사 같은 마음을 길러야 한다.

- "천국 열쇠를 네게 주리니 땅에서 무엇이든지 매면 하늘에서도 매일 것이라" 했다. 땅에서 천사같이 사는 자가 하늘에서도 천사가 되어 천국에 들어간다. 모든 사람에게 천사같다는 말을 듣는 삶을 살아야 한다.

▪ 천사의 곱고 아름다운 마음은 부모를 공경하고 어른을 어른으로 대접하는 데에서 출발한다. 효도하는 자는 형제와 화목하게 지내기에 가정이 화목해지고, 이웃과 화목해지고, 국가가 화목해지고, 온 인류가 화목해진다.

- 그러므로 지상의 아름다운 소왕국은 가정에서부터 이루어야 한다.

▪ 선택된 14만 명만 구원받는 것이 아니라, 천사처럼 변하고자 하는 14만 명을 기초로 온 인류가 천사처럼 거듭나는 영적인 개혁이 시작되는 것이다.

▪ 천 년에 걸쳐서 하늘에서 이루어진 것같이 이 세상을 낙원으로 만들어, 만백성이 지상의 천국에서 살다가 죽어서 그대로 하늘의 천국으로 들어가는, 영원한 지상 낙원을 건설하는 것이 하나님의 계획이다.

- **이것이 구약과 신약에 이어 "새로운 성경"으로 역사하시는 하나님의 창조의 완성이다.**

▪ 지금의 믿음으로 구원받을 수 있다면 그 길을 가라. 그러나 자신이 없다면 하나님께서 직접 내리신 160권의 "새로운 성경"을 읽고 구원의 길을 보라!

하나님 머리말씀

이 새로운 성경을 읽는 너희 모두는
이 율법에 따라 행하면 영원히 구원받을 것이니라.

너희 인간이 수년, 수십 년, 평생
성서를 공부하고 기도하는 것은
하늘나라 나의 곁으로 오고 싶은 소망일진대,

몇천 년 전의 너희 인성과 생각이
지금의 너희와는 판이하게 다르니,

꺾여 가고 병들어 가는 너희를 고칠 수 있는 길은,
오늘 내가 선지자에게 내리는 새로운 성경과 같이
너희가 변화되는 것뿐이니라.

나의 예수가 태어난 것처럼
내가 아들 선지자를 선택하여
나의 새로운 성경을 온 세계에 전하고자 하니,

묵은 것은 버리고 새로운 것은 취하여,
너희 모두는
'여호와 하나님! 저의 죄를 용서하여 주옵소서.'
하는 기도문으로 기도하고, 죄를 뉘우치라.

이 새로운 성경은
수천 년간 내려온 성서를 요약한 것이니,
너희는 이 책을 정독하여 쉽게 깨달음을 얻고,
이대로 실천하여 하늘에 오르라.

대역자 머리말

■ 하나님의 율법을 지키는 선지자로 선택을 받도다.

저는 남들처럼 그저 열심히 살아온 평범한 사람이었습니다. 그러나 50대 중반에 사업에 실패하여 많은 부채에 시달렸으며, 건강도 악화되어 눈이 잘 안 보이고, 걷기도 어렵고, 두통이 심해서 잠을 이룰 수 없는 고통의 나날을 보냈습니다. 그때 제가 선택할 수 있는 것은 육의 삶을 끝내는 길뿐이었습니다.

죽기 직전에 그동안에 죄를 지은 이들에게 용서를 빌고 인생을 끝내기로 작정하였습니다. 어려서부터 지은 죄를 빌고 빌다 보니 끝이 없었고, 죽음으로도 그 많은 죄를 용서받을 길이 없다는 생각에 하염없이 눈물이 흘렀습니다. 그 순간 '재래식 화장실의 구더기는 죄를 짓지 않는데, 나는 인간으로서 구더기만도 못한 삶을 살았구나.' 하는 생각이 들면서 괴로움에 몸부림칠 때, 갑자기 하나님의 음성이 들렸습니다.

"나는 여호와 하나님이니라. 너는 십계명을 암송하고 내가 내려 주는 메시지를 받아 책으로 만들어 만백성을 구하라." 하시며, 제 눈을 손으로 문지르게 하시고, 아픈 머리와 다리를 손으로 두드리게 하셨습니다. 그러고 나니 눈도 잘 보이고 걸을 수 있었으며 머리의 통증도 말끔히 낫게 되었습니다. 그때부터 십계명을 암송하고 나면 들려주시는 말씀을 기록하였고, 1999년 8월부터 2004년 7월까지 권당 288쪽, 총 160권을 받아서 "새로운 성경"이라는 책으로 펴내게 되었습니다.

그러한 저에게 죽기보다도 힘든 길이 시작되었습니다. 모든 교인들이 저에게 사탄이요, 이단이요, 악마요, 마지막 시대에 온 거짓 선지자라 하면서 공격하였고, 저를 짐승을 보듯이 대하는가 하면, 편협한 종교 지도자들의 선동으로 신도들이 이 책을 직접 읽어 보고 평가할 기회마저 막아 버렸습니다. 그래서 하나님의 말씀을 세상에 내는 데 많은 어려움을 겪으며, 피를 토하는 심정으로 책을 전하고 있습니다.

그러나 아무리 인간의 힘으로 막으려 해도, 하나님의 뜻이 세상에 전해지는 위대한 역사는 계속될 것입니다. 책으로 전해지는 "하나님의 말씀"은 세상 끝날까지 항상 우리와 함께하실 것입니다. 사람은 죽어도, 책에 기록된 말씀은 영원히 남으니까요.

■ 따뜻한 실천

하나님께서는 어려운 사람들에게 삶의 터전을 마련해 주고, 미래를 열어 주는 것을 기뻐하십니다. 어려운 이웃이 스스로 자립할 수 있도록 이끌어 주는 것이 진정으로 이웃을 돕는 것이라고 말씀하셨습니다. 그래서 일자리가 없는 제자들에게 작은 사업장을 만들어 주는 "달란트 사업"을 하고 있습니다. 식당, 반찬 가게 등을 차려 주고, 기존의 어려운 사업장이 자립할 수 있도록 돕고 있습니다(커피숍, 미용실, 의상실 등).

하나님께서는 교회에 나와서 모든 시간과 재물을 쏟기를 원하지 않으시고, 그 시간과 재물을 교육에 투자하여 스스로 미래를 열어 가기를 원하십니다. 그래서 제때 공부하지 못한 제자들에게 학업을 이어 가도록 하였습니다. 중화요리 주방장을 하며 초등학교 검정고시부터 공부하여 2012년에 방통대를 졸업한 36세 남성, 만학도들의 2년제 중학교에 입학해서 2007년에 명지대학을 졸업한 38세 여성, 중학교 검정고시를 시작으로 숭의여자대학을 졸업한 47세 여성 등이 있습니다. 그밖에도 많은 제자들에게 나이를 초월하여 배우고 깨우쳐서 사회 속의 당당한 일원이 되도록 인도하고 있습니다.

학자금 대출로 힘겨워하는 젊은이들을 위해 "따뜻한 바람 장학회"를 발족하여(2016년 12월) 대출받은 학자금 전액을 매월 갚아 주고 있습니다. 또한, 다문화 가정을 위해 "다문화 가족 랜드"를 조성하여, 각종 시설을 무료로 활용하도록 하고 있습니다.

이러한 따뜻한 실천이 아직은 미약합니다. 그러나 책의 수입이 늘고, 저와 뜻을 같이하는 분들이 늘어나면 계속 확대할 것입니다. 지도자로서 신도의 재물을 헌금으로 거둬들여 착복하는 것이 아니라, 하나님께서 기뻐하시는 일에 사용하도록 중매 역할만 하며 살아가고자 합니다. 이런 제가 과연 사탄이고 이단인가요? 하나님께서 기뻐하시는 일이라면, 저에게 사탄이라 하든 거짓 선지자라 하든 굽히지 않고 실천해 나갈 것입니다.

끝으로, 일상의 삶 속에서 "지금 내가 하는 행동이 과연 하나님께서 기뻐하실까, 슬퍼하실까?" 생각하고, 매사에 하나님께서 기뻐하시는 길을 택하기 바랍니다. 교회에 모여서 집단적으로 예배 드리는 것이 아니라, 개인이나 가정 단위로 새로운 성경을 읽어 스스로 깨우치고 그대로 행하면 충분합니다. 그것이 마음속에 성전을 짓고, 신령과 진정으로 예배 드리는 길입니다. 그러면 천국의 문에 들어서게 됩니다.

2017. 2. 1.

하나님 말씀 대역자 김용철

차 례

십 계 명

이 책은 십계명을 암송하고 나면 내려 주시는 "하나님의 음성"을 듣고 그대로 받아쓴 기록입니다. 하나님께서 십계명을 모세에게 내려 주셨지만, 그것은 만백성에게 내려 주신 것입니다. 마찬가지로 이 책의 모든 말씀도 저에게 내려 주셨지만, 만백성 각자에게 들려주시는 말씀입니다. 여러분도 이 책을 접할 때마다 십계명을 암송하고 나서 정독해 주시기 바랍니다.

제일은, 너는 나 외에는 다른 신들을 네게 있게 말지니라.

제이는, 너를 위하여 새긴 우상을 만들지 말고, 또 위로 하늘에 있는 것이나, 아래로 땅에 있는 것이나, 땅 아래 물 속에 있는 것의 아무 형상이든지 만들지 말며, 그것들에게 절하지 말며, 그것들을 섬기지 말라.

제삼은, 너는 너의 하나님 여호와의 이름을 망령되이 일컫지 말라.

제사는, 안식일을 기억하여 거룩히 지키라.

제오는, 네 부모를 공경하라.

제육은, 살인하지 말지니라.

제칠은, 간음하지 말지니라.

제팔은, 도적질하지 말지니라.

제구는, 네 이웃에 대하여 거짓 증거하지 말지니라.

제십은, 네 이웃의 집을 탐내지 말지니라.

나 여호와가 존재함을 믿는 그 자체가 구원의 길에 들어서는 기본이요, 근본이며, 나의 새로운 성경을 가슴에 안고 정독하는 자, 반석 위에 서서 하늘에 오르는 찬란한 빛을 보게 되는 영광을 얻게 됨이니라. 진정 나를 따르고 믿는 자는 감히 사탄이나 마귀도 근접하지 못하느니라.

〈하나님 말씀〉

2002년 4월

2,182 번째 하나님 말씀

2002년 4월 10일 09시 44분

1 사랑하는 선지자야!
2 "네, 여호와 하나님! 말씀하옵소서."
3 나의 피조물 만백성이 살아감에 있어서 자기 자신들을 잊어버리며 자기 자신이 무엇인가를 모르고 지금 살아감이니라.
4 이들에게 너의 제자들은 인간의 그 자신이 무엇인가를 깨우쳐 그 길을 바로 보도록 인도함이 너희들의 책임임을 알아야 될 것이니라.
5 내가 너희들에게 내려 준 진정한 너희들의 모습과 너희 자신들의 마음을 찾는 그 길을 찾아 너희들이 살아감이 하늘에 오르는 길임을 너희가 알아야 할 것이니라.
6 너희들은 지금 살아가면서 나 여호와가 너희들에게 내려 준 너희들의 진정한 참모습과 너희들 자신의 마음을 찾지 못하고 살아가고 있음이니,
7 너희들이 육신의 외형적인 그 뜻과 생활에 의하여 너희 자신을 망각하며 오로지 그곳에만 맞춰 살아가는 이와 같은 형국의 삶을 살아가고 있으니,
8 너희들이 결국은 나로부터 구원을 받으며 나에게 와 너희들이 더불어 나의 낙원에서 존속하는 것이 너희들의 뜻이며 너희들이 가야 할 길이거늘,
9 너희들은 그를 잊어버리고 사느니라.
10 지금의 육신의 생활과 육신의 삶의 부귀와 영화를 위하여 너희들은 거기에만 매진하고 있음이니, 영혼의 삶을 너희들이 보지 못하고 살고 있음이니라.
11 이제는 너희들이 나 여호와로부터 받은 임무가 무엇이며, 이 세상 피조물 중에서,
12 그리고 이 지상의 모든 미물과 동식물 중에서 내가 가장 예쁜 모습으로 만들었으며 너희들이 높이 가지고 있는 그 영혼의 지혜를 무엇이라 생각하는가?
13 그것은 진정 내가 내려 준 너희들의 모습과 너희들이 무엇인가를 알고 살아야 되는 것이며,
14 너희들은 지금 너희들의 마음 자세가 어디에 있는가를 찾지 못하고 살아감이니라.
15 내가 너희들에게 높이 내려 준 모든 그 영광과 영화를 너희들은 지금 저버리고 살아가고 있음이니라.
16 그리하여 너희들이 지금 얽히고설킨 그 생활 속에서 너희 스스로 너희 자신을 찾는다는 것은 너희 스스로 모두를 비워야만 너희들 자신의 원초적인 마음과 모습을 볼 수 있음을 알아야 될 것이니라.
17 지금의 육신의 삶을 살아오면서 너희들이 나이를 먹은 만큼 너희 스스로 자신의 모두를 비워야 되며,
18 너희들 스스로 자신을 다스려야만 너희들이 원초적인 너희 모습을 볼 수 있다는 것을 잊어서는 아니 됨이니 그

리 알아야 할 것이니라.
19 지금 나의 피조물 만백성이 살아가는
형국은 어떠하던가?
20 잘못 가르치는 종교 지도자들의 그 말
뜻에 의하여 나의 아들 예수가 고통스
럽게 흘린 그 보혈로써 너희들이 손으
로 지은 사탄의 소굴과 같은 그곳에
가면 너희들은 일단 구원을 받았다 그
리 가르치며,
21 나의 아들 예수가 어찌하여 너희들에
게 무엇을 원했던가 그 자체도 망각하
며 그와 같이 잘못 가는 자들을 따라
가 너희들이 지금 지옥 불로 가고 있
는 그 형국이니,
22 너희들은 여기서 발길을 멈추고 내가
너희들에게 내려 준 너희들의 그 아름
다운 모습과 마음의 자세와 그리고 너
희들이 진정 어떠한 마음으로써 어찌
살아가도록 내가 너희들을 만들어 세
상에 내보냈는가 너희들의 참모습을
찾는 데 모두를 다 바쳐야 할 때가 되
었음을 알아야 할 것이니라.
23 너희들이 참모습을 찾는 그곳에 매진
할 때, 너희들의 영혼이 또한 구원을
받을 수 있음을 알아야 할 것이니라.
24 너희들이 진정한 참모습을 찾기 위해
서는 너희들의 모두를 다 비워야 되며,
25 너희들이 그 원초적인 마음으로 돌아
가기 위해서는 너희 스스로 모두를 다
비우고 버려야 함을 잊어서는 아니 될
것이니라.
26 그와 같은 삶을 살아가는 그 속에서
너희들이 영혼의 구원의 길을 볼 것이
며,
27 그 속에서 내가 내린 계명과 지금 내
가 성령을 태워 나의 선지자를 통하여
내려보내는 나의 법전을 읽고 깨우쳐
너희들이 순응하며 행함이 있을 때 너
희들이 구원을 받음을 알아야 할 것이
니라.
28 지금 수천 년 동안 흘러오면서 종교
지도자들이 무엇을 너희들에게 가르
쳤는가?
29 너희들의 인본주의를 다 망가뜨렸음
이니라.
30 형제와의 사랑을 망가뜨렸으며, 부모
와 자식 간의 그 사랑을 망가뜨렸음이
니라.
31 나 여호와는 너희들의 부모와 자식 간
의 관계를 돈독히 하며 사랑으로 이어
지며,
32 형제간에 우애와 사랑으로써 이어지
고 사는 그것이 너희들이 먼저 지켜야
할 기본이요, 근본이라 하였으니,
33 그리하여 너희들의 가정에 의식주를
먼저 해결하는 자가 기도할 자격이 있
다 내가 말하였으며,
34 의식주를 해결하기 위하여 나의 품을
떠나는 자, 내가 사랑으로써 그를 기
다린다는 말까지 너희들에게 전하였
건만,
35 지금 종교 지도자들이 어찌 너희들을
가르치고 있는가?
36 너희들의 형제지간의 우애는 물론이
요, 부모와 자식 사이도 끊어 놓았으
며, 이웃과의 사랑의 나눔도 끊어 놓
았음이니라.
37 오로지 광적으로 저희들이 만든 그 성
전에 와 나의 아들 예수의 보혈로써
너희들이 은혜를 받아 구원을 받았으

니,
38 구원받는 대가를 치르는 길만 남았다
하여 그들은 나의 성서를 가지고 재탕
재탕하면서 너희들에게 재물과 금화
와 은화를 수단과 방법을 가리지 않고
수없이 거두어들이고 있음이니,
39 너희들이 셋방 사는 그 자금을 빼서
갖다 바쳐도 그와 같은 것을 본받아야
된다 하며,
40 그와 같은 믿음이 있음을, 그를 칭찬
하고 위대하다 하여 그를 흥분하게 함
이니,
41 그리고 그들이 세 치 혓바닥으로 유혹
하고 자극시킨 그는 그 흥분된 마음으
로 저희들이 만든 그 성전이요, 그 앞
을 떠나서는 오고 갈 데가 없는 그와
같은 불쌍한 신세가 됨이니,
42 이것이 정녕 나의 아들을 사랑하는 것
이며, 나의 아들딸을 사랑하는 나의
표본이라 생각하느냐?
43 이 얼마나 사악하고 잔인한 인간들인
가?
44 저희들은 따뜻한 방에서 잠자며 저희
자식새끼는 따뜻한 방에서 안락하게
보호하고 가르치면서,
45 저희들의 신도라는 자는 자식들과 같
이 길거리로 나가도 그 돈만 갖다 바
치면 믿음이 높으며 나로부터 영광을
받으며 축복을 받는다 함이니,
46 너희들은 여기서 하나 깨우치라.
47 내가 너희들에게 가르치는 것은 형제
와 우애를 가지며 부모에게 효도하며
너희들이 의식주를 먼저 해결한 다음
에 나에게 와 믿음을 가지라 가르침이
니,
48 이와 같은 성령의 뜻을 전하는 나의
선지자의 가르침과 반대로
49 그들은 그저 자식들을 데리고 길거리
로 나가더라도 전세방이요, 사글세요,
모든 그 돈을 빼서 저희들에게 바치면
그는 믿음이 위대하며 나로부터 열배
백배 축복을 받는다며 말로써 그를 길
거리로 내보내니,
50 그가 오고 갈 데 없을 때 그를 그들은
과연 바라보는가?
51 그를 바로잡아 주는 것이 나의 뜻이
요, 내가 하고자 하는 것이거늘,
52 어찌하여 그들은 그리 역행하면서도
나에게 와 구원을 받는 길을 인도하는
자라 그리 말하는가?
53 내가 너희들에게 내린 참모습이 그것
이 아님을 알라.
54 지금 나는 너희들에게 원함이 있음이
니라.
55 너희들의 참모습을 찾으라 함이며, 너
희들 주변부터 다스리며 이웃과 화목
하는 그 삶 속에서 나에 대한 믿음을
향하라 함이 나의 뜻이니라.
56 자신이 흔들려 가며 자신을 타락시켜
가며 나에게 향하는 그 믿음이라는 것
만 가지고 너희들이 살 수 없음을 알
라 함이니라.
57 너희들이 근본을 갖췄을 때 그 속에서
너희 자신을 바라볼 수 있는 여유가
있음이니라.
58 내가 너희들의 의식주를 먼저 해결하
라 함은 의식주를 해결하지 아니하고
너희들의 기초가 다스려지지 않은 상
태에서는 진정한 하늘에 오르는 나의
찬란한 그 빛을 보는 것이 아니라,

59 허황된 거짓된 자들이 드는 그 빛을
보고 하늘에 오르는 진정한 길이라며
그리 너희들이 달려가는 형국이 되기
때문이니라.
60 그리하여 너희들이 기본이요, 기초를
다스리며 믿음을 향하여 가라 함이니,
61 나 여호와의 가르침이 틀렸던가?
62 모두를 그저 갖다 바치면 그것이 믿음
의 척도며 믿음의 강도라 말하고 믿음
을 측정할 수 있다 말하는 그들이 정
녕 종교 지도자라 너희들은 말하는
가? 아닌 것이니라.
63 이제는 너희들이 깨우쳐야 되며, 깨우
칠 때가 왔음을 알라.

2,183 번째 하나님 말씀

2002년 4월 10일 10시 07분

1 사랑하는 선지자야!
2 "네, 여호와 하나님! 말씀하옵소서."
3 너희 자신들의 원초적인 마음과 너희
들의 진정한 참모습을 볼 수 있는 그
길을 너희들은 이제 선택하고 가야 한
다 하였음이니라.
4 지금까지 너희들이 살아온 육의 삶에
서 살아가고 생각했던 육의 삶이 전부
며 영원한 삶이라 착각하고 살았던 너
희들은 이제는 버리는 노력을 부단히
해야 될 것이니라.
5 육의 삶이 영원하며 영원한 삶이 육의
삶이라 착각했던 너희들을 버리기 위
하여 오늘같이 부단한 노력을 하지 아
니하면 너희들 자신을 비울 수 없으며
진정한 나의 영혼의 길이 있음을 볼
수 없는 것을 이제는 그와 같은 깨달
음에서 너희들이 깨달아야 할 것이니
라.
6 너희들은 지금까지 살아오는 그 삶 속
에서 정녕 육의 삶만이 영원히 지속되
는 것이며 그는 끝이 없는 삶이라 착
각하고 살아왔으며,
7 그곳에서 얻어지는 모든 영화와 부귀
가 너희 인생의 전부며 너희 삶의 전
부라 생각하고 살아왔던 그 삶의 틀을
이제 깰 때가 되었음을 알아야 할 것
이니라.
8 그 삶이 영혼의 삶이 아니라 이제는
너희들이 영혼의 삶을 위하여 그 길을
가야 되며,
9 그 길을 바라보는 삶이 있음을 잊어서
는 아니 될 것이니라.
10 그 길만을 위하여 너희들이 살아가며
그 길을 향하여 나에게 오르기 위해서
는 너희들의 육의 그 삶을 버리며 그
를 그곳에서 깨우쳐 너희 스스로 다스
리는 부단한 노력을,
11 너희 목숨을 다 바치는 그와 같은 아
픔의 노력을 하지 아니한다면 너희들
이 육의 삶에서,
12 육의 삶이 영원한 너희들의 삶이라 착
각하고 있는 그 속에서 영혼의 세계가
있음을 바라보지 못하게 되어 있음이
니라.
13 그리하여 너희들은 나의 피조물 만백
성에게 전하라.
14 그리고 잘못 가고 있는 그들에게 일깨
워 주라.
15 나의 아들 예수의 보혈로써 저희들이
만든 그 성전에 가 금화와 은화를 바
치는 것만이 구원의 길이며 육의 축복

과 육의 영광이 또 같이 있다 하는 그
착각 속에서 깨어날 때가 되었다 함을
그들에게 가르쳐 줘야 할 것이니라.
16 그들은 말하느니라.
17 천국의 왕국이 이루어질 것이며, 이
세상의 모두를 다 일순간에 쓸어버리
며,
18 새로운 나의 피조물 만백성이요, 나
여호와를 믿는다 하여 저희들만이 구
원을 받는 자라 그리 착각하고 사는
자들이 또 수없이 이 지상을 덮고 있
음이니,
19 그들 또한 깨우칠 때가 왔음을 알아야
할 것이니라.
20 너희들이 정녕 구원의 길을 올 수 있
는 것은, 너희들이 육의 세계에서 영
혼의 세계로 돌입하는 그 길을 가기
위해서는 너희들은 육의 삶을 저버리
는 부단한 노력이 없이는 이루어질 수
없음을 알아야 할 것이니라.
21 다만 너희들이 육의 삶에서 영혼의 삶
으로 가는 영혼의 삶의 연장선상에 있
으나,
22 너희들은 육의 삶에만 모두가 너희들
이 영원히 존속된다 그리 생각하고 사
는 자들이 있음이니라.
23 그리하여 너희들이 그 육의 삶을 다스
리고 버리는 자만이 영혼의 삶을 볼
수 있는 이 이치를 깨달을 수 있음이
니,
24 이를 너희들이 잊어서는 아니 될 것이
니라.
25 그리하여 너희들이 지금 말하는 기복
의 신앙의 그 형태로 너희들이 변하여
져 가고 있는 이와 같은 형국에 이르
렀음이니라.
26 종교 지도자라 하여 저희 손으로 지은
그 성전에 금화와 은화를 많이 바치는
자, 그리고 노동의 시간을 많이 바치
는 자,
27 그와 같은 역사를 이루는 자만이 구원
을 받을 수 있는 것이라 그와 같이 너
희들을 인도하고 이끌어 가는 그들의
잘못됨을 너희들이 이제는 바라볼 때
가 되었음을 잊지 말아야 할 것이니라.

2,184 번째 하나님 말씀

2002년 4월 10일 17시 31분

1 사랑하는 선지자야!
2 "네, 여호와 하나님! 말씀하옵소서."
3 네가 정녕 나의 뜻을 따라 깨우쳐 가
며 나의 성령인 나의 법전대로 살아가
고자 하는 네 마음과 네 노력이 가상
하도다.
4 이제 내가 너에게 모두를 다 임하여
주고 있으며, 네가 편안히 기도하고
경배할 수 있는 그와 같은 길을 내가
너에게 주관하도록 하여 내가 너에게
내려 주거늘,
5 어찌하여 네가 무엇인가를 이루고자
하는 생각을 지금도 버리지 못하는가?
6 모두의 네 생각은 다 접어 두고 너는
기도와 묵상으로 일관하여 네 생활을
하도록 하라.
7 나의 아들 예수가 어렵고 힘든 그 시
대에 나의 성령을 받아 나의 피조물
만백성에게 전할 수 있도록 그리 내가
그를 보살폈듯이,
8 너 또한 너의 지금 깨우침이 누구도

너를 따라갈 수 없는 그와 같은 마음
의 경지에 오름으로써 하늘에 있는 천
사와 사탄도 너를 보고 두려워한다 하
였거늘,
9 어찌하여 네가 지금도 육의 삶이요,
그 육 속의 생활에서 무엇인가를 자꾸
만 생각하려 하며 움직이려 하는가?
10 그리하지 말라.
11 모두는 다 준비되어 있는 길이며, 네
가 가야 할 길이 있으며 네가 갈 수 있
도록 다 준비되어 있거늘,
12 어찌하여 오늘과 내일을 불안히 생각
하는가?
13 그리 생각하지 말라.
14 내가 너에게 지금까지 모두를 다 주고
있건만, 어찌하여 너는 그리도 마음을
편하지 못하게 하는가?
15 너의 자식들의 문제를 내가 도와주지
아니하였는가?
16 너의 가정생활을 내가 도와주지 아니
하였는가?
17 살아갈 수 있을 만큼, 너희들이 입고
쓸 만큼 내가 모두를 다 주었으며,
18 네가 남들로부터 고통받는 그 세월을
내가 다 하나하나 거두어 주며, 오늘
의 네가 기도와 묵상으로써 일관할 수
있도록 주고 있거늘,
19 어찌하여 너는 지금도 마음에 불안함
을 갖는가?
20 이제 오늘 이후부터 너는 모든 인간사
의 생각을 다 지워 버리며, 기도와 묵
상으로써 나의 명을 받아, 나의 뜻을
받아 그리 움직일 것이며,
21 네가 가능한 한 나의 성전을 벗어나는
일이 없도록 해야 될 것이니라.
22 네가 만일 인간사의 무엇인가를 이루
고자 하여 이 성전을 비우며, 네 마음
이 흔들리며,
23 네가 세상사 육신 속의 그 끈을 점점
끊지 못하며, 네 습성이 지금도 아직
남아 있다 하면, 이는 어찌하겠는가?
24 정녕 네 마음속에 지금 그와 같은 뿌
리가 없거늘, 어찌하여 네가 세속적인
생각을 하며 세속 속에 들어가 무엇인
가를 찾고 이루고자 하는 마음을 가져
야 하는가?
25 더욱더 깊이 던져 버리라.
26 그리고 깊이 깨우쳐야 할 것이니라.
27 아무것도 너는 염려하지 말라 하였으
니, 내가 다 너를 주관하여 이끌고 가
며 네가 갈 수 있는 그 단계,
28 계획에 따라서 그리 올라가고 있음이
니, 불안해하지 말라.

2,185 번째 하나님 말씀

2002년 4월 10일 19시 59분

(강론 중에)

1 사랑하는 선지자야!
2 "네, 여호와 하나님! 말씀하옵소서."
3 나의 아들 예수는 너희들처럼 육신의
형태를 가진 자며, 또한 그 몸에 너희
들과 같이 붉은 피가 흘렀음이니,
4 그도 너희들과 똑같은 육신의 그 고통
을 겪는 그와 같은 현상에서 그가 나
에게 수십 번 그 길을 가지 아니하고
자 하는 그 기도를 드렸으니,
5 너희들과 같은 마음일 것이니라.
6 너희들의 사랑하는 자식이 너희 어버
이에게 그 목숨을 살려 달라 애원하

며, 어렵고 힘든 그 길을 가지 않도록
해 달라 할 때,
7 그리고 어렵고 힘든 외나무다리를 건
너가지 않도록 애원할 때, 과연 너희
들은 어찌하는가?
8 너희 육신도 너희 자신이 죽어 자식을
살리고 싶어하는 것이며, 너희 스스로
모두를 던져 너희 자식을 살리고 싶어
하는 것이 너희들의 심정일진대,
9 너희들의 심정의 부모의 입장으로써
너희들의 자식을 생각하면서, 너희들
의 자식의 이름과 그 모형과 귀여웠던
모습을 생각하면서,
10 나 여호와의 마음이 어찌하였을 것인
가를 너희들이 오늘 돌이켜 생각해 보
는 그 시간이 되어야 할 것이니라.
11 이와 같은 모두를 접어 둔 나 여호와
의 마음을 너희들이 안다 하면, 감히
나의 아들 예수의 보혈로써 은혜를 받
았다고 너희들이 말할 수 있으며,
12 지금과 같은 형국으로 살아가는 너희
들의 삶이 계속 되어야 하겠는가 생각
해 봐야 할 것이니라.
13 (예수님께서 하시는 말씀입니다.)
14 사랑하는 선지자여!
15 나 예수가 오늘 전지전능하신 나의 아
버지의 말미를 빌려 선지자를 통하여
선지자의 제자들에게 나의 뜻을 전함
이니,
16 이는 바로 내가 나의 제자들에게 명하
는 것과 같습니다. 내가 나의 제자들
을 쓸 때,
17 선택되어 쓴 자가 없으며, 미리 예정
된 자들이 없었으며, 내가 그들을 위
하여 그때 선택하여 썼음입니다.
18 지금 우리 어버이의 피조물 만백성,
나의 형제들이 어찌 살아가는가?
19 나의 피로써 모든 은혜를 받아 구원을
받았다 말하는 자, 그들의 그 쇠사슬
에 얽매여 선지자가 가는 길에,
20 선지자의 제자들이 가는 길에 주춤하
고 멈추는 일이 없도록 하여 주시기를
바라기에 내가 오늘 아버님께 감히 말
미를 빌어 이리 전하는 바입니다.
21 나의 보혈로써 은혜를 받았으며, 나의
피로써 구원을 받았으며,
22 또한 어버이와 내가 삼위일체라 말하
는 그와 같은 말의 걸림돌에 걸려서
선지자가 가는 길에 주춤하는 자세는
아니 될 것이며,
23 그와 같은 것으로써 홍수와 같이 밀려
대드는 그들의 말에 주춤하지 말며,
그 말에 귀를 기울여서는 아니 될 것
이기에,
24 내가 오늘 이렇게 선지자를 통하여 직
접 선지자의 그 제자들에게 전함이니,
25 이는 곧 내가 세상에 나가 나의 제자
들에게 전하는 그와 같은 애절한 마음
으로써 오늘 이와 같은 시간을 갖게
되었습니다.
26 이제는 누구의 이름을 빌려 누가 왔으
며, 누구의 이름으로써 이 세상에 왔
으며,
27 누구를 대신하여 왔으며, 누구의 이름
을 빌려 그가 세상에 왔다 하는 사람
들, 그 모두의 말에 귀를 기울이지 마
시기를 바랍니다.
28 전지전능하신 여호와 하나님의 말씀
이기에 여러분은 종파가 없는 것이 특
징이요,

29 그리고 선지자 또한 누구의 이름을 받
으며 나를 대신함이요, 또는 모세를
대신함이요, 누구를 대신하며 그리하
여 그가 대신 갔다는 것이 아닌 것이
선지자의 특징이며,
30 스스로 하나님께서 선택한 자이니 그
것이 구분되는 하나의 특징이요, 모든
것은 말씀으로 전해짐입니다.
31 모든 기적이요, 역사가 아니라 말씀이
나, 하나님의 성령으로써 모두가 이루
어지며 모두가 다스려짐이니,
32 오로지 그분의 성령만이 심판이요, 그
분의 성령만이 구원의 길을 받는 것이
며, 하늘에 오르는 길이기에 이 성령
을 법전이라 하여, 그분이 여러분들을
구원하고 안 하는 그 심판의 기준이
되기에 그 성령의 말씀을 법전이라 하
여 내려보냈으니,
33 여기서 선지자와 선지자의 제자들은
들으셔야 할 것입니다.
34 모든 유능한 종교 지도자들이요, 박사
라는 사람들이 글을 써 세상에 내보냈
으니,
35 그들과 여호와 하나님께서 직접 내리
는 성령의 말씀과의 차별화를 여러 제
자분들은 알아야 될 것입니다.
36 여호와 하나님께서 내리시는 그 성령
은 누구를 비유하는 것이 없으며,
37 성서의 어떤 구절이나 누구의 무슨 복
음에 의한 것이라는 내용이 없음이니,
38 이는 곧 여호와 하나님의 성령이기에,
그저 처음서부터 끝까지 하나님의 말
씀을 기록한 것이기에, 많은 법전이
세상에 나가나 누구의 예를 들어서 누
구의 복음이라는 구절이 없음이니,
39 그 구절이 여기에 없으며 한 맥으로써
흘러감입니다.
40 하늘에서 흐르는 생수와 같이 그저 한
길로 흘러가는 그것이 진리요, 여호와
하나님의 말씀임을 여러분들은 알아
야 할 것이며,
41 아무리 유능하고 믿음이 투철하며 믿
음으로써 평생을 다 바친 자요, 그가
세상에 한 권의 책을 낸다 할 때 그는
어떤 것을 비유해서 내던가?
42 성서에 있는 무슨 복음의 몇 절이요,
무슨 복음에 기록된 내용이요, 거기에
다 저희들의 생각과 저희들의 경험으
로 살을 붙여서 책을 써냄이니,
43 이것이 또한 하늘의 뜻과의 그 차이점
이 여기에 있음이니,
44 여러분들은 어떠한 서적을 대하든, 어
떠한 유능한 박사나 세상을 다 지배하
는 종교 지도자가 쓴 책이라 하여도
그는 무슨 복음이요, 무슨 뜻이라 하
여 나의 제자들이 기록한 복음에 의하
여, 그에 기준하여 거기에 저희들이
토를 달고 또 저희들의 생각을 집어넣
어 그리하여 세상에 책을 다 펴냄이니,
45 그것은 복음의 일부요, 저희들의 생각
을 보태어 된 것이니, 여러분들은 그
들이 써내는 그 책의 내용을 들어 보
시기를 바라며,
46 지금 여호와 하나님께서 직접 선지자
를 통하여 내리는 아래위가 똑같이 흐
르는 하나의 물과 같이 말씀이 전해지
는 것이,
47 여기에 누구의 복음이요, 누구의 뜻이
라는 것이 기록되지 아니하고 몇 장
무엇에 있다는 것이 기록되지 아니한

것이, 이것이 차별화인 것입니다.
48 내가 오늘 감히 선지자를 통하여 아버
님의 말미를 빌어 드리는 것은,
49 나의 보혈로써 구원을 받았으며 나의
보혈로써 저희들이 하늘에 오를 수 있
다 하는,
50 그리고 나의 이름만으로써 기도해야
되며, 나의 이름으로써 모든 걸 바쳐
야 되며,
51 어버이와 나와 모두가 삼위일체라 말
하는 그 사악한 자들이 밀어붙이는 극
악무도한 그 단어 앞에 여러분들이 멈
추지 말 것이며 주춤하지 말라 하는
이 뜻을 전하기 위하여 내가 오늘 이
귀중한 시간에 말미를 전함이니,
52 나 예수가 지금 선지자의 제자들에게
전하는 것은 나를 사랑했던, 나를 따
랐던 제자들에게 전하는 가르침이요,
나의 뜻을 전하는 것을 그리 받아 주
시기를 바라는 바입니다.

2,186 번째 하나님 말씀

2002년 4월 10일 21시 04분

(강론을 마치며)

1 사랑하는 선지자야!
2 "네, 여호와 하나님! 말씀하옵소서."
3 나의 성전에 앉아 나의 법전을 읽으며
나의 성령의 뜻을 듣는 너희들이 얼마
나 바르고 곧게 살아가고자 하는 그
마음에서 노력하는지 나 여호와가 알
고 있음이니라.
4 나의 성전의 이 초라한 단상에 나와
나의 법전을 읽을 때 눈물을 흘리는
그와 같은 나의 백성들의 마음 자세가
어디에 있는가,
5 그리고 너의 제자들의 그 마음 자세가
어찌 가고 있는가?
6 너희들은 구원의 길을 향하여 모두를
다 버릴 수 있는 마음의 자세로 변해
가고 있음이니,
7 내가 너희들에게 그리하여 상을 내리
고자 하여 이곳에 큰 은혜와 상금을
내렸음이니,
8 그를 너희들은 알아야 할 것이니라.
9 너희들은 알아야 할 것이니라.
10 아무리 재물을 많이 가지고 있는 부모
라 하여도, 아무리 사랑하는 자식이라
하여도 그 자식이 그것을 잘못 다스리
고 잘못 관리한다고 생각할 때,
11 부모가 그 자식에게 선뜻 그 재물을
내려 줄 수가 있겠는가?
12 사랑하는 자식에게 잘못 재물을 내려
주었을 때 그 자식들이 잘못 가며 그
들이 흐트러지기 때문에 그들에게 재
물을 주지 못하는 그 부모의 심정을
자식이 어찌 알겠는가?
13 나 여호와가 그러하니라.
14 너희들을 통하여 천 년의 역사에 걸쳐
서 모든 악을 제거하며 새로운 싹으로
써 이 세상을 장식하고자 함이니,
15 너희들이 바로 내가 하나의 점을 찍어
서 너희들로부터 변하고 변하는 그 후
손들이 이 세상을 덮어 나가야 할 것
이니,
16 너희들의 마음자리가 어디까지 비워
야 되며 너희들이 어디까지 와 있어야
되겠는가?
17 너희들은 들어야 할 것이니라.
18 너의 제자들이 십계명을 지키며 마음

을 다스리며 살아간다 하여도 그들이
아직도 멀었음이니,
19 그 마음의 뿌리를 제거해야 할 것이니
라.
20 그러나 그 마음을 완전히 제거할 수
없는 것이 너희들 인간의 노력이며 한
계이니라.
21 그러나 너희들은 인간으로서 노력할
만큼 너희들이 다스리고 겪어 왔기에
내가 너희들이 깨우친 만큼 상을 내려,
22 너희들을 남에게 손을 벌리며 살아가
지 않는 나의 백성으로서 다스리고자
하며,
23 선지자를 따르는 너희들이 끼니가 없
어 남에게 한 끼의 끼니를 구걸하며
잠자리가 없어서 구걸하는 것을 이제
는 내가 다 거둬들이고자 함이며 그를
면하게 하고자 하는 것이 나의 뜻임이
니,
24 이게 너희들에게 내리는 상임이니라.
25 이제 너희들은 내가 너희들의 이름을
에덴동산에 걸어 놓았다 하여 너희들
이 구원받았다 생각지 말라 일렀음이
니,
26 너희들이 그 자리에 올 수 있는 그만
큼 노력으로써 전진하고 매진하여 너
희들을 갈고 닦아 너희 이름 앞에 서
라 하였음이니라.
27 그러니 너희 스스로 살아감에 있어서
한 점의 부끄러움이 없는 그 삶을 살
아야 할 것인데,
28 너희들이 깨달은 만큼 내가 너희들에
게 상을 줄 때 너희들은 지금의 마음
자세에서 정녕 십계명을 지킬 수 있는
나에게 선택된 백성으로서 한 점의 부
끄러움이 없는 그와 같은 삶을 살아가
는 너희들이 되어야 될 것이니,
29 너희들이 변하는 만큼 내가 너희들에
게 상을 내림이니,
30 지금서부터 그와 같은 계산으로써, 그
와 같은 방법으로써 내가 너희들에게
내리고자 함이니라.
31 너희들이 그만큼 깨달음이 높으며 너
희들이 행하고자 함이 그리 높으니,
32 너희들의 그 마음을 내가 갸륵히 생각
하며 너희들을 거둬들이니 그리 알라.

2,187 번째 하나님 말씀

2002년 4월 10일 23시 44분

1 사랑하는 선지자야!
2 "네, 여호와 하나님! 말씀하옵소서."
3 너희 인간들 자체가 어디서 왔으며,
너희들이 어디로 흘러가며, 그리고 너
희들의 본연의 자세가 무엇이며,
4 너희들이 가슴에 안고 있는 너희들의
생각과 마음의 자세는 과연 어디에 있
는 것인가 그것까지도 너희들이 생각
하지 못하고 살아가고 있음이니,
5 정녕 너희들 스스로 너희 자신이 무엇
이며, 누구이며, 너희들이 서 있는 위
치가 어디인가를 알며 살아가는 자 있
는가?
6 너희들 자신을 모르며, 너희들의 값을
모르며, 너희들이 행하고 있음을 모름
이니라.
7 그것이 너희들이 지금 살아가는 형국
이며 너희들이 서 있는 자리이니,
8 너희들이 너희 스스로 자신이 누구며,
자신의 위치가 무엇이며, 자신이 지금

어찌 가고 있는가를 안다 하는 것은,
9 너희 자신의 육의 생활의 얽히고설킨
그 모든 사연을 다 떼어 버리고 접어
두며 자신을 비우는 속에서만이 너희
자신을 바라볼 수 있음이니라.
10 너희 자신을 모두 다 비우는 속에서
너희 자신을 바라볼 수 있으며 너희
자신의 실체를 알게 되어 있음이니라.
11 그러나 너희 모두의 비움이라는 것은
너희 자신의 깨달음의 깊이가 깊어야
할 것이며,
12 그리고 나의 법전에 기록되어 내가 너
희들에게 전하는 그 모든 내용들을 행
하고 실천하고 살아가고자 하는 그 마
음속에서 너희들이 깨달음의 깊이가
깊어질 것이며,
13 그리하여 너희 마음이 비워졌을 때 너
희들이 누구며, 너희들의 본체가 무엇
이며,
14 너희들이 어떠한 심성을 나에게 받아
가지고 나갔으며, 세상에 어찌 살아가
야 하는지 그 뜻을 알게 됨이니,
15 그렇지 아니하는 자, 저 자신을 모르
며 제가 어디에 서 있는지 모르며 제
가 어떠한 형체로써 어디로 흘러가고
있는지 그것도 모름이니,
16 자신도 모르며 살아간다 하면 너희들
자신이 얼마나 불행하고 불행한 인생
을 살아가는 것인가?
17 모두를 비웠을 때만이 너희 자신을 바
라볼 수 있음이니,
18 그는 나의 법전대로 살아가는 자, 그
리고 행하며 순종하는 자만이 그와 같
은 비움을 얻을 수 있으며, 그 속에서
너희 자신을 볼 수 있음을 알아야 할
것이니라.
19 그리하여 모두를 비워야 할 것이며,
내가 모든 성서의 뜻을, 나의 성령을
가볍고 편안하게 누구나 깨달을 수 있
도록 기록하여 내려보낸 이 법전을 읽
고 정독하는 자만이 그 길을 볼 수 있
음을 잊지 말라.

2,188 번째 하나님 말씀

2002년 4월 11일 08시 28분

1 사랑하는 선지자야!
2 "네, 여호와 하나님! 말씀하옵소서."
3 이제는 많은 사람들이 너를 만나고자,
너를 찾고자, 또 선택된 자들이 올 것
이나,
4 너는 그들이 묻는 말에만 대답을 할
것이며, 네가 먼저 깨우쳐 주어 네가
그들을 깨닫게 하려 그리하지 말라.
5 이제는 모두가 정해진 그 궤도에서 정
해진 순서대로 달려가기 시작할 것이
니,
6 어떠한 누가 와서 무어라 하더라도 그
들의 의문 나는 점, 그들이 알고 싶어
하는 점, 그들이 깨닫지 못하는 점들
을 풀어 줌이 그들에게 네가 가르치는
방법이요,
7 그들에게 네가 진정 나로부터 선택된
선지자라는 것을 알게 하는 길이니라.
8 네가 그들을 깨우치려 말한다 하면 그
들이 생각하는 것, 그들이 의혹을 가
지고 있는 것, 그들이 알고자 하는 그
답이 아니니,
9 그들이 알고자 하는 것, 그들이 지금
의혹 속에 살아왔던 그런 것들을 그들

에게 질문을 받아 네가 답해 주고 그
들을 깨우쳐 주고 일깨워 주는 그와
같은 방법으로써 이제 그들과 대화를
해야 할 것이니 그리 알라.
10 모든 백성들이 너에게 와 묻는 것만을
네가 가르쳐 주고 일깨워 주도록 그리
하여 그들이 제자리를 지켜 너를 도와
나의 뜻을 이룰 수 있도록 그리해야
할 것이니 그리 알라.
11 서두르지 말며 두려워하지도 말며 조
용히 네 마음을 다스려 너 스스로 나
의 뜻을 알아 행하며,
12 네가 지금 무엇을 해야 될 것인가를
네가 알고 있음이니, 그를 묵묵히 실
천하고 행하는 그와 같은 삶을 살아가
는 데 모두가 이루어질 것이니라.
13 내가 너의 제자들에게 일러 말하였느
니라.
14 이제는 너희들의 깨달음이요, 너희들
의 노력함이 가상하니,
15 너희들의 어렵고 힘든 그 고비를 하나
하나 내가 상으로써 내려 준다 하였음
이니,
16 이제는 나의 피조물 만백성 그들에게
전해야 될 것이니라.
17 너희들이 천날 만날 울고불고하며 무
엇을 달라, 구원해 달라, 그리고 이루
어 달라 소원하고 울부짖어도,
18 너희들의 음성은 파도 소리만큼도 나
와는 관계없다 내가 그리하였으니,
19 내가 깨우친 나의 백성에게 내리는 그
상이 어떠한 것인가를 너희들은 이제
알게 될 것이니라.
20 나로부터 선택된 백성이요, 내가 가르
치고자 하며 내가 원하는 그 길을 가
는 순종하는 나의 백성들이 변하는 모
습을 너희들이 이제 볼 것이니라.
21 이를 보고도 너희들이 사탄이요, 이단
이라 말할 때, 너희들은 너희 몸 속에
있는 피가 하얀 물이라 그리 부르짖는
것과 똑같을 것이니라.
22 너의 제자들은 그들의 억척과 억지에
관심을 갖지도 말며, 오로지 내가 내
려 주는 그 은혜 속에서 변해 가며 다
스려 가며 나에게 순종하는 백성으로
서 그리 살아가도록 너는 너의 제자들
을 가르치고 단속해야 될 것이니라.
23 항상 그들이 넘어질 수 있으며, 떠날
수 있으며, 돌아설 수 있음이니, 너희
들은 말하지 않더냐?
24 좀 더 좋은 자리에 앉고자, 더 높은 자
리에 앉고자 하는 것이 너희들의 심성
이라 하였으나,
25 나로부터 선택된 백성이요, 나의 선지
자를 통하여 내가 내리는 나의 성령의
음성을 듣는 자들은 어찌 살아가야 한
다 하였느냐?
26 높을수록 마음이 낮아지며 영의 자세
가 낮아져야만 된다 하였음이니,
27 너희들의 육신이 낮아지며 너희들이
높아지는 그 세속에서 얻어지는 그 모
두가 너희들이 사는 영원히 변하지 않
는 그와 같은 삶으로써 너희들이 끝난
다 그리 생각하지 말라.
28 너희들이 높아질수록 낮아지는 것이
너희 영혼을 살리는 길이며 나에게 올
수 있는 길인 것을 실천하지 못할 때,
29 내가 그를 버리는 것은 당연지사가 아
니던가?
30 이제는 너희들은 알게 될 것이니라.

31 나의 성전에 모인 나의 백성 너희들이
야말로 나로부터 선택된 자이기에 이
지상에 너희들밖에 없음이니,
32 구원받으려 하지 아니하고, 달라 울부
짖지 아니하며, 너희들이 달라며 광란
의 짓을 한 적이 없으며,
33 너희들이 얼마를 바치니 그에 대한 대
가를 더 받고자 함도 없으며 원하는
것도 없는 자, 너희들을 내가 선택하
여 알아서 내가 상을 내림이니,
34 이게 나 여호와와 나의 백성과의 이루
어지는 관계이니라.
35 아무리 광란 짓을 하고 미친 짓을 하
며 구원받고 얻고자 소리 지르고 악을
써도 그들이 과연 무엇을 얻었으며 내
가 무엇을 저희들에게 내렸는가 그를
물어보라.
36 이것이 너희들과 그들의 차별화됨이
니라.
37 지금의 믿음의 종교 집단에서 밥 먹고
사는 자, 권력 있는 자, 그는 제가 나
로부터 받아 가지고 나간 타고난 은혜
의 영광이며 제가 노력하여 얻은 것이
니라.
38 이것이 다름이니라.
39 지금의 믿음의 종교 집단은 잘사는
자, 못사는 자, 가난한 자, 불쌍한 자,
병든 자, 죽어 가는 자, 또는 권력 있
는 자, 없는 자, 이와 같이 천태만상의
형태로 이루어져 있으나,
40 나의 성전에 와 나의 음성을 듣는 나
의 백성들이요, 내가 은혜를 내리는
자는 앞에 있는 자부터 끝에 있는 자
까지 똑같이 평화로운 삶을 살아가는
것이,
41 이것이 하늘과 땅의 차이의 변화됨을
너희들이 알게 될 것이니라.
42 사랑하는 선지자야!
43 "네, 여호와 하나님! 말씀하옵소서."
44 이제는 내가 너의 제자들에게 상을 내
림이니, 네가 어찌 가야 할 것이며 네
가 어찌 서야 할 것인지 너 스스로 알
고 있지 않은가?
45 "네, 여호와 하나님! 알고 있사옵나이
다.
46 이 성전을 떠나지 아니하며, 오로지
기도와 묵상으로써 생활을 하며,
47 모두는 저의 제자들에게 여호와 하나
님의 뜻을 받아 그리 명하여 그들이
그대로 갈 수 있도록 무서운 채를 가
지고 그들을 다스리는 것이 제가 해야
할 길인 것을 알고 있사옵나이다."

2,189 번째 하나님 말씀

2002년 4월 12일 0시 31분

1 사랑하는 선지자야!
2 "네, 여호와 하나님! 말씀하옵소서."
3 만백성을 구하는 나로부터 선택된 네
가 나에게 경배하고 기도하여 나의 성
령을 받아 기록하는 법전을 만드는 그
일에 중단이 있으면 아니 됨이니라.
4 네가 중단을 한다 하면 네 마음과 네
정신과 모두가 다 흐트러짐이니,
5 네가 나의 법전을 만들어 나의 피조물
만백성을 구하는 그와 같은 역사를 이
룰 수가 없음이니라.
6 그리하여 네가 하루의 생활을 기도와
묵상으로써 일관하며, 나의 성전을 지
켜 나의 법전을 세상에 전하는 일에

잠시도 소홀히 해서는 아니 됨을 네가
알고 시행해야 될 것이니라.
7 네가 중단하고자 하면 그 모두가 다
너로부터 멀어지며, 사악한 무리들이
네 마음을 돌리며, 네 마음을 흐트러
놓으며, 네 육신을 흐트러 놓음이니,
8 네가 잠시라도 중단하는 생각과 중단
하는 마음을 가져서는 아니 됨을 알아
야 할 것이니라, 선지자야!
9 지금 너희들이 가는 길이 진정 어떠한
길이더냐?
10 너희들은 나의 백성으로서 살아가면
서 '너는 사탄이요, 너는 마귀요, 너는
이단이라.' 그리 말하며, 너희들 자신
이 지금 싸움질만을 하고 있지 않은가?
11 오로지 저희들만이 구원의 길을 받는
것이며 저희들이 아닌 자는 다 이단이
요, 사탄이요, 사악한 자라 너희들이
그리 싸우고 있음이니,
12 나 여호와가 너희들에게 생명을 내려
주고 너희들의 육신을 주어 세상사에
살아가도록 하여 너희들이 한 형제라
말하였거늘,
13 내가 너희들을 명하여 세상에 나가도
록 하여 너희들이 이 세상에 인간으로
서 태어난 그 하나만으로도 너희들은
하나라는 것을 알아야 할 것이며,
14 나로부터 소중히 선택된 백성이라 하
는 것을 알아야 할 것이거늘,
15 그리하여 너희들이 다 같이 형제로서
살다 나에게 그 구원의 길을 받아 하
늘에 올라와 영원히 사는 나의 동산에
존속하며 살아갈 수 있도록 너희들을
인도하고 깨우치고자 하는 것이 지금
나의 뜻이거늘,
16 너희들은 진정한 길이 너희 자신들만
의 길이요, 남은 사탄이요, 이단이라
하며 그리 싸우니,
17 하늘에 오르는 길과 방법 그 자체도
모르며 너희 스스로 싸움질만 하고 있
는 이와 같은 형국이니,
18 너희들은 죽어 가면서 하늘에 오르는
그 길조차도 쳐다보지 못하고, 진정한
하늘에 오르는 길이 무엇이며 믿음이
무엇인지도 모르고 싸움질만 하다가
그대로 죽어 감이니,
19 지금 그와 같은 형국으로 살아가고 있
는 것이 너희들의 현 실태이니라.
20 너희들은 믿음으로 가는 것이 무엇이
있는가?
21 나 여호와가 원하며 이루고자 하는 사
랑을 실천하고자 하는 것이 너희들의
믿음이며,
22 너희들은 오로지 그와 같은 믿음에 매
진하는 것이 나의 뜻을 실천함이거늘,
너희들은 어찌 살아가는가?
23 진정한 믿음이며 그 깨달음이 실천하
는 데 있음이거늘, 너희들은 가족과
형제와 이웃에게 그러지 아니하며,
24 믿음의 뜻도 모르며 내가 원하는 것이
무엇인지도 모르고 살아가고 있음이
니,
25 이와 같은 너희들의 삶의 형국을 너희
가 다시 한 번 돌아봐야 될 것이니라.
26 너희들에게 이웃을 사랑하고 형제를
사랑하며 베풀고 나누며 살다 하늘에
오르라 하였거늘,
27 너희들은 지금 진정한 믿음이 무엇인
지 그 깨달음도 모르며 서로 사탄이
요, 이단이라 하며 진흙 속에서 아귀

다툼이요, 싸움질만 하고 있음이니,
28 너희들이 서로 물고 뜯고 싸움질하는
그것으로써 너희들이 하늘에 오르는
그 길조차 보지도 못하고 듣지도 못하
며 죽어 가는 형국이라 하면,
29 그리하여 너희들이 죽어 와 지옥으로
간다 하면 너희들은 과연 이것을 어찌
해야 되겠는가?
30 지금의 너희들이 살아가는 형국이 그
와 같음을 알아야 할 것이니라.

2,190 번째 하나님 말씀

2002년 4월 12일 0시 41분

1 사랑하는 선지자야!
2 "네, 여호와 하나님! 말씀하옵소서."
3 내가 너희들에게 일러 말하였느니라.
4 나의 아들 예수를 너희들이 특별하다
생각하지 말며, 환상의 세계에 있는
나의 아들이라 생각하지 말라 일렀음
이니라.
5 다만 그가 나의 명에 따라서 어떠한
고통과 시련의 길도 마다하지 아니하
고 그를 따르고 시행하였음이 너희들
과 차별화됨이라 그리 말하였음이니
라.
6 지금 수천 년의 종교가 흐르는 역사
속에서 너희들의 종교 지도자들이 어
찌 행하고 어찌 가르치는가?
7 그들은 특별한 체하고, 특별한 인간으
로서 특별한 책무를 수행하는 것처럼
그리 너희들에게 비쳐지고자 하며 그
리 비쳐지고 살아왔음이니라.
8 이제 너희들이 진정한 하늘에 오르는
길과 정녕 나로부터 구원의 길을 가는
것을 안다 하면,
9 너희들의 종교 지도자들이 너희들을
하늘에 오르게 하고자 하는 특별한 사
람이요, 특별한 책임을 진 사람이라는,
10 그리고 특별히 선택된 사람이라 하는
이러한 너희들의 환상을 깨야만 될 것
이니라.
11 너희들이 그와 같은 환상과 망상을 깨
지 못한다 하면 너희 자신이 구원의
길을 볼 수도 없음이니라.
12 그들도 또한 너희들과 인간사에 살아
가는 그 세속에서 저희들이 하나의 살
아가는 그 방법으로써,
13 직장을 가진 직장인으로서 너희들이
생각하며 그들을 바라보아야 할 것이
니라.
14 너희들이 그들을 특별한 사람으로 취
급하고 특별한 사람으로 생각하는 그
속에서 그들이 잘못 가르치는 것이며
잘못 가는 것이니라.
15 그들이 잘못 행하는 것을 너희들이 덮
어 두고 감히 너희들이 그들을 터치할
수 없다 그리 말하고 있음이니,
16 너희들이 그들을 벌할 수 없다 말함이
니,
17 또한 그들을 너희 스스로 단죄할 수
없다 그리 말하고 있음이니, 이러한
생각부터 버리고, 이러한 망상과 허상
에서 벗어나야 됨을 알라.
18 너희들이 종교 지도자가 특별한 사람
인 양 젖어 있는 그 환상에서 깨어나
지 아니한다면,
19 너희들은 정녕 하늘에 오르는 그 길
이, 또 내가 원하는 것이 무엇이며 진
정한 믿음의 길이 무엇인가를 깨우칠

수 없음을 알아야 할 것이니라.
20 그들은 특별한 사람이 아님을 알라.
21 그들도 너희들과 살아가는 생활인으로서 그저 살아가는 것이라 그리 보았을 때,
22 너희들이 그들이 잘못 가는 것을 시정할 수 있으며, 단상에 선 그들을 너희들이 나무랄 수 있으며,
23 그들이 행하지 못하는 것을 너희들이 바로잡을 수 있으며, 그들이 정녕 너희들이 보아 인간으로서 이룰 수 없는 행위를 했을 때 그를 단죄하고 다스릴 수 있으니,
24 그것이 너희들이 해야 할 길이니라.
25 너희들이 그들을 특별한 사람인 것처럼 생각하는 그 환상에서 벗어나지 못한다 하면,
26 너희들은 정녕 잘못 가르치는 종교 지도자의 그 가르침에 너희 스스로 지옥불로 흘러감을 알아야 할 것이니라.

2,191 번째 하나님 말씀

2002년 4월 12일 07시 52분

1 사랑하는 선지자야!
2 "네, 여호와 하나님! 말씀하옵소서."
3 내가 너를 사랑하노라.
4 네가 하나하나 깨우쳐 나에게 오르는 그 길을 오고 있음은 나 여호와의 기쁨이며, 나의 피조물 만백성을 구원의 길로 인도하는 네 모습이 변화함이니,
5 나 여호와의 마음이 기쁘기 한이 없도다.
6 내가 너에게 동정을 지키라 한 그러한 뜻을 네가 알고 있음이니….
7 "여호와 하나님!
8 그 모두는 다 새로 태어나는 저 자신의 삶임을, 그리고 그 길이 어떠한 의미인가를, 갈 수 있으며 또한 지킬 수 있으며,
9 여호와 하나님께서 저에게 지혜와 깨달을 수 있는 능력을 주시고 저를 바로 쓰고자 하시는 그 뜻이 어디에 있는가를 저는 알고 있사옵나이다.
10 그리고 또한 제 모습이 인간의 형태를 벗어나야 하는 것을, 왜 벗어나야 하는 것인가를 알고 있사옵나이다."
11 선지자야!
12 "네, 여호와 하나님! 말씀하옵소서."
13 너는 누구이던가?
14 예수가 나의 성령을 받아 세상에 전하여 만백성을 구하고자 하던 그 길에서 이와 같이 사악한 무리들이 나의 동산을 덮고 있음이니,
15 네가 그 일을 행하고 있음이니, 예수의 형상이요, 예수의 삶을 그대로 네가 가야 할 것이니,
16 너는 인간 속에서 나의 피조물 만백성을 구하며 그와 같이 더불어 가고자 하나 이 세상 수십억 인구 중에 너 하나는 그를 벗어나야 함이니,
17 이제야 네가 벗어나야 하는 이유를 알았으며 벗어나야 하는 그 까닭을 네가 알고 있음이니,
18 나 여호와의 마음이 기쁘기 한이 없도다.
19 내 마음의 기쁨이 끝이 없음이니, 이제 그리 가면 되느니라.
20 그리고 변해야 됨을 알라.
21 인간의 세속에서 그 고리와 끈을 이제

는 놓을 수 있지 아니한가?
22 그들의 세속에서 네가 그들을 구함이 아니니라.
23 그 세속 속에서 나의 피조물 만백성을 구원하고 인도하는 자들은 너의 제자들일 것이니,
24 너는 나의 성령을 받아 기록하는 자요, 하늘과 땅의 그 중간에 서 있다 하였음이니, 너는 통역자라 하였느니라.
25 지상에는 너의 제자들이 나의 피조물 만백성을 그 속에서 구원할 것이며 하늘에는 나 여호와가 있음이니,
26 너는 나의 나라와 지상의 나라의 중간에 통역하는 자임을 잊지 말라.
27 너 하나가 통역하여 그 많은 사랑하는 나의 피조물 만백성을 천 년에 걸쳐 새로운 동산을 이루는 그 역사의 작업은 너의 제자들의 몫이니,
28 너는 그 속에서 벗어나야 될 것이며 떠나야 할 때가 되어 있지 아니한가?
29 그리 알라, 그리고 행하여 가야 할 것이니라.
30 그리고 나로부터 선택된 '이구종'과 '장경희', 그들이 가지고 있는 자금으로, 법전을 담보로 하여, 그들이 그를 만들어 내며 그를 전하며 그리할 수 있도록 그들에게 전하라.
31 너희들이 믿음이라는 세계에서 무한대한 자금과 모든 노동력을 다 바치듯이,
32 이는 나의 법전이요, 나의 성령으로써 그를 보장해 줌이니,
33 두려워하지 말며 그리하라 이르라.
34 내 또한 그들에게 깨우침을 주어 스스로 그들이 알아서 가는 그 길을 선택하게 할 것이니,
35 그와 같은 역사를 그들에게 이루어 그들이 행할 수 있도록 그리 일깨워 주라.

2,192 번째 하나님 말씀

2002년 4월 12일 08시 19분

1 사랑하는 선지자야!
2 "네, 여호와 하나님! 말씀하옵소서."
3 너의 제자들에게 이르라.
4 나 여호와에게 오르는 그 길을 정녕 너희들이 특이한 형태로 보려 말며, 나로부터 무엇인가를 듣고 보고 깨우치려 하지 말며,
5 그와 같이 노력하고 생각하는 너희는 나와 점점 멀어져 가고 있음을 알아야 할 것이니라.
6 너희들은 너희 생활 속에서 하늘의 이치를 깨달으라.
7 모두는 나의 품에서 너희가 살며 행하고 있지 않은가?
8 무엇을 나에게 더 듣고 얻고자 하는가?
9 그리하여 나의 법전이 가장 평범한 속에, 나의 가르침이요, 나의 메시지가 그 속에 있음이니라.
10 나의 선지자 또한 평범한 속에서 너희를 깨우쳐 주지 않는가?
11 너희들은 나로부터 특별한, 또 특이한 방법으로써 너희들이 무엇인가를 듣고 깨우쳐 그것으로써 믿음의 길을 가려 하는 것은 다 너희들의 욕심임을 알라.
12 평범한 생활 속에 너희들이 살아가는 그 모두는 나의 품에서 이루어짐이며

나의 세계에서 너희들이 이루어지고
있음이니,
13 어찌하여 너희들은 그 속에서 너희들
자신을 찾지 않으며, 너희들이 하늘에
오르는 그 길을 보려 하지 아니하며,
14 그리고 나의 뜻을 행하여 살아가려 하
는 것이 아니며, 특별한 방법, 특이한
형태로써 무엇인가를 얻고 구하려 하
는가?
15 그리하지 말라. 그것이 하늘에 오르는
길이 아님이니라.
16 내가 너희들에게 일러 말하였느니라.
17 너희들이 선하고 아름다운 행위를 하
고자 하는 그 생각이 스쳐 갈 때 그것
이 나의 뜻이요, 하늘의 뜻이라 말하
였거늘,
18 어찌하여 내가 내려 준 모든 그 영화
와 영광의 품속에서 살아가는 너희들
이 또 그곳이 아닌 다른 곳에서 특이
한 방법으로, 특별한 방법으로써 무엇
인가를 얻고 깨우치고, 나를 봄으로
인하여 너희들이 구원의 길에 들어서
고자 하는 그와 같은 생각을 하는가?
19 그 모두의 생각을 다 접어 둬야 할 것
이니라.
20 그와 같은 형태로써 너희들이 나에게
오르고자 함이 아니니라.
21 흐르는 물처럼 세상 속에, 너희들이
하루하루 살아가는 그 속에 모든 나의
가르침이 있으며, 나의 뜻이 거기에
있으며, 나의 모든 것이, 하늘에 오르
는 기초의 바탕이 거기에 있음이니라.
22 너희들이 이 속에서 나의 계명을 지키
며 나의 율법에 따라 살며 내가 성령
으로써 내려 준 나의 법전을 읽고 깨
우치는 그 속에서, 너희들은 평범한
그 속에서 얻어짐이니라.
23 그리하여 나의 법전 또한 나의 피조물
만백성 누구나 다 읽고 접해서 깨우쳐
하늘에 오를 수 있는 간단하고 이해하
기 쉬운 방법으로써 내가 너희들에게
다시 내려보냄이니,
24 이것 외에 너희들이 무엇이 더 필요하
던가?
25 너희들이 이것 외에 또 무슨 특별한
방법으로써, 특별한 은혜와 은총과 영
광의 은사를 입어 나를 보려 하며 나
에게 오르는 그 믿음을 가려 하는가?
26 그리하지 말라.
27 너희들은 다만 계명 속에서 지키며 나
의 법전 속에서 나의 성령의 이 뜻을
너희들이 가슴으로 받아 그대로 행하
고 가면 그것이 바로 너희들이 구원에
오를 수 있는 것이며 구원을 받는 길
이거늘,
28 이를 접어 두고 너희들이 어찌하여 무
엇인가를 다른 곳에서 얻으며 무엇인
가 선택하려 그리하는가?
29 그와 같은 생각을 갖지 말라.
30 지금 수천 년 역사 동안에 흘러오는
나의 피조물 만백성이 그를 위하여 가
다 지쳤으며,
31 그를 위하여 그들이 기복 신앙으로써
모두가 다 바뀌었음이니,
32 너희들은 그와 같은 형태를 알아야 될
것이니라.
33 너희들이 무엇인가를 차려 놓고 기도
하며 자랑이요, 소원을 비는 것이 기
복 신앙이라 말하듯이,
34 너희들이 나로부터 무엇인가를 듣고

특별한 방법으로써 깨우침을 얻고 너
희들이 은혜와 영광을 얻어 무엇인가
이루고자 하는 그와 같은 기대를 한다
하면, 이는 또한 너희들이 기복 신앙
을 추구하는 자들과 무엇이 다르던가?
35 너희들은 평범한 인간 속에서 인간의
형태로 살아가면서 변해져 가는 나의
선지자의 그 모습을 보며 그를 통하여
내가 너희들에게 내리는 그 성령이 너
희들의 양식이며,
36 너희들이 하늘에 오르는 길이며, 너희
들이 영원히 나의 나라에 올라올 수
있는 그 뜻이 거기에 다 있음이니,
37 평범한 인간 세상에서 인간사의 삶을
살아가면서 나의 아들 예수의 모습으
로 점점 변해져 가는 나의 선지자를
따르는 것이 너희들이 가장 중요한 일
이며,
38 그 속에서 너희들이 다 얻고 구원을
받을 수 있다 말하였느니라.
39 내가 너희들에게 일깨워 주었거늘, 너
희들은 어찌하여 그를 망각하고 착각
하는 속에서 살아가려 하는가?
40 모두의 지상에 내리는 것은 나의 선지
자를 통하며, 너희들의 모두의 뜻은
다 선지자를 통하여 하늘에 오르는 길
이라 하였음이니,
41 이는 한 점의 거점이라 말하였느니라.
42 그러하니 너희들은 어찌하여 이 세상
의 이치를 모르며 하늘의 뜻을 모르는
가?
43 나의 아들 예수가 세상에 나와 있을
때 누구를 통하여 내가 그들에게 메시
지를 내렸는가?
44 예수를 통하여 메시지를 내렸으며 그
의 기도 소리에 의하여 그의 소원함에
의하여 그가 원하는 것을 내가 들어주
어 나의 피조물 만백성이 새로운 나
라, 새로운 세상에서 나의 낙원을 이
루고자 하였으나, 너희들이 그를 거절
하고 뿌리쳤음이니라.
45 지금 너희들이 가야 할 길이 무엇이던
가?
46 예수의 시대에 예수를 통하여 그 모두
를 내렸듯이, 내가 나의 선지자를 통
하여 모두를 내리는 그 이치를 너희들
이 잊어서는 아니 될 것이며,
47 그와 같은 형국의 깨달음을 너희들이
가슴속에 깊이 새기며, 너희들의 직분
과 너희들이 서 있는, 너희들이 해야
할 그 위치를 모른다 하면,
48 이는 너희 스스로 하늘에 오르는 길을
향하여 오는 것이 아니라, 너희들 자
신이 파멸이며, 죽음의 길로 가는 사
악한 무리 속에 가고자 함이니,
49 너희들은 나의 아들 예수의 삶을 그대
로 밟아 가는 나의 선지자의 변해지는
모습과 살아가는 그 모습 속에서 너희
들이 그를 따라 행하면 되는 것이니라.
50 너희들이 나 여호와로부터 직접 무엇
인가를 듣고자, 무엇인가를 원하고자,
너희들이 나로부터 특별한 어떠한 행
위를 얻고자 한다는 것은, 이는 너희
들이 어찌 되는가?
51 너희들이 나의 선지자를 접어 두며,
너희들이 선지자보다 앞에 가고자 하
며, 선지자보다 더 위대하고자 하는
너희들의 욕심이 아니던가?
52 내가 선지자를 바로잡기 위하여, 내가
선지자를 인도하기 위하여 그를 깨우

치고 지도할 자 세상에 내보내, 그들
이 이미 나가 있음이니,
53 그들이 그 책무를 다할 때 바로 서게
되는 것이며, 너희들 제자는 제자로서
그 자리를 지키며,
54 나의 아들 예수를 배신했던 그와 같은
제자들이 나와서는 아니 될 것이며,
55 나의 아들 예수를 통하여 세상에 모두
를 전했으며 모두를 거두어들였던 그
역사의 기초를 너희들이 잊어서는 아
니 될 것이니,
56 이를 명심하고 또 명심하여 생활하도
록 하며, 그리 깨우쳐 가도록 너의 제
자들에게 이르라.
57 특별한 방법으로써, 특이한 방법으로
써 나로부터 무엇인가를 듣고 원하고
자 하는 그와 같은 너희들의 생각을
버려야 될 것이니,
58 그와 같은 생각을 가지고 있는 자, 죽
을 때까지 나의 음성을 들을 수 없으
며 나의 뜻을 알 수 없음이니라.
59 그 모두를 저버리고 살아가는 자, 그
모두를 잊어버리고 행하는 자, 나의
뜻을 들을 것이며 너희들의 소원이 이
루어짐을 알라.

2,193 번째 하나님 말씀

2002년 4월 12일 10시 14분

1 사랑하는 선지자야!
2 "네, 여호와 하나님! 말씀하옵소서."
3 너희들이 나에게 무엇인가를 깨우쳐
전진하고자 하는 그 마음은, 너희들이
무엇인가를 이루고자 하는 그 마음은,
그리하여 너희들이 무엇인가를 깨단
고 얻었을 때 너희들의 자세는 어찌
되어야 되는가?
4 너희들은 오르면 오를수록 낮은 자가
되어야 함이니,
5 너희들은 깨닫고 깨달음을 얻는 그 순
간부터 출발점에 서 있는 자의 마음
자세로 항상 살아가야 함을 잊지 말아
야 할 것이니라.
6 너희들이 항상 깨달으면 깨달은 것만
큼 너희들은 출발선에 서서 가장 낮은
자의 자세라는 긴장을 풀어서도 아니
되며, 그를 잊어서도 아니 됨이니라.
7 너희들은 나 여호와의 뜻이 어디서부
터 어디까지인지 그를 모르기 때문이
며, 내가 너희들에게 깨우치고 가르치
고자 하는 그 진리가 끝이 없음이니라.
8 너희들이 육의 생활이 다 끝나 죽어
갈 때까지 나의 진리요, 나의 뜻을 찾
아 헤매고 연구하나, 너희들은 그 몇
분의 일도 알지 못하는 그와 같은 깨
달음 속에서 삶을 마침이니,
9 너희들은 항상 겸손하고 낮은 자세로
써 있어야 함을 알아야 할 것이며,
10 너희들은 항상 달리기 시합을 하는 그
선수가 출발점에 서 있는 그와 같은
마음과 자세로써 생활을 하고 유지하
고 살아가야 함을 잊지 말라.
11 이제 너희들은 그와 같은 이치를 깨우
칠 때가 되었음을 알아야 될 것이니라.
12 그렇지 아니한다면 너희는 정녕 하늘
에 오르는 그 길이요, 내가 원하는 그
뜻의 길을 깨우치지 못하게 됨이니라.
13 그리고 너의 사랑하는 제자들에게 이
르라.
14 많은 사람들이 너에게 와 이단이요,

사탄이라 말하며 너희들의 마음을 흔
들어 놓음이니,
15 그들은 너희들의 마음을 흔들어 놓아
그 떨어지는 과일을 보고자 하며 그를
즐거워하는 그와 같은 사악한 마음에
서 그들이 행하고 있음이니라.
16 그러나 너희들 스스로 깨우쳐 느껴야
할 것이니라.
17 너희들이 살아오는 인생사에서 과연
선택될 수 있는 자격이 없다 있다 너
희 스스로 분석해 보아서, 너희들의
삶의 자세가 잘못되어 너희들은 도저
히 선택될 수 없는 사람이라 생각하자.
18 그리하여 너희들이 선택된 자체가 너
희들이 잘못된 길을 가는 것이라 생각
해 보자.
19 그리하여 또한 너희들을 선택하고 너
희들을 제자로 삼은 나 여호와가 잘못
됐다 그리 생각해 보라.
20 그러나 너희들이 나의 성령을 나의 선
지자를 통하여 듣고 나의 법전을 읽고
깨우쳐 지금 변해져 가고 있는 너희
모습이 지금도 너희들은 나로부터 선
택될 자격이 없는 자라 생각하는가?
21 너희들은 나의 법전과 나의 성령을 접
하여 너희들이 살아가는 모습의 행함
이 달라져 있으며,
22 너희들이 살아가는 것이 나 여호와가
있음을 믿으며, 나 여호와를 위하여
나 여호와에게 오르고자 너희들의 노
력하는 그 정성과 열의가 지금도 너희
들이 남들처럼 지지고 볶는 그 삶을
살아가고 있는가?
23 그렇다면 이는 진정한 나의 선지자가
아니요, 너희들이 말하는, 모든 나의
피조물 만백성이 말하는 사탄이요, 이
단이 가는 길이라 그리 말하여도 너희
들에게 조금도 나의 벌함이 없을 것이
니라.
24 그러나 내가 너희들에게 벌할 수 없다
말하였으나, 너희들이 살아가는 모습
이 오늘과 내일이 다르며, 인간의 삶
이 무엇이며, 인간의 본질의 뜻이 무
엇이며,
25 하늘에 오르는 것이 무엇인가를 깨닫
고자 너희들이 그리 깨닫고 연구하고
그리 전진해서 온다 하면 너희들은 선
택된 백성으로서 조금도 손색이 없고
부끄러움이 없음이니라.
26 지금의 너희들 마음 자세가 남들에게
뒤지지 아니하며 남들에게 부끄럽지
않은 삶을 살아가고 있다 생각하며 살
아간다 하면 너희들은 정녕 나로부터
선택된 백성이며, 나 여호와의 선지자
는 나로부터 선택된 선지자이니,
27 너희들의 마음이 흔들림이 있어서는
아니 될 것이니라.
28 선지자의 가는 길에 모두를 뒤를 다스
리고 뒷바라지를 하며 뒤를 정리하며
가는 너희들임이니라.
29 이를 잊지 말라.
30 오늘의 시련과 고통이 너희들의 미래
의 영광과 영화임을 잊어서는 아니 됨
을 알아야 할 것이니라.

2,194 번째 하나님 말씀

2002년 4월 12일 12시 08분

1 사랑하는 선지자야!
2 **"네, 여호와 하나님! 말씀하옵소서."**

3 네가 모든 역사를 이루는 것은 예수의
삶을 네가 재판(再版)하는 그 길밖에
없음이니라.
4 이제는 네가 어떠한 행동을 하든, 어
떠한 언사를 남들에게 하든, 그 모두
를 전하고 행하는 그 행동에 있어서
예수의 삶을 재판하여 그대로 사진처
럼 그려 가는 것이 네가 가야 할 길이
니라.
5 네가 만백성을 구하며 그들을 고통과
시련 속에서 인도할 수 있는 것은, 예
수와 같은 기적과 역사를 이루려면 네
가 그와 같은 삶을 살아가는 그것밖에
더 있겠는가?
6 거기에서 그것이 얻어지지 아니하는
가?
7 너희들이 이 세상에 살아가면서 세속
에서 공부를 함이니, 최고의 학부를
나온 자를 나오지 않은 자가 따라잡을
수 없으며, 그 세계를 알 수 없으며 이
해할 수 없지 않겠느냐, 선지자야!
8 네가 그와 같이 최고의 학부를 나온
자가 가지고 있는 그 실력과 능력을
발휘할 수 있는 것은 그와 같은 학업
에 정진하여 그와 같은 길을 걷는 것
이며,
9 그리하여야 그를 이해하고 그를 깨달
을 수 있지 않겠는가?
10 너의 깨달음과 행함이 예수와 똑같이,
너희들이 사진으로써 그려 놓듯이 그
와 같은 재판의 삶과 그와 같은 행동
만이 그가 이루었던 역사를 지금 네가
이룰 수 있는 것이니,
11 그 외에 너에게는 아무것도 없음을 알
라.
12 오로지 너의 삶과 너의 행동이 그리
변해야 되며, 그리 행하여 가야 되는
것이 네가 갈 길이며,
13 네가 나의 피조물 만백성을 구하는 선
지자로서 우뚝 설 수 있는 길임을 알
라, 선지자야!
14 모두는 너희들의 삶에 다 변명 속에
서, 그리고 이웃 속에서 너희들이 나
의 피조물 만백성을 잘못 이끌어 가고
있는 것이니라.
15 성전이라 하여 너희들이 피나게 짓고
자 하는 것, 손으로 이루어 놓은 그 성
전을 회오리바람과 태풍과 모진 바람
이 쓸고 가 그 자리에 하나도 흔적 없
이 쓸어버렸을 때 너희는 그리 기도할
것이니라.
16 '여호와 하나님이 우리를 시험함이니,
우리는 힘을 합쳐 있는 재물, 없는 재
물을 다 팔아 다시 역사하여 우리를
시험하는 여호와 하나님께 우리가 시
험으로써 그를 인내하는 그와 같은 노
력을 보여 준다.' 하여 그들이 가지고
있는 모든 재물을 다 팔아 바치도록
하여 너희들은 또 그곳에 성전이라는
것을 짓고 이루고자 하는 것이며,
17 그리하며 '하나님으로부터 시험을 벗
어나자, 여기서 좌절하면 아니 된다.'
하여 나의 피조물 만백성을 자극시키
며 그들이 피나게 모은 모든 재물과
노동력을 다 거둬들이니,
18 너희들이 지금 그와 같이 가고 있지
아니한가?
19 그리고 나의 피조물 만백성을 너희들
이 그리 몰고 가지 않는가?
20 너희 자신이 죄인의 행동을 하고 있다

생각지 아니하는가?
21 너희들이 이루고자 하는 그 성전이 태
풍이요, 비바람에 다 쓸려 날아갔다
하면,
22 그 주춧돌까지 다 그를 날려 보냈다
하면 너희들은 짓고자 하는 성전의 행
위가 죄를 짓고 있기 때문이라 생각지
는 아니하는가?
23 그러면서 너희들은 시험이라 말하느
니라.
24 나 여호와가 너희들을 시험하기 때문
에 너희들은 있는 재산, 없는 재산, 모
든 노동력을 다 바쳐 그를 다시 이루
어야 된다고 악귀처럼 그리 몰고 가는
것이니라.
25 너희들은 여기서 깨우쳐야 할 것이니
라.
26 내가 원하는 것을 너희가 역사를 이루
고 있다 하면 그를 돕는 것이 나 여호
와의 마음이요,
27 너희들에게 용기를 주며 희망을 주며
지혜를 주는 것이 나 여호와가 할 일
인 것을,
28 내가 무엇 때문에 나를 향하여 진정한
믿음으로 가는 너희들을 날려 보내며
너희들에게 고통을 주겠는가?
29 너희들은 너희들이 이루는 그 성전의
역사에 너희들이 행하고자 하는 것이
잘못되었을 때,
30 너희들이 잘못 가며 죄 속에서 살아가
며 나 여호와와 관계없는 죄악의 행위
를 하고 있어 그가 날아가며 쓰러지며
너희들이 좌절하며 이루어지지 않는
다 그리 생각할 수 없는가?
31 너희들이 죄악 속에서 내가 원하지 않
는 행위를 하기에 너희들의 뜻이 이루
어지지 아니하는 것을 나의 피조물 만
백성에게 뭐라 말하느냐?
32 시험과 연단이 임하여 너희들이 그러
니, 이 시험과 연단을 죽을 고생을 하
더라도 모두를 바쳐서 다 넘어가야 한
다 그리 가르치니,
33 세상사에 너희들끼리 부르짖는 그와
같은 개똥만도 못한 철학의 가르침은
세상에 없을 것이니,
34 개똥 같은 그 철학으로써 나의 피조물
만백성을 우롱하지 말라 이르라.
35 사랑하는 선지자야!
36 "네, 여호와 하나님! 말씀하옵소서."
37 그와 같은 형국으로 잘못된 종교 지도
자들이 나의 만백성을 고통과 시련 속
으로 이끌어 가고 있음이니,
38 이를 구하는 길은 바로 무엇이라 말하
였느냐?
39 "네, 여호와 하나님!"
40 네가 예수의 삶을 그림처럼, 사진기라
는 기계에 찍혀 나오는 그 모습 그대
로 재판해야 될 것이니,
41 그보다 더 완벽한 삶의 재판을 이끌어
가야 하는 것이 너희들이 가야 하는
길임을 잊지 말라.
42 그리고 너의 제자들에게 이르라.
43 믿음으로써 나의 선지자를 따르는 너
희들이 이웃과 모든 것을 견주어 비교
하지 말라.
44 너희들은 너희들 것임을 알라.
45 믿음의 세계에서, 지금 수천 년 역사
가 흘러온 그 종파 속에서 그들이 수
십 년 동안 이룬 그 역사의 종교의 집
단과 그들의 방대함에 견주어 생각하

지 말며, 나 여호와가 가는 그 길을 견
주어 보지 말라.
46 그들은 한 골짜기에서 개구리처럼 울
부짖는 것이며,
47 나의 선지자는 세상을 다 호령하는 나
의 성령이요, 나의 법전을 가지고 나
의 피조물 만백성을 위하여 그가 가고
일어서고 있음이니,
48 그 일어서는 선지자에게 좌절과 무거
운 돌로써 그 몸을 누르지 말라.
49 너희들이 남들과 견주어 보고 다른 종
파와 견주어 보고 다른 종파를 생각하
며 나의 선지자의 오늘의 위치를 생각
한다 하면,
50 너희들이 일어서고자 하는 나의 선지
자의 그 새싹을 자르며 또 돌로 눌러
놓는 그와 같은 행위를 하는 것이니,
51 너희들은 절대 이웃의 종교나 종파와
나 여호와가 가고자 하는 길이며 나의
성령과 나의 법전과 선지자가 가는 것
을 비교하여 보는 그와 같은 죄를 범
하지 말라.
52 이를 명심하여 시행하라.

2,195 번째 하나님 말씀

2002년 4월 12일 14시 01분

1 사랑하는 선지자야!
2 "네, 여호와 하나님! 말씀하옵소서."
3 비가 오고 눈이 오고 바람이 불며 너
희들이 살아가는 지구상의 이 모든 변
화를 보면서 너희들은 무엇을 느끼는
가?
4 과연 너희들의 능력으로써 그와 같이
이룰 수 있으며 그와 같이 행할 수 있
다 생각하는가?
5 너희들은 나의 선택된 백성으로서, 너
희들이 사는 지구의 한 부분인 이곳은
험악한 자연환경 속에서 부대끼고 그
들과 싸워 버티며 살아가야 하는 곳이
아니며,
6 너희들이 그것들을 느끼지 못하고 겪
지 못할, 그래도 평온한 지역에서 평
온한 자연의 변화 속에 견디고 살아가
는 그와 같은 은혜와 은총을 입은 민
족임을 알아야 될 것이니라.
7 사막의 어려움과 열대 지방의 어려움
과 북극 지방이라 하여 그 추운 지역
의 한랭의 변화와 그 생활 속에서 적
응하며 살아가는 모든 동식물은 그들
대로 고충이 있음이니,
8 너희들은 그와 같은 변화의 자연의 역
사 속에서 과연 얼마만큼 견디고 버틸
수 있다고 생각하는가?
9 그 모두가 나 여호와의 능력과 힘이
아니면 과연 그와 같은 역사 속에 존
속해 갈 수 없으며,
10 그 속에서 자연의 변화와 생태계에 맞
춰 너희들이 살아가는 그 능력과,
11 그리고 주위 환경에 따라서 지탱하며
살아가는 모든 동식물들이 살아가는
그 모습과 형태를 한번 파악하고 바라
본다면 나 여호와의 존재함과 위대함
을 너희가 알게 될 것이니라.
12 그리하여 너희들은 알아야 될 것이니
라.
13 너희들이 모든 노력하는 것 이상으로,
너희들이 깨닫고 능력을 발휘하는 그
이상으로써, 너희들이 어떠한 형태로
써 상상할 수 없는 너희들의 능력과

너희들의 가지고 있는 그 힘을 알게
될 것이니,
14 그 모두는 너희 스스로 얻는 것이 아
니라 내가 너희들에게 내려 줌이니 그
리 알아야 될 것이니라.
15 내가 너희들에게 너희들이 상상할 수
도 없는 그 힘의 능력을 내렸을 때, 너
희들이 모든 역사가 이루어지고 번창
하게 됨을 깨달아야 할 것이니라.
16 사랑하는 선지자야!
17 "네, 여호와 하나님! 말씀하옵소서."
18 많은 변화의 역사와 자연의 오묘한 그
위대함 속에서 너희들이 나로부터 선
택된 나의 백성들이요, 나의 선지자를
따라가는 선지자의 사랑하는 제자들
이니,
19 너희는 물질도 가진 것이 그리 많지
않으며, 남들과 같이 풍족하지 못하
며, 인간 세상 속에서 살아가는 너희
들의 삶의 그 배경 또한 남들처럼 너
희들을 좌우에서 형제로서 도와줄 만
한 그와 같은 힘 있는 주변의 환경을
가지고 세상에 나온 것도 아니니라.
20 그렇다 하여 나의 뜻을 깨우쳐 사랑을
베풀며 사랑을 실천하며 나의 계명에
따라 살아가며 그와 같이 생활해 온
너희들도 아님이니,
21 오로지 너희들은 나의 성령을 접하며
내가 나의 선지자를 통하여 내리는 음
성의 그 메시지를 듣고 꿈과 희망을
가지고,
22 그리고 꿈과 희망을 가슴에 안고 나
여호와가 존재함을 믿으며 나의 성령
을 믿고 나의 선지자를 믿고 전진하여
오늘까지 온 나의 사랑하는 백성들이
아니던가?
23 너희들이 아무런 물질의 힘도 없고 배
경의 힘도 없으며, 사랑을 실천함도,
믿음의 깨달음도 남들과 같이 뛰어나
지 못하며,
24 가진 것도 없는 그와 같은 너희들이
나의 성령을 듣고 나의 법전을 읽어
꿈과 희망을 가지고,
25 하늘에 오르는 길이 여기 있으며, 이
는 나 여호와의 성령이라 믿고 너희들
이 전진하고 힘을 합쳐 이곳까지 왔음
이니,
26 너희들의 그 정성과 마음과 믿음을 내
가 갸륵히 생각하니,
27 이제는 너희들에게 아름다운 미래와
아름다운 꿈의 역사를 이루어 주는 그
것은 내가 너희들에게 내리는 몫이니
그리 알라.
28 너희들은 어떠한 역경에 부닥치더라
도, 어떠한 힘들고 어려운 고통이 너
희 앞길을 막더라도 너희들은 선지자
와 더불어 나의 법전을 세상에 전하여
야 될 것이며,
29 사람들이 말하기를 천 년의 왕국의 역
사를 이룬다는 그 뜻을 너희들이 이
지구상의 모든 사악한 무리들을 뽑아
내고 완전한 너희들의 후손으로서 천
사와 같은 자들이 천 년에 걸쳐 왕국
을 이룸이니,
30 영원히 보존되는 그 왕국을 이루고자
하는 것이 나의 뜻이니라.
31 어찌하여 이 지구상의 모든 나의 피조
물 만백성이 살아가는 그 속에서 천
년이라는 그 왕국을 이루며 모든 것이
다 닫히고 끝난다고 너희들은 생각하

는가?
32 천 년의 왕국으로써 모든 것이 이루어
지고 끝을 보는 것이 아님이니라.
33 너희들은 천 년 후에 너희들이 살아갈
수 있는 왕국을 이루어 영원히 이 지
상의 낙원이 하늘에서 이루어진 것같
이 이 땅에서 이루어지는 그와 같은
역사를 이루는 것이 너희들의 후손이
할 일이며,
34 그 기틀을 바로잡아 놓는 것을 너희들
이 함이니,
35 물질도, 능력도, 재물도 모든 것이 없
다 하나, 너희들은 나로부터 선택된
백성이요,
36 너희들은 희망이 있으며 내일의 꿈이
있으며 그리고 내가 너희들과 같이하
고 있음이니,
37 지금 나의 성령을 믿고 너희들이 전진
하여 달려왔듯이, 그 마음에 더욱더
박차를 가하여 선지자를 따라 하늘에
오르는 그 길의 영광을 잃지 않도록
그리하라.

2,196 번째 하나님 말씀

2002년 4월 12일 14시 16분

1 사랑하는 선지자야!
2 "네, 여호와 하나님! 말씀하옵소서."
3 너의 제자들에게 일러 깨우치라.
4 너희들이 육의 삶을 마치고 영의 세계
에 돌입하니,
5 영의 세계의 깨달음을 얻어 너희들이
하늘에 오르는 영광과 축복을 얻고자
함이니,
6 이는 너희들이 나 여호와가 존재하기
에 나의 율법대로 지키며 질서를 파괴
하지 아니하고 살며 그리고 너희들이
죽어 와 나에게 심판을 받는다는 것을
두려워하며,
7 너희들이 그 심판에 따라 그 죄에 대
한 벌을 받고 산다는 영원히 불변 속
에서 살아가는 너희들의 그 형태가 두
려워 너희들이 오늘의 삶을 바로 살아
야 한다 그리 생각해서는 아니 됨을
알아야 할 것이니라.
8 너희들이 나 여호와가 존재하기에, 나
로부터 벌을 받으며 그 죄과를 치르
는 그와 같은 두려운 마음으로써 선행
을 지키며 아름답게 살아간다는 그 마
음을 갖는다 하면 너희들의 깨달음과
선행은 한계가 있음이니,
9 더 이상 그 길을 넘을 수 없음을 알아
야 할 것이니라.
10 이것이 바로 무엇이더냐?
11 너희들이 육의 삶에서 60이라는 그
점수를 넘을 수 없는 그와 같은 너희
들의 깨달음인 것이니라.
12 지금 너의 제자들은 그와 같은 것이
아니니라.
13 나 여호와가 존재하든 존재하지 아니
하든, 너희들이 살아가는 인간사의 그
질서 속에서 너희 스스로 그와 같은
흐트러지지 아니하는 삶을 살며,
14 내가 내린 나의 계명이 너희 스스로
몸에 익숙하게 되어 그대로 지키며 살
아가는 그 습성을 기르는 데 너희들이
모두를 다 바쳐야 할 것이니라.
15 나 여호와가 존재하며 내가 너희들을
구원해 주며 너희들을 하늘에 오를 수
있는 그 길로 인도하는 것이 너희들이

십계명을 지키며 사는 것이라 하여 너
희들이 그를 인식하고 산다 하면,
16 나 여호와에게 재물을 바치며 구걸하
는 그와 같은 자들과 무엇이 다르겠는
가?
17 나 여호와가 너희들을 심판하며, 심판
했을 때 너희들이 그 고통스러운 벌을
받는다는 그와 같은 생각을 가진 상태
에서 너희들이 깨닫고 아름답게 살아
가고자 노력한다 하면 너희들의 노력
에 한계가 있음이니라.
18 그를 너희들이 봐서는 안 되는 것이니
라.
19 너희 마음속에 이미 내가 너희들이 선
하고 악함을 구분할 수 있는 그 능력
을 주었으며, 너희들이 선을 바라보는
그 마음의 끝이 없음이니,
20 너희들 자신을 찾으며, 너희 자신이
누군가를 알며, 너희 마음속에 보석과
같이 소중한 그 마음을 끌어내는 데
너희들이 모든 노력을 경주하여,
21 스스로 너희들이 판단하기에 아름다
운 마음, 사랑하는 마음으로 살아가는
그와 같은 역사가 있어야 될 것이니라.
22 사랑하는 선지자야!
23 **"네, 여호와 하나님! 말씀하옵소서."**
24 너의 제자들에게 일러 깨우쳐 주라.
25 너희들은 내가 존재하며 나에게 심판
받으며 내가 내리는 너희들의 그 벌이
무서워 십계명을 지키며 참된 사랑을
나누며 살아가는 인간으로서 변하고
자 하는 그와 같은 노력이나 그와 같
은 생각을 오늘서부터 너희 머릿속에
두는 것이 아니라,
26 너희들이 내가 내려 준 인간의 보석과
같은 그 아름답고 사랑하는 마음을 너
희 스스로 끌어내 그가 모든 너희 생
활의 주관이 되며,
27 너희 스스로 습관적으로 모든 걸 지키
고 살아가는 그와 같은 너희들이 될
수 있도록 생각과 생각을 거듭하여 너
희 자신을 다스려 나가야 될 것이니라.
28 어떤 기대 심리와, 어떤 두려운 것과,
어떤 상을 받는 그와 같은 마음의 자
세로써 너희들이 변해 가고자 한다면,
29 이것은 기복 신앙보다도 더 무서운,
너희들이 거래하려는 생각이며,
30 잠재의식 속에 너희들은 나에게 거래
하고자 하는 그 생각이 들어 있지 아
니한가?
31 이제는 너의 제자들이 나의 뜻을 이해
할 수 있으며 깨달을 수 있으며 들을
수 있음이니,
32 이제 한 계단 더 올라 나에게 전진하
고 나에게 가까이 오는 그들이 깨달음
에 지켜야 할 것은,
33 나를 의식하지 않는 속에서 내가 너희
들에게 미리 내려 준, 보석보다도 더
아름답고 더 소중한, 사랑하는 착하고
선한 마음의 그 근본을 너희들이 찾아
내어 마음껏 발휘하고 마음껏 세상에
펼치며 살아가고자 노력하고 또 노력
할 때, 너희들은 나로부터 구원을 받
는 영광을 얻게 된다는 것을,
34 나의 피조물, 사랑하는 백성들에게 나
의 이 깊은 뜻을 전해야 될 것이니,
35 이를 명심하여 시행하도록 그리하라,
선지자야!
36 이것만이 너희들이 하늘에 오르는 길
을 볼 수 있으며, 내가 있음을 볼 수

있으며, 나의 성령을 들을 수 있으며,
너희들이 60이라는 그 점수를 넘어
70이요, 80점의 그 선상에 돌입하는
것은 그것뿐이니라.
37 내가 존재함을 의식하지 말며, 내가
두려워 십계명을 지키는 자가 되지 말
며,
38 내가 있기에 선행을 베푸는 그와 같은
마음으로 해서는 너희들은 그 한계가
있고 끝이 있음이니라.
39 너희 스스로 잠재하여 있는 그 아름답
고 소중한, 남을 사랑하고 이해하고
용서하는 그 마음을 너희들이 끌어내
어,
40 그 마음으로써 너희들이 충족됐을 때
그 가슴속에 한 점이 바로 그것이니라.
41 그 점이 샘솟듯이 아름다운 생수로 솟
아날 수 있는, 모든 사랑을 베풀 수 있
는 너희들 마음속에 있는 그 잠재 의
식의 사랑을 끌어내도록 하라, 선지자
야!
42 그리 가야만 정녕 나에게 오를 수 있
는 완벽한 너의 제자요, 나의 선택된
백성이 될 수 있음을 만백성에게 일깨
워 깨우쳐 주라, 선지자야!

2,197 번째 하나님 말씀

2002년 4월 12일 14시 31분

1 사랑하는 선지자야!
2 "네, 여호와 하나님! 말씀하옵소서."
3 나의 피조물 만백성이 잘못 인도하는
너희들이 만든 성전이라는 곳에 발을
한 번 들여 놓아 '아멘!'이라는 소리를
한번 찾은 그 죄로 평생 동안 너희들
에게 모든 재물을 바치고 시간을 다
바치며 그리고 십일조요, 각종 헌금과
모두를 다 바쳐 살아왔던 그가,
4 그의 생활이 어려우며 또 사업이 어려
우며 그가 지탱하기 어려운 그러한 상
황에서 그는 도저히 십일조를 할 수
없어 너희들이 말하는 그 재물을 너희
앞에 바치지 아니하였을 때,
5 그리고 그 모두를 헌신하여 너희들을
따르고 따랐던 그 사람들이 생활의 어
려움과 저희 가족과 이웃의 삶이 두렵
고 무서워 헌신하지 않을 때,
6 또한 너희들이 말하는 짐승처럼 먹이
를 주어 부리는 것과 같이 너희들이
주일이라 정해 놓고 그때마다 불러 모
으는 그 백성들, 그 신도라 하는 자들
이,
7 그리고 십일조를 철저히 내던 자가,
그리고 또 모든 봉사와 헌신으로써 살
아가던 자가 생활이 어렵고 힘들어 그
주일 예배에 참석하지 못했다 할 때,
8 그가 정녕 참석할 수 없어 참석하지
못했을 때,
9 지금의 종교 지도자 너희들은 그들을
향하여 분노하지는 아니하는가?
10 분노의 목소리로써 그들을 원망하고
책하지는 않는가?
11 그리고 또한 더불어 너희들은 그를 마
귀가 시험을 하며 마귀의 시험에 빠졌
다 말하지 않는가?
12 너희들이 말하는 대로 세 치 혓바닥에
농락되어 십일조요, 각종 헌금이요,
각종 기금이요, 축하 헌금을 바쳤던
그들이 너무도 배고프고 힘들고 어려
운 그 역경을 겪는 속에서 그를 내지

못하며,
13 저희 사업을 전폐하며 가정을 포기하
며 가정을 버려 가며 봉사했던 그가
봉사하지 못할 때,
14 너희들은 그들의 아프고 섭섭한 마음
을 아는가?
15 그리하여 너희들은 그것을 바라보지
아니하며, 너희들은 그 신도들이 떨어
지며 너희에게 등을 돌릴까 봐, '그들
은 마귀에 빠졌으며 마귀의 시험에 들
어 있으며 사탄의 꼬임에 빠졌으니,
그와 같은 길을 여러분은 가서는 안
된다.' 하며 그들을 본보기로 하여 너
희 신도들을 잡아 두기에 급급하지 아
니하는가?
16 그리하여 섭섭한 마음과 그를 원망하
고 저주하는 마음을 가지고 지금 종교
지도자 너희들이 이끌어 가는 그와 같
은 형태는 아닌가?
17 너희들이 그러한 자세로 흘러간다 하
면 이는 정녕 사랑을 모름이요, 이웃
의 나눔도 모르며, 이웃과 더불어 삶
도 모르는 자들이니,
18 곧 너희들 자신만을 위하여, 너희들의
편안한 육신을 위하여 살아가며 영영
영혼의 구원 자체도 모르면서 육신의
안일과 편안함을 위하여 너희들이 나
의 피조물 만백성을 비틀고 짬이니,
19 그와 같은 형국의 종교 지도자가 이
세상에 있다 하면, 이와 같은 뜻에 따
라 행하는 자가 있다 하면,
20 너희들은 발길을 멈추고 나의 법전을
열어 내가 너희들에게 원하고 가르치
는 것과 미래가 어찌 가는가를 알고
미래와 통할 수 있는 나의 법전을 읽
고 깨우쳐야 될 것이니라.
21 그리고 종교 지도자라는 자들이 저희
스스로 역사를 이루고자 발버둥치다
스스로 좌절할 때,
22 저희들의 과오를 생각하지 아니하고
저희들의 잘못 가는 것을 생각하지 아
니하며 나 여호와를 원망하는 자는 정
말 없는가?
23 저희들이 잘못 이루고 잘못 가며 저희
들이 잘못 행했던 그 모두를 다, 저 자
신이 잘못한 것을 반성하며 후회함이
아니라, 나 여호와만을 원망하는 자들
은 없는가?
24 그리하여 저희 스스로 반성할 줄 모르
고 회개할 줄 모르며 나를 탓하고 원
망하는 그와 같은 종교 지도자는 없는
가?
25 저희들이 개척 교회라 하는 성전을 만
들려 하다가 실패했을 때, 저희들이
법당이라는 것을 지으려 하다가 실패
했을 때, 저희들이 모든 종파의 집단
을 이루고자 하다가 실패했을 때,
26 나를 원망하며 저희 스스로 잘못 가고
있는 길을 반성하지 아니하며 나를 욕
하고 원망하는 자는 없는가?
27 그와 같은 자들이 정녕 종교 지도자라
너희들은 말할 수 있는가?
28 종교 지도자라 함은 원숙한 인격과 덕
성을 갖춰야 할 것이며, 인자함과 사
랑을 갖춰야 할 것이며,
29 어떠한 상황에서도 나 여호와를 원망
하며 나 여호와를 저주하는 그와 같은
마음의 형태로 돌아서는 자는 지도자
로서 자격이 없음이니라.
30 너희들은 여기서 알아야 할 것이니라.

31 너희들이 죄짓고 잘못 가지 아니한다
하면, 나 여호와의 뜻에 의하여 너희
들이 성장하며 나 여호와의 뜻을 펴고
자 한다면 내가 너희들에게 시련을 주
겠는가?
32 이는 나 여호와와는 아무런 관계가 없
기 때문이니라.
33 그리고 너희들이 또한 깨우쳐야 될 것
이니라.
34 나 여호와로부터 메시지를 받으며 나
여호와로부터 부름을 받으며 나 여호
와로부터 선택되어 일하는 자, 나의
뜻에 따라 일하는 자, 그는 절대 좌절
이 없음을 알라.
35 내가 선택한 자가 좌절이 있으며 주저
앉음이 있으며 쓰러짐이 있다 하면 그
는 나 여호와가 선택한 자가 아니니,
36 너희들은 이를 보고 알아야 할 것이니
라.
37 지금 수많은 개척 교회라 하여 십자가
를 걸며 또 성전이라 하여 짓는 자들
중에 중도에서 포기하며 모두를 던지
고 떠나는 자는 없는가?
38 그렇다면 그들 역시 잘못된 것이며 나
로부터 선택되지 아니한 자로 알 것이
니,
39 그보다 좀 더 큰 것을 가지고 더 웅장
한 것을 가졌다 하여 그들과 똑같은
방법으로 흘러가는 자들이 나로부터
선택되었다는 소리를 해서는 아니 될
것이니 그리 알라.
40 똑같은 종류의 벌레가 작다 하여 그
벌레가 아님이 아니며, 작든 크든 그
벌레는 똑같으니라.
41 애벌레서부터 성충이 되어 날 때까지
그 곤충은 다 하나로 똑같음이니, 똑
같은 방법으로 가는 작은 너희 개척
교회가 이루지 못하고 수없이 쓰러져
감은,
42 너희들이 이루었다 하여 부귀와 영화
를 누리고 하늘이 무서운 줄을 모르고
가는 그자 또한 쓰러질 날이 머지않았
음임을 알아야 할 것이니,
43 애벌레와 나는 그 벌레는 하나임을 너
희가 알아야 할 것이니라.
44 사랑하는 선지자야!
45 "네, 여호와 하나님! 말씀하옵소서."
46 모든 사람들이 사랑을 모르며 베푸는
것을 모르며 이웃의 어렵고 힘든 것을
가리지 아니하고 바라보지 아니하고
그저 저희들의 편안함만을 위하여 이
끌어 가며,
47 세 치 혓바닥으로 나의 피조물 만백성
을 비틀고 짜는 그와 같은 사악한 자
들이 세상을 지배하고 있으며,
48 원숙한 인격과 덕성을 갖추지 못하며,
나의 아들 예수가 살아가는 그 모습대
로 살아가지도 아니하며,
49 그를 닮으려 하지 아니하는 그와 같은
잘못된 사악한 무리들이 이 세상을 덮
고 있는 이 형국에서 너희들의 마음의
의식을 잘 관리해야 될 것이며,
50 너희들의 자세를 잘 관리해야 될 것이
며, 너희 믿음을 잘 관리하여 영혼을
철저히 관리하여,
51 너희들은 나에게 오르는 그 역사에 낙
오자가 되어서는 아니 될 것이니 그리
알라.
52 선지자를 통하여 내가 너희들에게 애
절하게 전하는 나의 뜻을 깊이 새겨

너희 것으로 만들어 깨달음을 얻도록
그리하라.

2,198 번째 하나님 말씀

2002년 4월 12일 16시 12분

1 사랑하는 선지자야!
2 "네, 여호와 하나님! 말씀하옵소서."
3 나의 피조물 만백성이 지치고 험난한
삶을 삶이니, 내가 저희들의 한 생명
을 세상에 내보내는 그 은혜를 주어
저희들이 세상에 나오니,
4 세상에 너희 인간의 육으로써 태어나
너희들이 노력하고 연구하고 행하는
것만큼 얻고 취하고 살 수 있도록 너
희들에게 다 주었음이니,
5 이는 너희들이 편히 먹고살라, 그리고
손과 발을 움직여 그를 취하고 살라고
모두를 다 주었음이니,
6 그보다 더 큰 은혜와 영광이 어디 있
겠는가?
7 그러나 너희들은 그러한 속에서 욕심
이요, 사악한 생활과 더 갖고자, 더 얻
고자, 더 높고자 하는 그와 같은 세속
의 욕심을 버리지 못하여 지금 이와
같이 방황의 길에서 허덕이고 있음이
니라.
8 그리하여 너희들을 바로잡기 위하여
나의 아들 예수를 세상에 보내 나의
성령을 너희들에게 전하고자 하였으
나, 그 또한 지금과 같은 형국이 이루
어졌음이니,
9 나의 아들을 통하여 너희들에게 전하
고자 했던 그 성서의 뜻과는, 그리고
나의 성령과는 전혀 관계도 없는 수천
수만 가지의 그 제목과 뜻을 가지고
너희들의 종파가 생겨,
10 그 종파만이 하늘에 오르는 길이라 하
여 나의 수억의 피조물 만백성이 이
종파, 저 종파에 진리를 찾아 허덕이
며 그들이 이곳저곳을 기웃거리며,
11 그 속에서 진정한 지도자를 만나지 못
한 그들은 저희들이 어찌 끌려가는지
도 모르면서 지옥 불로 가는 그 길을
지금 살아가고 있음이니,
12 그와 같은 형국이 지금 너희들이 가고
있는 믿음의 세계이며 너희들이 살아
가고 있는 형태이니라.
13 정녕 진정한 종교 지도자는 나 여호와
가 나의 아들 예수를 통하여 너희들에
게 전하고자 했던 그 뜻과 또 내가 십
계명이라 하여 불로 써 내린 그 계명
을 바르게 지키고 살라 나의 피조물
만백성에게 일깨워 주고 다스리면 될
것을,
14 너희들은 그 길이 너무도 힘들고 어렵
고 고통스러우며 인내할 수 없는 길이
라 미리 겁을 먹어 그 목자들이 지금
수많은 나의 피조물 만백성을 어찌 가
르치더냐?
15 많은 나의 피조물 백성들이 각양각색
으로 필요로 하는 대로 다각도로 그들
의 비위를 맞추고 그들의 뜻을 채워
주는 그러한 지도자가 아닌가?
16 그리고 그들이 요구하는 그 모든 것을
다 비위를 맞추고 채워 주고 가고자
그리 노력하며 끌고 가는 것이 지금
나의 종교 지도자라며 서 있는 너희들
의 형태가 아닌가?
17 그들 속에서 진정한 영적인 구원을 위

하여 어렵고 힘든 가르침을 지금 행하
지 아니하며,
18 나의 피조물 만백성이 편히 가고자,
그리고 두려움 없이 가고자, 고통스러
움 없이 하늘에 구원받을 수 있는 그
길을 가고자 하는 그들이 원하는 방향
으로 너희들이 그들과 타협하여 그들
을 가르치는 형태로 지금 변해 있음이
니,
19 그 속에서 정녕 너희들은 구원의 길이
며 하늘에 오르는 길을 볼 수 있다 말
할 수 있는가?
20 그와 같은 아비규환 속에서 너희들이
하늘에 오르는 길이며 나 여호와에게
올 수 있는 그 길이라 말할 수 있는가?
21 너희 종교 지도자들이 이리 말하지 않
는가?
22 믿음의 길이란 얼마나 어렵고 힘든 고
통스런 길이며, 제 가족에게, 또 저의
모든 식솔에게까지도 얼마나 무서운
고통을 요구하는 것이며 그들도 얼마
나 힘들게 가야 하는 길인가를 너희들
은 모른다 그리 말할 것이니라.
23 그리고 종교 지도자는 친구와 모든 관
계를 다 끊으며, 사람들로부터 공격과
비판을 당해야 하는 그와 같은 속에서
살아가는 어려움과 역경이 있는 것이
종교 지도자의 가는 길이라 말할 것이
니라.
24 이와 같이 말하는 자, 나의 뜻을 모르
며 깨달음을 모르는 것이니라.
25 종교 지도자가 저희 가족에게 무서운
고통과 시련을 주는 것이 아니요, 저
희 가족과 저희 식솔이요, 저희 주변
의 형제에게 깨우침의 길을 알려 주어
하늘에 오르는 영광의 길을 가르쳐 준
다 생각한다면,
26 그것이 저희들 가족과 격리되는 것이
며, 저희 가족과 저희 형제들까지 고
통을 당한다, 그리고 무서운 시련 속
에서 살아가야 되는 그와 같은 형국이
라는 말을 감히 할 수 없을 것이며,
27 모든 사람으로부터 멀어지며 모든 친
구로부터 모든 것을 다 잃는 것을 고
통이요, 괴로움이라 생각한다면 그는
정녕 믿음의 길을 가는 종교 지도자가
아님이니라.
28 그리고 많은 자들에게 공격과 비판과
그리고 당혹스러울 만큼 그들에게 시
시비비를 받는 것, 그 자체가 고통이
요, 시련이라 그리 말하는 자는 정녕
하늘에 오르는 길을 모르는 자며,
29 정녕 가르치는 종교 지도자로서 같이
해서는 아니 됨을 너희들은 알아야 할
것이니라.
30 너희들은 나 여호와에게 오르는 그 길
이, 누구도 함부로 올 수 없는 길이요,
아무도 행할 수 없는 나의 계명을 지
키며 아무나 받을 수 없는 구원의 길
을 얻으며 하늘에 오르는 그 길이 너
희들이 상처가 없이, 아픔이 없이 올
수 있다 생각하는가?
31 어렵고 힘든 길이니라.
32 이 세상 무엇과도 바꿀 수 없는 고통
과 시련의 길이니라.
33 너희들이 육에서 무엇인가를 얻고자
노력하며 경배하며 가고자 하는 그 노
력의 몇십 배 더 어렵고 힘든 길이 하
늘에 오르는 길이니,
34 그 상처가 얼마나 심하며 그 아픔이

얼마나 큰가를, 너희들은 그 모두를
다 알아야 될 것이며,
35 그 모두를 겸손히 받아들이는 그와 같
은 너희들의 자세가 되어야 될 것이며,
36 그 속에서도 스스로 너희 자신을 돌아
다보는 시간을 가져야 될 것이며,
37 너희가 흘린 피의 그 열매가 맺어지기
위해서는 과연 얼마나 어렵고 힘든 그
시련의 고통을 겪고 가야 되는 것인가
를 알아야 될 것이니라.
38 그리하여 너희들이 흘린 피의 그 맺어
지는 열매가 얼마나 위대하고 소중한
것인가를 너희들은 알 때가 있을 것이
니,
39 지금 모여 있는 너의 제자들에게 이르
라.
40 나에게 오르며 나의 법전을 전하며 나
의 성령을 받아 세상사 살아가는 형태
를 바꾸는 너희들이 아픈 상처와 아픔
이 없이, 고통과 시련이 없이 이룰 수
없음이니,
41 너희들이 어떠한 고통과 시련의 아픔
의 상처도 겸손히 받아들이며 그것을
즐거움으로 생각하고 살아갈 때,
42 너희들의 흘린 피의 그 열매가 맺어질
때 그 결과를 알게 될 것이니,
43 너희들이 지금의 고통과 시련이라는
것을 견디지 못하여 떠났을 때,
44 너희들이 피 흘려 노력한 사람들의 그
맺어지는 열매의 값지고 위대함을 얻
지 못하는, 그 자리에 너희들이 서 있
지 못하는 그러한 사람이 되어서는 아
니 될 것이니라.
45 내가 오늘 나의 선지자를 통하여 너희
들에게 명하나니, 너희들의 노력의 대
가요, 피맺힌 그 고통스러움을 견디고
이겨서 맺어지는 그 위대한 열매요,
그 소중한 것을 너희들은 맛봐야 될
것이며 너희 것으로 만들어야 될 것이
니라.
46 많은 너의 제자들이 노력과 고통의 시
련 속에서 하나의 성취를 하여 하늘에
오르는 그 영광을 차지할 때, 너희들
이 그 자리에서, 그 명단에서 제거되
며 빠지는 자가 되어서는 아니 될 것
이니 이를 잊지 말라.
47 너의 제자들에게 이 소중함을 일러 가
르치도록 하라.

2,199 번째 하나님 말씀

2002년 4월 12일 21시 35분

(강론을 마치며)

1 사랑하는 선지자야!
2 "네, 여호와 하나님! 말씀하옵소서."
3 세상사 나의 피조물 만백성에게 아무
리 아름다운 것을 손에 쥐여 주며 이
것이 그들의 생명을 살릴 수 있는 가
장 고귀한 진주라 말하여도,
4 그들은 저희 몸이 아파 제가 병석에
누워 죽어 가기 전까지 그의 소중함을
모르느니라.
5 너희들이 나의 성령을 받아 나의 법전
을 만들어 세상에 지나가는 나의 백성
들에게 구원의 길을 보라 그리 전하나
그들이 그를 보지 않고 스쳐 감이니,
6 그 또한 그들의 복이며 그들의 운명인
것이니라.
7 이 세상에 살아가면서 너희들이 아무
리 옳고 그른 것을 주장하고 말을 한

다 해도 그를 따르지 아니하고 그를
인정하지 아니하는 것이 지금 나의 피
조물 만백성 너희들이 살아가는 그 생
활의 형태이니,
8 너희들은 그 질서요, 또한 기본이요,
엄연히 내가 너희들에게 지키며 하늘
에 오르라고 내린 엄숙한 나의 계명조
차도 의심하며 그를 지키지 아니하려
하는 것이 너희들의 지금의 가지고 있
는 마음의 형태인 것이니라.
9 이와 같은 너희들의 마음을 그 누가
만들었는가?
10 그리고 지금의 너희들이 그와 같이 살
아가는 생각과 너희들이 행하고 있는
그 마음의 뿌리는 어디에서부터 이루
어졌다 생각하는가?
11 지금 너희들은 가슴에 손을 얹고 반성
의 시간을 가져야 할 것이니라.
12 나의 피조물 만백성을 하늘에 오르는
길로 인도한다 하며 저희들만이 구원
의 길로 인도한다는 그 많은 종교 지
도자들과 그 종교 지도자들의 가르침
에 따라 온 나의 피조물 만백성이 흘
러오는 역사 속에서 저희들이 지금 어
떤 형태로 와 있는가?
13 너희들의 가장 소중한 것이 생명이거
늘, 너희들은 지금 너희들의 재물과
너희들 일신의 영달을 위하여 남의 생
명까지도 버리고 또는 그 생명까지도
숨을 거두게 하는 그와 같은 사악한
종말의 시대를 이루었으며,
14 너희들이 말하기를 세상사 다 도적들
이며 다 거짓 하는 자들이며 눈뜨고
바라보고 살 수 없는 이와 같은 추악
한 세상이 되어 있다 함이니라.
15 이와 같은 세상을 만들고 이끌어 온
것은 누구던가?
16 나의 성령을 공부하며 나의 성서를 따
르며 저희들이 나의 뜻에 따라 나의
피조물 만백성을 구원한다 부르짖는
그 단체와 그들이 이끌어 온 지금의
형국이 그와 같은 역사가 되어 있음이
니라.
17 너희들은 하늘에 오르는 길이며, 너희
들만이 나의 성령으로써 깨달으며, 나
여호와를 경배하며,
18 너희들만이 내가 원하는 사랑과 나눔
을 기초로 하며 그리 살아간다 말하는
그 너희들의 집단 속에서 나의 뜻을
향하며 나의 하늘과 가장 근접한 거리
에 있다 말하는 너희들이 과연 실제로
살아가는 형태가 어떠하던가?
19 나 여호와의 존재를 믿지 아니하고 나
여호와를 모르며 나 여호와를 찾지 아
니하는 그 백성만도 못한 추태를 벌이
고 살아가는 그와 같은 형국이 너희들
의 종교 집단에서 이루어지는 것이며,
너희들이 만든 성전의 그 속에서 이루
어지는 형국이 되어 있다 하면,
20 너희들은 그로 인하여 나의 피조물 만
백성이 지금의 말세와 같은 형국에 이
른 것이 너희들의 책임이라는 것을 깨
달아야 할 것이니라.
21 너희들은 내가 지키라는 나의 계명만
을 그대로 지키고 따라왔다 하면 지금
과 같은 형국은 이루어지지 아니하였
을 것이니라.
22 너희들이 최소한도 내가 지키며 살라
한 너희들의 구원의 양식이요, 영혼의
양식인 십계명을 지키고 살라 그리 너

희들 대대손손 가르치고 그리 이끌어
왔다 하면, 이 한 가지만을 너희들이
지키고 가르쳤다 해도 오늘과 같은 형
국이 이루어지지 아니하였을 것을,
23 너희들은 인간이기 때문에 이를 지킬
수 없다 하여 이를 접어 두었으며,
24 그리고 나의 피조물 만백성에게 너희
들은 생각하는 동물이요, 인간이기에
그와 같이 살 수 없으며 나 여호와가
내린 나의 계명대로 지키고 살 수 없
다 하여,
25 너희들이 그 삶의 생활 속에서 잘못하
며 잘못 깨우치며 죄를 짓는 그 모두
를, 너희들은 재물과 금화와 은화로써
나에게 바치며 기도하며 너희들의 성
전에 와 너희 종교 지도자의 가르침을
듣고 회개하는 그 순간에 그 죄를 다
덮을 수 있다 그리 가르치는 이와 같
은 형국으로 너희들이 흘러온 지금의
형태가,
26 그 모두가 원인이 되며, 그것이 발단
으로써 이와 같이 되었음을 다시 한
번 너희들이 깨우치고 깨달아야 할 것
이니라.
27 그리하여 잘못 가르쳐 온 그 종교 지
도자들의 밑에서 그들을 따르는 많은
백성들에게 내가 지금 직접 그들을 깨
우쳐 그들이 바로 하늘에 오르는 길을
볼 수 있으며 하늘에 오르는 길이 어
떠한 길이며 그들이 어떠한 길로써 하
늘에 오르는 그 길을 볼 수 있는가 하
는 것을 깨우쳐 주기 위하여 나의 성
령을 나의 선지자를 통하여 법전이라
하여 세상에 내려보내니,
28 이것이 아무리 너희들에게 소중한 너
희들의 구원의 길이요, 구원의 양식이
요, 구원의 말씀이라 하여도,
29 지금까지 흘러오며 젖어진 너희들의
그 타성과 습성에 의해서 나의 법전을
열지도 아니하고 보지도 아니하며,
30 마지막 시대에 거짓 선지자가 와 전하
고 흔드는 그와 같은 사악한 책자라
너희들이 그리 말함이니,
31 너희들이 구원을 받고 못 받는 것은
또한 너희들에게 달려 있는 것이니라.
32 사랑하는 선지자야!
33 "네, 여호와 하나님! 말씀하옵소서."
34 너희들이 어떠한 시련과 고통의 역사
가 흐른다 하여도, 너희들이 세상에서
육신의 그 모든 종말을 거둬 너희 육
신이 한 줌의 흙으로 돌아가기 전에
나의 법전이 나 여호와의 뜻이며, 천
년에 걸쳐 나의 백성들을 구하는 나의
영혼이요, 성령임을 알게 될 것이니라.

2,200 번째 하나님 말씀

2002년 4월 13일 08시 17분

1 사랑하는 선지자야!
2 "네, 여호와 하나님! 말씀하옵소서."
3 네 삶의 시간이라는 것은 30여 년이
남아 있음이니, 그 세월이 네가 생각
할 때 얼마나 길고도 먼 세월이라 생
각하는가?
4 네가 지금 나의 성령을 받아 열여섯
권의 법전을 만들어 세상에 냄은 수천
년 역사가 흐르는 동안에 나의 피조물
만백성이 살아가는 지표요, 그들이 근
본으로 삼을 수 있는, 그리고 이 지상
의 낙원을 이루는 역사의 그 기초요,

그 성령의 뜻을 기록하는 너이니,
5 너는 아직도 그리 시간이 많이 남았다
생각하며 너 자신이 그리 가고 있는
것인가?
6 6천 년의 역사가 흘러온 지금의 너희
들의 그 역사를 비추어 볼 때, 과연 30
여 년이라는 세월은 무엇이더냐?
7 앞으로 나의 피조물 만백성이 이 지구
가 존재하는 한 나의 성령이요, 나의
법전을 보고 깨우쳐 이곳에 나의 새로
운 동산을 이루고자 하는 그 백성을
존속시킬 수 있도록 하는 너의 그 대
업이 얼마나 귀하고 소중한 일인데 네
가 어떠한 시간이 남았다 하여 그리
태만한 마음의 자세로써 나의 성령을
받아 기록하는가?
8 네가 정녕 나의 성령을 받아 나의 피
조물 만백성을 구하는 역사의 대임을
맡았다 하면 네가 잠시라도 잠잘 시간
이 어디 있으며, 먹고 쉴 시간이 어디
있는가?
9 어찌하여 네가 그리도 태만하며 그리
도 게으르게 이 법전을 만들어 가려
하는가?
10 너는 서둘러야 할 것이니라.
11 네가 살 수 있는 그 시간이 그리 긴 세
월이라 말할 수 없음이니,
12 너희들이 육신에서 긴 세월이라 말하
나, 내가 너에게 준 그 시간은 너무나
도 짧고 짧은 시간이니라.
13 이 시간 속에 나의 성령을 받아 네가
나의 피조물 만백성을 구하는 그 역사
를 이뤄야 할 것이니,
14 나의 아들 예수를 통하여 나의 성령을
내려보내 나의 백성들을 다스리고 바
로잡게 하여 하늘에 오르는 길을 인도
하고자 하였으나 그 성령을 단절시켰
던 그들의 죄나,
15 너 스스로 게으른 자세로써 나의 성령
을 받아 법전을 만드는 데 네가 늦장
을 부리고 간다 하면 그 죄 또한 똑같
은 것이니, 어찌하여 네가 그리도 태
만한가?
16 그리고 너의 제자들에게 일러야 할 것
이니라.
17 네가 나의 성령을 받아 법전을 이루는
너의 시간과 그 모두를 그들이 빼앗아
서는 안 될 것이며, 그들이 너에게 파
장을 이뤄서는 안 되는 것을 그들에게
네가 일깨워 줘야 될 것이니라.
18 다만 그들이 하얀 마음, 고운 마음으
로써 너와 대화하며, 너의 마음을 안
정시키며 너의 마음을 다스리는 그와
같은 천사와 같은 마음으로써 너에게
접근하고 너에게 와 대화하는 그것만
이 그들이 할 길이라는 것을 그들에게
확실히 깨우쳐 주도록 해야 될 것이니
라.
19 사악한 자 네 앞에 와 갑론을박하며
사악한 자 너에게 와 공격함은 네 마
음에 파장을 이룸이니, 네가 그와 같
은 갑론을박할 시간이 없음이니라.
20 너는 잠시도 쉬는 시간이 있어서는 아
니 될 것이니, 너는 오로지 나의 법전
을 세상에 내보내는 그 일에 모두를
다 바쳐야 될 것이니,
21 이 방을 나감을 네가 행해서는 안 되
는 것을 알아야 할 것이니라.

2,201 번째 하나님 말씀

2002년 4월 13일 14시 08분

1 사랑하는 선지자야!
2 "네, 여호와 하나님! 말씀하옵소서."
3 나의 아들 예수가 세상에 성령으로 태
어나 그가 나의 성령을 받아 나의 피
조물 만백성을 하늘에 오르는 길로 인
도하고자 하였음이니, 그가 어떤 삶을
살았던가?
4 육은 육으로써 그 삶을 살되, 나에게
기도하고 나에게 경배하며 그리고 나
의 성령을 들어 행하는 그는 하늘과
땅 사이에 나의 성령을 받아 전하는
나의 아들로서 살았음이니,
5 너 또한 지금 네가 육의 삶에 얽매여
그 속에서 육의 삶에 연연하다 보면
나의 성령을 받아 기록하여 전하는 데
잘못하여 네가 너 스스로 자신의 생각
을 그곳에 기록할 수 있음이니,
6 네가 육의 삶에 연연해서는 아니 됨을
알아야 될 것이니라.
7 내가 일찍이 너에게 말하였듯이, 너는
하늘과 땅의 교역자로서 통역을 맡은
자라 말하였음이니,
8 너의 삶이 또한 그러한 것이니라.
9 너의 육은 지금 육 속에 사나 너의 정
신 세계인 영혼의 세계는 나의 뜻을
받아 하늘나라의 뜻에 따라 움직이는,
그리 살아가는 자가 너이니라.
10 그리하여 너만은 인간 세속의 그 삶에
젖어들어서도 아니 되며, 거기에 빠져
서도 아니 되며, 너의 모든 삶이 거기
에 있어서는 아니 됨이라 하였으니,
11 거기에 또한 네가 한계를 그으라 하였
음이니라.
12 이제 내가 너를 통하여 나의 성령으로
써 나의 법전을 세상에 내보내 악의
씨를 제거하며 새로운 시대를 열고자
하는 그 역사를 시작하매,
13 이는 바로 악한 자들에게 재앙의 씨가
내려지기 시작함이니라.
14 그리하여 네가 육의 세계를 통제하며
육 속에서 살아가는 육의 제왕을 만들
어 그로 하여금 나의 법전을 전하며
그 백성이 나의 뜻을 깨달아 하늘에
오르는 그 길을 가도록 하는 것이 나
의 뜻임을, 너는 그를 알고 있을 것이
니, 네가 그리 행하여야 될 것이니라.
15 모두 나로부터 터치를 받았다 하며 나
의 음성을 들으며 나로부터 깨우침을
받았다는 자들이, 저희들이 지도자요,
저희들이 왕이요, 저희들이 육신을 끌
어가는 그와 같은 자로서 착각하고 살
아가는 자 수없이 있음이니, 이는 아
니니라.
16 나의 성령을 받아 법전으로 기록하는
너는 나의 성령을 받아 기록하는 자로
서 몸은 육에 있으나 정신의 영혼의
세계는 나의 나라에 있음이니,
17 네가 인간 사회에서 직함을 가지며 네
가 인간사에서 인간을 다스리고자 하
는 그와 같은 권좌의 생각을 해서도
아니 되며,
18 너는 그와 같이 갈 수도 없음이니라.
19 네가 만일 인간 세속의 권좌요, 인간
세속의 그 직함에 연연하여 그걸 받고
그 속에 살아간다 하면 너는 나의 성
령을 받아 나의 법전을 기록하여 전하
는 선지자로서 너의 그 이름을 내놓아

야 될 것이며, 너는 그 임무를 수행할
수 없음이니라.
20 너는 육의 세상에서 육신만이 사는 것
이지, 너의 육을 지배하는 영이요, 정
신은 하늘나라에 있음을 알아야 할 것
이며,
21 나의 뜻을 받는 너로서, 나의 성령을
받아 나의 피조물 만백성을 구원하는
법전을 만들어 나의 성령의 뜻을 전하
는 네가 육의 세계의 권좌요, 육의 세
계에서 부귀와 영화를 생각한다 하면,
22 너는 그 순간부터 나의 선지자로서,
나의 성령을 받아 세상에 전하는 법전
을 기록하는 자로서 자격을 상실함이
니 이를 알아야 될 것이니라.
23 나로부터 직접 명을 받는 자요, 나로
부터 선택된 자는 이 지상에 어떠한
부귀와 영화요, 권좌에도 앉을 수 없
으며 그를 같이 병행할 수 없는 자들
이라는 것을 알아야 할 것이니라.
24 너희들은 그 세계에서 젖어 있을 수도
없으며, 그 세계에서 같이 살아가며
행할 수도 없으며, 너희들은 그 세계
에 존재하지 아니하기 때문이니라.
25 네가 육과 영을 가지고 지금 육의 세
계에서 사나, 너 자신은 지금 이곳에
존재하지 아니함이니라.
26 그리하여 너희들은 그들과 차별화되
어야 될 것이며, 나의 성령을 읽고 깨
닫는 나의 새로운 백성들이 새싹이 나
듯이,
27 나의 백성 중에서, 나의 선택된 피조
물 중에서 나로부터 새로 탄생하는 나
의 피조물 만백성을 지도하는 왕이 다
시 나올 것이니,
28 너는 그를 잊지 말며 그 왕을 가르치
고 인도하여 그가 역사를 이루는 데
모두를 다 바칠 수 있도록 그를 다스
려 나가는 데 게을리해서는 아니 될
것이며, 네가 그리 선택된 자라 착각
해서는 아니 됨을 명심하여 행하도록
하라, 선지자야!

2,202 번째 하나님 말씀

2002년 4월 13일 14시 22분

1 사랑하는 선지자야!
2 "네, 여호와 하나님! 말씀하옵소서."
3 너희 인간들 세속에 살아가면서 조직
이라는 것이 있으며, 또 단체가 있으
며, 국가의 경영이라는 것이 있으니,
거기에는 상하가 구분되어 있음이니
라.
4 윗사람이 아랫사람에게 명하여 그 아
랫사람이 그를 따르지 아니하였을 때
그는 어찌 되는가?
5 그 사람은 그 윗사람의 곁을 떠나든
그와 인연을 끊는 것이 인간 사회가
아니던가?
6 그리고 윗사람의 뜻을 따르지 않는 아
랫사람을 누가 다스려 쓰는가?
7 국가를 경영한다는 그러한 조직체에
있는 사람들도 자기의 뜻과 자기의 의
사를 따르지 아니하며 그를 거역하는
자를 제 옆에 두지 아니하며 그를 버
리게 되어 있음이니라.
8 모두는 다 그 뜻을 따르지 아니하면
그것을 버리게 되어 있으며, 또 그 뜻
에 따라 옳은 길을 갈 수 있는 자, 그
리고 순종하는 자를 쓰는 것이 너희들

인간사의 형태가 아니던가?
9 그러한 너희 인간사에서 이루어지는
그 인간관계의 거래도 그러하며, 너희
들 인간의 세속에서 이루어지는 단체
요, 또는 권력이요, 이와 같은 조직 단
체에도 상사의 뜻을 존중하고 그를 따
라 움직이며 그를 영위하여 행하는 것
이 아랫사람의 도리라 아니하는가?
10 그리고 너희들은 그리 이루어지지 아
니하던가?
11 그러나 너희 피조물 만백성은 인간 사
회의 육의 세상에서 상하의 뜻을 따르
며 상하의 조직이 위계질서가 있어 흐
르는 것은 당연한 것처럼 생각하며 그
리 살아가면서,
12 어찌하여 전지전능한 나 여호와요, 너
희들의 생명을 세상에 내보내 주었으
며 너희들의 영혼을 지배하며 너희들
이 죽어 나에게 와 심판을 받는 너희
들의 전지전능한 여호와 아버지라 하
며 한 분밖에 없다는 나 여호와의 뜻
을 따르지 아니하고 그를 거역하면서
너희들은 나의 백성이라 그리 말하는
가?
13 너의 제자들에게 일러야 될 것이니라.
14 이는 너의 제자들에게 반드시 깊이 심
어 주어야 될 대목임을 잊지 말라.
15 내가 나의 선지자를 통하여 너의 제자
들에게 명하는 것을 지키지 아니하고,
거역하며, 순종하지 아니한다면, 그는
무엇이더냐?
16 너희 인간 사회의 윗사람이요, 부모
요, 상사가 지시하는 것은 너희들의
육의 삶을 위하여 너희들이 그를 따르
고 수행하고 지키는 강도가 강하고 깊
으면서,
17 세상의 창조주인 나 여호와의 뜻은 너
희들이 거역하며 지키지 아니하고자
함이니,
18 어찌 너희들이 이 이치 하나를 깨닫지
못하는가?
19 지상의 육신의 상하 관계요, 부모와
자식과의 관계요, 집단의 인솔자와 그
지배를 받는 자와의 그 명령 계통은
너희들의 육의 삶을 위해서 목숨을 내
놓고 지키고자 하는 그와 같은 자가
있으며 서약하는 자가 있으며 또 그
앞에 맹세하는 자가 수없이 많이 있으
나,
20 전지전능한 나 여호와가 선지자를 통
하여 너희들에게 전하는 그 메시지의
소중함에 대해서 너희들이 그를 순종
하고 지키지 아니하며 그냥 흘러간다
하면,
21 너희들은 가장 소중한 것이요, 다시
한 번 얻을 수 없는 절대권자인 나 여
호와의 명을 따르지 아니하는 그와 같
은 삶을 살고자 함이니,
22 그리하면서 너희들이 무슨 구원을 받
으며 나의 백성이요, 나의 아들딸이라
말하는가?
23 너희들은 여기서 하나 깨닫고 넘어가
야 될 것이니라.
24 너희 인간사의 종교 지도자라는 사람
이 가르치는 그 음성이요, 그 뜻은 너
희들이 목숨을 바쳐 듣고 지키고자 하
며, 그 명령에 너희들이 죽고 살고 하
는 그와 같은 각오로 너희들이 만든
성전에 가 종교 지도자라는 사람의 그
가르침에 대해서는 너희들이 그리 따

르면서,
25 너희들이 말하는 전지전능한 여호와
아버지요, 한 분밖에 없으며 이 세상
을 창조한 아버지라 부르짖는 너희들
이 나의 명령을 어찌하여 지키지 아니
하는가?
26 내가 내린 그 십계명은 너희들이 지키
지 않음이니,
27 그를 지키고 하늘에 오르라 하는 것을
지키지 아니하면서 어찌하여 너희들
은 나에게 오르는 백성이요, 나에게
오를 수 있으며 나의 자식이요, 나의
아들딸이라 하는가?
28 어찌 진정 나 여호와요, 너희 아버지
의 명은 따르지 아니하면서,
29 너희들을 인도하고 안내하는 자들의
그 지시와 그 뜻은 너희들이 생명을
내놓고 지키려 하며,
30 정녕 너희들의 아버지요, 전지전능한
나 여호와요, 세상의 창조주라 하는
내가 직접 지키라 하는 그 명령을 지
키지 아니하는 너희들은 어디에서 그
러한 발상이 생기며,
31 어찌하여 그와 같은 과오를 범하며,
그리고 그 속에서 너희들이 구원과 영
광을 받는다 그리 생각하는가?
32 이는 너희들이 꿈에도 생각해서는 아
니 됨이니라.
33 내가 정녕 선지자를 통하여 또 너희들
에게 명하는 것이며, 내가 직접 너희
들에게 명하며 깨우쳐 주는 그것을 순
종하고 따르지 아니하는 자,
34 너희들은 영원히 나로부터 구원을 받
을 수 없음을 알아야 할 것이니라.
35 이는 절대적인 나의 명령이요, 이는
어길 수 없으며, 이를 지키지 아니하
는 자 존재할 수 없으며,
36 구원의 길을 알 수 없으며, 구원의 빛
을 볼 수 없는 우매한 백성이 하는 행
위임을 너희들은 알아야 될 것이니라.

2,203 번째 하나님 말씀

2002년 4월 13일 14시 41분

1 사랑하는 선지자야!
2 "네, 여호와 하나님! 말씀하옵소서."
3 내가 너에게 말하여 이르기를, 모든
피조물 만백성이 피를 받아, 몸을 받
아, 나의 성령을 받아 세상에 태어난
그것으로써 너희들은 가장 소중한 것
이며 한 형제라 말하였으니,
4 그게 바로 너희들이 나의 아들과 딸들
인 것이니라.
5 그리하여 내가 너희들에게 아름답게
살다 나의 나라에 와 영원히 나 여호
와의 곁에 있으라 하여 너희들이 살아
지킬 수 있는 계명을 내려보냈음이니
라.
6 그러나 너희들은 그를 그리도 지키지
아니하며, 그를 지킬 수 없다며 헌신
짝처럼 집어던졌으며,
7 나의 사랑하는 아들 예수까지도 그는
나의 아들이 아니요, 그가 전하는 것
은 나의 음성이 아니요, 나 여호와의
뜻이 아니라며 그를 그리 죽였음이니,
8 그렇다 하면 너희들은 너희들의 하나
님은 어디 있으며 너희들에게 성령으
로써 내려보내는 세상의 이 모두를 창
조한 여호와 하나님은 어디에 있으며,
누구란 말이더냐?

9 너희들이 한번 있으면 말을 해 보라.
10 나의 아들 예수가 나의 아들이 아니
요, 그에게 성령을 내리고 그에게 모
든 역사를 이루도록 한 나 여호와가
그의 아버지가 아니며 그가 나의 아들
이 아니라 너희들이 말한다 하면,
11 과연 이 세상을 창조한 너희들의 아버
지요, 이 지구 만물의 역사를 다 이룬
그 창조주는 누구란 말이더냐?
12 너희들에게 먹고살라, 그리고 편안히
살다 나에게 오라 하여 내가 내려 준
영광 속에 저 산 높이 서 있는 소나무
가 너희들의 창조주란 말이며,
13 그와 같은 너희들이 숭배하는 것이 나
여호와보다 더 높은 자라 말할 수 있
는가?
14 성황당이라는 곳에 돌을 놓고 가는 그
성황신이라는 것이 이 세상을 창조하
였으며 나보다 더 높은 신이라 말하는
가?
15 죽은 돼지 머리를 놓고 고사 지내며
절을 하는 자들의 행위의 그 신이 나
보다 더 높은 것이며 그가 창조주란
말이던가?
16 너희들은 과연 누가 창조주며, 누가
너희들을 만든 역사며,
17 그리고 나의 예수가 나의 아들이 아니
며 내가 그를 통하여 전한 성령이 나
의 뜻이 아니라 하면, 과연 너희들은
누가 창조주며 너희들의 어버이라 말
할 수 있는가?
18 이것이 너희들이 가지고 있는 마음 상
태요, 살아가는 너희들의 마음 자세이
니라.
19 너희들이 먹고 쓰는 소금이 그 짠맛을
잃어버린다면 어찌 쓰겠으며, 너희들
이 고춧가루라 하는 것이 그 매운맛을
잃으며 그 나름대로 가지고 있는 모든
양념이요, 그 동식물이 특성을 잃어버
렸다 하면 그는 무슨 가치가 있는가?
20 아무리 소중하고 모든 양념의 기본이
되며 짜고 싱거운 것을 조절하는 소금
이라 해도 그 소금의 짠맛을 잃으면
그는 쓸모가 없고 가치가 없음이니라.
21 너희들은 그와 같은 이치와 뜻은 깨달
으며 너희들 생활 속에서 그는 접하며
살아가면서, 어찌하여 나 여호와의 뜻
이요, 나의 성령은 너희들이 접하지
아니하는가?
22 어찌하여 너희들은 그와 같은 이치를
깨우치지 아니하는가?
23 나 여호와가 세상을 창조하였으며, 너
희들에게 생명을 주었으며, 너희들에
게 영혼을 주었으며,
24 그리하여 너희들에게 모든 육의 역사
와 그 편안함 속에 사는 그 모든 영광
과 은혜를 베풀어 주었고,
25 그 속에서 너희들이 즐기며 사랑하며
나누며 살며 아름다운 마음으로써 욕
심을 버리고 살다 하늘에 올라와 축복
의 영광을 받으라 하였음이니,
26 그리하여 살면서 너희들이 하늘에 오
르는 그 기초요, 기본이 무엇이더냐?
27 십계명이라 하여 나의 계명을 내렸음
이니라.
28 하나의 운동을 하는 그 운동 선수에게
도 그 기술의 기초가 있고 그 기본이
있으며, 학문을 연구하는 학생에게도
그 기초가 있고 그 기본이 있으며, 너
희들이 더하기 빼기를 하는 데도 그

기본이 있고 그 구구단의 기초가 있으
며 기본이 있음이니,
29 너희들이 부모와 자식 간의 관계에도,
너희 인간사의 모든 관계에도, 부부
사이에도 그 지키는 규칙이 있으며,
거기에 지키는 예의범절이 있으며,
30 또 물건을 사고팔고 장사하는 사람들
의 그 거래 속에도 상도가 있으며 사
고파는 예의가 있고 예절이 있으며 지
켜야 하는 것이 있음이니라.
31 이 세상 너희들이 천 가지, 만 가지 살
아가는 속에, 거기에 법도와 질서와
기초가, 그가 성장하기 위한 그 기본
의 질서와 모든 약식과 방법이 다 정
해져 있느니라.
32 너희들이 하나의 문서를 만들기 위해
서 너희들이 만든 그 규약이 있으며,
33 그곳에 약정서가 있으며 그 양식이 있
어 그대로 실천하는 것을 너희들이 인
정하고 살아가듯이,
34 그와 같이 형성이 되어 있는 것이 이
지상의 모든 이치요, 조건이며, 너희
들 머리로써 만든 인간 세속의 모든
법칙도 그와 같지 아니한 것이 없음이
니,
35 모두를 서로 주고받는 데도 계약이라
는 것이 있으며 약조가 있음이니라.
36 하물며 그렇거늘, 너희들의 생명을 세
상에 내보냈으며 너희 육이 얼마든지
즐기고 먹고살 수 있는 모든 은혜와
영광을 준 나 여호와가 너희들에게 지
키라는 그 약조가 있었음이니,
37 그게 바로 무엇이더냐?
38 십계명이라는 그 약조이니라.
39 부뚜막에 있는 소금을 넣어야 그 짠맛
으로써 음식의 맛을 내며, 그 소금이
짠맛을 잃었을 때 그는 아무런 소용이
없으며 소금의 가치가 없어 그저 버려
지는 것이 아니던가?
40 너희들의 창조주인 내가 만들어 놓고,
내가 십계명을 지키며 하늘에 오르는
길이요, 영원히 사는 나의 길에 오르
라, 십계명을 지키라 명하였으니,
41 그 나의 약조를 지키지 아니하며 나의
명령을 지키지 아니하는 자는 나의 백
성이 아니요,
42 나와는 아무런 관계도 없으며, 그를
지키지 아니하는 자가 기도하고 경배
해도 나와는 관계없으며,
43 그는 짐승의 울부짖는 소리만도 못하
다 내가 너희들에게 말하였음이니, 이
는 바로 무엇이더냐?
44 소금이 짠맛을 잃은 것과 마찬가지이
니라.
45 소금은 그 짠맛을 가짐으로써 그 모두
를 발휘하며, 그게 그가 가지고 있는
특성이며 그가 이 세상에 존재하는 가
치인 것이니라.
46 그는 그것이 그 신분이며, 그 명예이
며, 그 얼굴이며, 그 이름이니라.
47 너희들은 무엇이더냐?
48 나의 십계명을 지키고 살아야 할 대명
이요, 그것이 너희들이 지켜야 될 길
이며, 오직 그것이 너희 영혼의 양식
인 것이거늘,
49 너희들이 그를 지키지 아니하며 지킬
수 없다 말하면 너희들이 무엇이더냐?
50 바로 소금이 음식 속에 들어가 소중히
쓰이는 그 짠 것을 버리고 소금이라
말하는 그와 같이 어리석은 형국이 너

희들의 자세임을 알아야 할 것이니라.
51 고추라는 것은 매운맛이요, 그 고추가
매운맛을 버리고 제가 고추라 부르짖
으면 누가 그 고추를 쓰겠는가?
52 그것은 버려짐이니라.
53 음식을 만드는 자가 마늘이요, 고추
요, 모든 양념들이 그 맛을 잃었을 때,
54 아무리 전지전능한 요리사요, 그걸 가
지고 모든 것을 만드는, 세계에서 하
나밖에 없는 위대한 음식 솜씨를 가진
자라 해도, 그는 그걸 버릴 것이며 그
걸 쓰지 아니할 것이니라.
55 나 여호와가 너희들에게 내렸으니, 십
계명을 지키고 살라 하는 것은 무엇이
더냐?
56 너희들에게 그 십계명을 지키고 살라
한 것은, 그가 있기 때문에 너희들은
인간이며 나로부터 선택된 아들과 딸
임이니라.
57 십계명이 있기에 너희들이 나의 아들
이요, 딸이요, 나의 아들이요, 딸이기
때문에 십계명을 지키고 사는 것이 너
희들의 책무이거늘,
58 너희들이 십계명을 지키고 살 수 없다
하는 것은 나의 아들이요, 나의 딸임
을 거부하며, 그게 아니고자 너희들이
스스로 버려져 감이니,
59 내가 너희들을 버리는 것이 아니라 너
희들이 스스로 나의 곁을 떠나는 것임
이니라.
60 바로 소금이 그 짠맛을 잃어서 제가
스스로 불 속에 들어가는 그 형국이며
버려지는 것이니,
61 요리사가 버리기 전에 제가 스스로 버
려지는 그와 같은 것이니,
62 너희들이 지금 어찌 살아가는지 이 이
치를 깨닫고도 너희들이 나의 법전을
읽고 하늘에 오르는 길을 보지 아니한
다 하면 너희들은 영원히 구원을 받을
수 없음이니라.
63 사랑하는 선지자야! 그리고 너를 따
르는 너의 제자들에게 이르노라.
64 신약의 시대는 십계명을 지키며 그것
이 나에게 오르는 길이라 내가 너희들
에게 일깨워 주었으니,
65 이제 2천 년의 역사가 흐른 지금, 내
가 나의 성령을 태워 나의 사랑하는
선지자를 통하여 법전이라 하여 세상
에 내보내며,
66 이를 읽고 깨우치는 자만이 하늘에 오
르는 길을 볼 수 있으며 구원의 길을
받을 수 있다 내가 명하였으니,
67 이는 바로 십계명을 알기 쉽게 풀어
놓은 것이며, 너희들이 생활하면서 지
키고 따를 수 있도록 내가 풀어 놓은
그것이니,
68 이게 바로 정답이니라.
69 이제 나의 법전을 사탄이요, 이단이라
하며 버리는 자, 그리고 나의 법전을
들여다보지 아니하는 자,
70 나의 법전을 읽어 보지 아니하는 자,
그는 정녕 소금이 그 짠맛을 버리고
소금이라 부르짖는 그와 같은 자와 마
찬가지이니,
71 너희 인간들이 나의 법전을 읽지 않고
깨우치지 아니하며 너희들이 하늘에
오른다 할 수 없음이니,
72 이는 곧 너희들이 모두를 상실하기 때
문이며 그 모두를 다 내가 박탈하기
때문이니라.

73 이를 너희들이 깊이 깨우쳤다면 나의
법전이 얼마나 소중한 것이며 나의 법
전의 무엇인가를 너희들이 알았을 것
이니,
74 너희 스스로 깨우쳐 하늘에 오르는 길
을 찾을 것이며,
75 나의 아들, 나의 선지자를 따르는 선
지자의 제자와 나의 법전을 읽고 이미
깨우친 나의 사랑하는 선택된 백성 너
희들은
76 나의 법전이 어떠한 것인가를, 이를
읽지 아니하고, 이를 보고 실천하지
아니하며, 이를 깨우치지 아니하는 자
는 하늘에 오를 수 없다는 것을 나의
피조물 만백성에게 가르쳐야 될 것이
니, 이를 잊지 말고 시행하라.
77 그와 같은 것을 많이 전하는 자, 많이
깨우치는 자, 그가 바로 나로부터 선
택받은 자며,
78 그에 따라 너희들이 상을 받게 됨이
니, 너희들이 나로부터 상을 받음이
그것뿐임이니 그리 알라.

2,204 번째 하나님 말씀

2002년 4월 13일 15시

1 사랑하는 선지자야!
2 "네, 여호와 하나님! 말씀하옵소서."
3 많은 피조물 나의 백성들이 저희들만
이 구원을 받는다 말하며,
4 저희 종교 집단만이 나 여호와로부터
선택됐으며 하늘에 오르는 구원의 길
에 모인 자들이라 말하며,
5 저희들이 이미 구원을 받았다 그리 감
히 말하며, 너희들에게 와 이단이요,
사탄이라며 너희들을 저주하거든 너
희들은 그들에게 말하라.
6 '하나님께서 성령으로 내려 하나님의
피조물 만백성을 구하고자 하는 이 법
전은 여호와 하나님께서 천지를 없애
는 벌을 내리기 전에는 여호와 하나님
의 이 법전이 존속될 것이며,
7 이 법전만이 새로운 시대를 여는 하늘
에서 이루어지는 지상의 낙원과 같은
그 새로운 역사를 이루는 기틀인 것을
너희들이 알아야 될 것이다, 그리고
알게 될 것이다.' 그리 말하라.
8 '너희들이 사탄이요, 이단의 장난이
요, 말세에 오는 사악한 거짓 선지자
가 내렸다 하는 이 책이 여호와 하나
님의 진정한 성령을 태워서 만든 법전
이 아니라면 이는 이 지상에 없어질
것이며,
9 정녕 여호와 하나님이 내린 성령의 법
전이라 하면 하나님께서 이 천지를 없
애는 벌을 내리시기 전에는 이 법전이
없어지지 않고 영원히 지속되며, 여호
와 하나님의 만백성을 구하는 기본이
요, 근본의 기초의 책이라는 것을 잊
지 말라.' 그리 그들에게 가르치라.
10 이는 저희들이 정녕 살아서 볼 수 있
는 무서운 역사의 변화의 소용돌이가
이룰 것이니, 그때 가서도 그들이 그
와 같이 말할 수 있는가를 물어보라.
11 그리고 그들에게 이르라.
12 '너희들은 정녕 여호와 하나님의 말씀
대로 여호와 하나님이 명한 그 성령의
계명을 지키고 살고 있는가?
13 너희들이 여호와 하나님의 계명을 지
키고 살지 아니한다면 부뚜막에서 읍

식에 넣는 그 소중한 소금이 그 짠맛을 잃은 것과 같음이니,
14 그와 같은 이치의 믿음의 길을 가고 있는 것이 지금 너희들의 종교 집단이 가는 길이라.' 그리 말하라.
15 그들은 어찌 사는가 물어보라.
16 나 여호와 하나님의 말씀을 전하며 사랑을 베푸는, 하늘에 가장 가까운 너희들의 그 집단 속에서는 나 여호와가 너희들에게 명하여 내린 원수를 사랑하며, 너희를 핍박하고 욕하는 자를 위하여 기도하며 그들을 용서하며 그들을 하늘에 오르는 길로 인도하라, 그리고 사랑을 베풀라 하는 그 속에서, 그들은 과연 그리 살아가는가?
17 저희들 집단끼리 작고 사소한 그 이해관계요, 이익 관계 때문에 전쟁터처럼 치고받는 그런 사악한 행위를 하지 아니하는가?
18 그와 같은 추하고 더러운 행위를 하는 자, 사회에 나와 그들이 나의 사랑하는 피조물 만백성에게 저희들이 구원을 받았다, 구원받은 자라 그리 말하지 말라,
19 그는 지나가는 짐승도 웃고 감을 알라 그리 깨우쳐 주라.
20 사랑하는 선지자야!
21 정녕 나로부터 선택된 믿음의 전당이요, 그곳이 하늘에서 이루어진 것같이 이 땅에서 이루어지는 지상의 낙원의 기초인, 나 여호와가 원하는 사랑이요, 베풂을 시작하는 곳이라면,
22 그 속에서는 너희들이 정말 용서할 수 없는 그 원수를 사랑하는 마음으로, 그리고 자기를 핍박하고 욕하는 자를 용서하고 살아갈 수 있는 것이 그 집단이라 하였음이니,
23 과연 그들이 그와 같은 행위를 하고 있는가 물어보라.
24 그와 같은 행위를 하지 못한다면 그들은 짐승의 집단이라는 걸 알라 그리 깨우쳐 주라.

2,205 번째 하나님 말씀

2002년 4월 13일 21시 41분

1 사랑하는 선지자야!
2 "네, 여호와 하나님! 말씀하옵소서."
3 너희들 인간사에 말하기를 아름다운 성전이요, 웅장한 성전이요, 성대한 성전이라는 것이 무엇이라 내가 너희들에게 알려 주었는가?
4 너희들은 너희 손으로써 나의 피조물 만백성이 피나게 번 그 재산을 모아 높이 쌓고 아름답게 가꾸는 것이 위대한 성전이라 생각하고 있음이니,
5 내가 너희들에게 그게 아니라 말하였음이니라.
6 나 여호와의 뜻이요, 내가 가르치고자 하는 것이며 나의 성령의 뜻을 전하는 자,
7 그리고 너희들이 지나는 길거리든, 너희들이 들에 서 있든 나의 성령을 그대로 깨끗한 자가 가르치는 그 장소가 위대한 성전이라 내가 그리 말하였느니라.
8 너희들은 이와 같은 나의 뜻을 깨닫는다 하면, 지금 나의 피조물 만백성이 수천 년에 걸쳐 나의 사랑하는 백성들에게 그 재물을 거두어들이는 종교 지

도자들의 가르침이 얼마나 왜곡되어
있으며 잘못되어 있는지 알아야 할 것
이니라.
9 내가 너희들에게 말하기를, 날짐승에
게도 먹이를 주었으니 너희들에게 먹
이를 주지 않겠느냐 하는 그와 같은
것은 내가 비유를 들어 가르침이며 너
희들에게 깨우치고자 하는 뜻이라 내
가 선지자 너를 통하여 너의 제자들에
게 일러 주었듯이,
10 너희들은 보물을 지상에 많이 쌓아 놓
는 것이 아니라, 지상에 보물을 그득
히 쌓아 놓지 아니하며 하늘나라에 그
득히 쌓아 놓아야 한다는 그와 같은
너희들의 가르침이 있음이니,
11 이것이 무슨 뜻이더냐?
12 내가 너희들에게 말하기를, 지상에 있
는 너희들의 육의 삶에 살아갈 수 있
는 모두를 다 주었음이니,
13 그 속에서 이루어지는 너희들의 생활
은 내가 관여하지 아니한다는 것을 너
의 제자들은 알 것이니라.
14 보물이라 하여 지상에다 쌓아 놓는 그
보물이 아니요, 지상에 쌓아 놓는 보
물은 도적맞음이요, 잃어버림이니 그
재물을 하늘에 쌓아 놓아야 되니,
15 하늘에 많이 바치라 하여 지금의 종교
지도자들이 그리 거둬들임이니,
16 이것이 너희들이 말하는 금화와 은화
를 말하는 그 재물이라 말하는가?
17 그것이 아님을 알라.
18 너희들이 나를 향하여 가지고 있는 너
희들의 믿음을 말하는 것이니라.
19 종교 지도자라는 자들이 육의 삶은 한
줌의 흙으로 돌아가니 육의 삶에서 너
희들을 좌우하는 그 보물을 금화와 은
화에 견주어 그를 쌓아 놓으라 하여
거두어들임이니,
20 너희들이 각자 창고에 쌓아 두지 말며
너희들이 갖지 말며 하늘나라에 많이
바치는 자, 하늘나라의 보물 창고에
그득히 쌓아 놓는 자가 축복을 받는다
그리 가르쳐,
21 나의 성서의 비유하는 그 뜻도 모르면
서 수천 년에 걸쳐서 너희들 조상서부
터 너희들 후손까지 계속 그와 같은
방법으로 나의 피조물 만백성에게서
재물을 거두어들이고자 함이니,
22 그와 같은 것이 아니니라.
23 지상에 재물을 쌓아 두지 말라 함은
너희들이 깨끗이 믿어 가는 믿음을 말
하는 것이며,
24 너희들이 십계명을 통달하여 그를 지
키면서 너희들의 믿음을 나에게 바치
는 것이니,
25 내가 너희들에게 가르쳐 준 인간사의
60점이라는 그 점수를 넘을 수 있는
그 길을 찾으라 함이니,
26 그게 바로 너희들이 60점이라는 그
한계를 넘어 나의 나라, 영혼의 나라
에 돌입할 수 있도록 노력하고 전진하
는 것을 말함이니,
27 그게 바로 너희들의 믿음을 말하는 것
이니라.
28 그 재물이, 보배라는 것이 너희들의
믿음을 말하는 것이거늘,
29 그 믿음을 너희들의 육신의 삶에서 그
것이 영원히 사는 삶이라 하여 거기서
그치지 말며 나에게 바치는 그 노력을
하라 함이며,

30 60점의 그 점수를 넘어 하늘나라에
너희들이 올 수 있도록 그리 노력하라
는 것이 나의 가르침이니라.
31 그것이 바로 너희들에게 지상에 보물
을 쌓아 놓지 말며 하늘에 쌓으라 함
이니라.
32 지금의 종교 지도자 너희들은 그와 같
은 나의 뜻도 모르면서 재물을 지상에
두면 도적맞으며 잊어버린다 하여,
33 하늘에 많은 재물을 쌓아 놓고 보물을
쌓아 놓는 자는 하늘에 와 그 은혜와
은총을 받는다 하여
34 나의 피조물 만백성에게 바치라 바치
라, 하늘에 쌓으라, 하늘에 바치라 하
여 너희들이 그것을 중간에서 다 가로
채는 그와 같은 흉악한 행위를 하고
있음이니,
35 너희들이 얼마나 잘못 가르치고 잘못
가고 있는가?
36 보물을 쌓아 놓으라 함은 그 예를 들
어서 가르침인 것이니라.
37 믿음을 말하는 것이니라.
38 그리고 하늘나라에 그득히 쌓으라 함
도 너희들이 십계명을 지키고 깨우쳐
깨끗한 몸과 마음을 하늘에 바치는 그
것을 말함이니,
39 그게 바로 너희들 자신의 보물인 것이
니라.
40 너희들 자신의 그 영혼의 믿음을 하늘
나라에 쌓고 바치라 함이거늘,
41 너희들은 어찌하여 그것이 재물이라
하여 나의 피조물 만백성에게 그리 거
두어들이는가?
42 너희들은 생각해 보라.
43 나의 피조물 만백성 그들에게 재물을
쌓아 놓지 말라, 그리고 그것을 하늘
나라에 그득히 쌓으라, 그리고 하늘나
라에 쌓는 자 축복을 받는다 그리하느
니라.
44 그러나 종교 지도자 너희들은 무엇을
말하는가?
45 너희들의 넓은 땅에 너희들이 고대광
실 궁궐같이 짓는 것은 그게 무엇이더
냐?
46 재물을 긁어모아 재물을 쌓음이 아니
던가?
47 너희들은 지상에 재물을 쌓지 말라 하
면서, 종교 지도자 너희들이 잠자고
관리하는 그곳에는 수많은 보물들을
쌓아 놓음이니,
48 그 재산을 그곳에 묶어 놓음이요, 금
화와 은화로써 너희들이 그 아름답고
호화로운 궁전을 짓는 것이 무엇이더
냐?
49 재물을 지상에 놔둠이니라.
50 너희들 재물은 지상에 놔둬도 되는 것
이며 나의 피조물 만백성은 재물을 하
늘에 바쳐야 한단 말이던가?
51 너희들 재물부터 하늘에 바치라.
52 너희들은 과연 하늘의 어디에 바치겠
는가?
53 나의 피조물 만백성, 그 불쌍한 나의
백성들은 하늘에 바친다 하여 너희들
에게 바침이니,
54 너희들이 그 재산을 긁어모아 너희들
수중에 집어넣고 너희들이 호의호식
하고 살아감이니,
55 그러면 너희들도 같은 인간이며 나로
부터 하늘에 오르는 길을 인도하는 선
택된 자들이니,

56 너희들이 가지고 있는 것은 나 여호와
에게 경배하는 마음으로써 더 먼저 바
쳐야 되며 더 많은 것을 바쳐야 되지
않는가?
57 그러면 너희들이 가지고 있는 그 궁궐
과 같은 곳의 그 많은 금화요, 은화요,
재물은 나에게 왜 바치지 않는가?
58 너희들은 나에게 바치지 아니하면서
나의 피조물 만백성만 바치면 하늘에
그 재물이 쌓아진다 함이니,
59 너희들이 구원을 받는다 하면 너희들
이 그 재물을 나에게 바쳐야 구원을
받음이니,
60 너희들이 과연 바친다면 어디다 누구
를 위하여 바치는 것인가?
61 너희들은 어디다 바치겠는가?
62 이와 같은 흉악한 방법의 행위를 하지
말라.
63 그리하기에 내가 너희들이 사탄이요,
사악한 무리라 말함이니라.
64 자식이 부모를 만나는데 어찌하여 너
희들이 무엇을 바치라 하는가?
65 나의 사랑하는 아들딸들을, 기도하여
나를 찾으며 착하고 아름답게 살아가
며 나의 계명을 지키고 사는 나의 아
들과 딸들을 내가 거둬들이고 그들을
데리고 영원히 나의 낙원에서 살고자
하는 것이 나의 뜻이거늘,
66 어찌하여 그들에게 너희들은 하늘에
재물을 쌓아 재물로 나에게 구원을 산
다 하여 그를 바치라 말하며 너희들은
그 재물로 고대광실을 궁궐과 같이 지
어 놓고 있는가?
67 너희들의 재물부터 먼저 하늘에 바쳐
보라.
68 너희들은 누구에게 바칠 것인가?
69 너희들이 그와 같이 나의 피조물 만백
성에게 거둬들인 사악한 재물을 도로
그들에게 돌려주지 아니할 때,
70 너희들은 상상할 수 없는 무서운 죄를
받음을 알아야 할 것이니 그리 알라.

2,206 번째 하나님 말씀

2002년 4월 13일 22시 07분

1 사랑하는 선지자야!
2 "네, 여호와 하나님! 말씀하옵소서."
3 너희 인간사 부모와 자식 사이에도 자
식이 아무리 잘못 살아가고 잘못한다
하여도 그 부모가 자식을 버릴 수 없
으며 그를 해할 수 없으며 그를 고통
속에 집어넣을 수 없는 것이 너희 인
간들의 관계이거늘,
4 창조주인 나 여호와가 너희들을 심판
하며 너희들을 지옥 불에 보내며 너희
들이 견딜 수 없는 그 험악한 벌을 내
린다 하였음이니,
5 너희들은 이와 같은 이치의 뜻을 알아
야 할 것이니라.
6 오늘 내가 나의 선지자를 통하여 천기
를 누설하여 그 비밀을 너희들에게 깨
우쳐 줌이니,
7 너희 제자들은 이를 깨우쳐 정녕 이것
이 하늘의 법도임을 알아야 할 것이니
라.
8 내가 너희들에게 말하였느니라.
9 육의 부모도 제 자식을 구렁텅이에 넣
지 못하며, 아무리 제 자식이 사악하
다 해도 그 불구덩이에 넣을 수 없음
이니,

10 창조주인 나 여호와가 너희들에게 그
리 험악한 그 벌을 내릴 수 있다 생각
하는가?
11 그러니 너희들은 여기서 하나 깨우치
고 가야 할 것이 있느니라.
12 내가 너희 인간이 세상에 태어나도록
하며 너희들의 육신을 내보냈으며 너
희들을 지배하는 영을 같이 보냈으며,
13 너희들이 세상에서 모두를 다 얻고 살
아갈 수 있는 것을 충분히 내가 너희
들에게 주었다 하였음이니라.
14 그리하여 너희들에게 내가 계명을 지
키고 살다가 하늘에 오르는 길에 오르
라 하였음이니,
15 내가 너희들에게 십계명이라는 그것
을 지키고 사는 자, 너희들이 그 계명
을 충실히 지켜 그 60점이라는 인간
세상의 벽을 넘어 나의 하늘에 올라섰
을 때,
16 그때 너희들이 바로 너희 자신을 바치
는 것이 십일조며, 너희들이 깨끗하고
아름답게 관리해 온 그 몸을 나에게
바침이며,
17 내가 너희들의 노력에 의하여 너희들
을 구원함이라 하였음이니,
18 여기서 너희들은 60점인 무서운 그
한계점을 알아야 될 것이니라.
19 너희들이 인간으로서 살아가는 그 60
점의 한계에서 십계명이라는 것을 지
키지 않고 사는 자, 내가 지키라는 그
법도와 계명을 지키지 아니하고 사는
자,
20 그리고 육의 삶이 영원한 삶이라 생각
하고 사는 자, 60점을 넘지 못하는 자,
나의 자식이 아님을 알아야 할 것이니
라.
21 너희들이 60점이라는 그 점수를 넘기
위하여 나의 계명을 지키고 그리 십계
명에 따라 사는 자,
22 그리하여 영혼의 세계에 오르는 자들
이 그때부터 나의 자식이요, 나의 아
들이요, 딸로서 나의 에덴동산에 와
살게 됨이니,
23 너희들이 벌을 받기 전에 이미 내가
직접 불로 쓴 십계명을 지키고 하늘에
오르며, 나의 하늘에 오르는 것이 바
로 무엇이더냐?
24 너희들이 영원히 나의 아들이요, 딸이
됨이니,
25 너희들이 그를 지키지 아니하며 인간
사에서 내가 내린 그 세속에서 60점
이라는 점수를 넘지 못하며 너희 육이
죽어 가는 그 순간에 너희들과 나의
인연이 끊어짐이니,
26 너희들은 육의 삶에 대한 그 죄를 받
게 됨이니라.
27 내가 뭐라 말하였느냐?
28 너희들의 그 육은 썩어져 한 줌의 흙
으로 돌아간다 하였음이니라.
29 너희들의 그 육의 삶이 영원한 삶이라
하여 너희들이 나의 계명을 지킬 수
없다, 그리고 나의 계명을 지킬 수 없
으며 나의 율법대로 살 수 없다며 그
리 살아 육으로써 죽을 때 내가 뭐라
하였더냐?
30 너희들의 영혼도 죽음이라 하였느니
라.
31 그러니 그 영혼이 죽음으로 인해서 너
희들은 나의 자식이 아니요, 나의 아
들딸이 아님이니,

32 너희들이 어떠한 고통과 시련을 겪든
내가 너희들과 관계없으며, 관계하지
아니하며,
33 그리하여 나의 십계명이요, 계명을 지
키지 아니하는 자는 나의 자식이 아니
며 나와 관계없다 말하였느니라.
34 그리하여 내가 너희들에게 이와 같은
이치를 오늘 깨우쳐 줌이니,
35 너희들은 이와 같은 나의 뜻을 알고
너희들이 육의 세계의 그 60점을 넘
기 위하여 내가 명하여 내린 계명을
얼마만큼 지키고 노력하느냐에 따라
서 그 60점의 한계를 넘을 때 너희들
이 나의 아들이요, 딸로서 태어남이니,
36 나는 너희들이 하늘의 낙원에 영원히
살 수 있는 그 상을 너희들에게 내릴
것이며,
37 내가 너희들에게 지키고 살라고 불로
써 내린 그 계명을 지키지 아니하고
지킬 수 없다 하며 그를 버려두고 산
자는 60점이라는 그 점수를 넘지 못
함이니,
38 이는 나와 인연이 없음이니라.
39 지금 너희들은 계명을 지키지 아니하
고 살 수 있으며 인간은 계명을 지키
고 살 수 없기 때문에 죄를 짓고 너희
인간들이 만든 그 성전에 와 기도하고
재물을 바치면 너희들이 구원을 받는
다 함이니,
40 내가 나의 선지자를 통하여 뭐라 말하
였더냐?
41 인간은 어떠한 방법이든, 누구든, 너
희들이 말하는 철학자요, 박사요, 또
는 성인이요, 석가요, 이 모두가 다 나
의 60점의 그 한계를 넘지 못하였으
며 육의 관계에서 깨우쳤음이라 말하
였음이니라.
42 그러니 나로부터 선택되어 나의 피조
물 만백성을 하늘로 인도한다 하여 지
금 너희들을 가르치고 있는 그들이 누
구더냐?
43 그들 또한 육을 가진 인간이니라.
44 그들 또한 그 60점의 점수를 넘지 못
함이니,
45 저희들이 아무리 아름다운 성전을 짓
든 궁궐 같은 것을 짓든, 그것은 저희
들의 60점의 그 세속에서 살아가는
형태이며,
46 나 여호와는 그들과 관계없다는 뜻이
여기에 있음이니라.
47 그들이 일찍이 나의 계명을 지키지 아
니하고 저희들에게 와 금화와 은화를
바치고 살 수 있다 한 그것이 다 무용
지물이라 내가 한 것은,
48 너희들은 60점을 넘지 못하는 그 속
에서 그 사악한 인간들에게 너희들이
재물을 바치며 그들에게 복을 구하는
것이니,
49 이는 다 나와 아무런 관계가 없으며,
파도 소리와 같이 짐승의 울음소리만
큼도 나에게 들리지 않는다 말한 뜻이
여기에 있음이니라.
50 오로지 십계명을 지키고 살며, 그 계
명에 따라서, 나의 율법에 따라서 살
아가는 자만이,
51 그가 60점의 그 점수를 넘을 때 그는
나로부터 선택된 영원한 나의 나라에
와 사는 백성이니
52 너희들이 죄를 짓고 벌을 받는 것은
그 60점을 넘지 못한 죽은 영혼들이

며 죽은 자들이니 그리 알라.
53 이제 내가 계명을 지키고 살라 하였으
며, 2천 년의 역사가 흐른 다음에 지
금 나의 성령을 태워 십계명을 너희들
이 알고 깨우치기 쉽게 풀이하여 만들
어 나의 선지자를 통하여 법전이라 하
여 세상에 내려보냈으니,
54 이제는 나의 법전을 읽고 깨우치는 자
가 구원을 받으며, 이게 바로 너희들
의 영혼의 양식임을 알라.
55 내가 너희들에게 무어라 말하였는가?
56 육신의 모든 삶은 내가 60점의 그 속
에 주었다 하였으며, 너희들이 하늘에
오르는 길은 나의 계명을 지키는 것이
영혼의 양식이라 하였음이니,
57 그 죽은 영혼이 60점이라는 그 선을
넘지 못함이니, 그 속에서 너희들이
그 험악하고 무서운 죄를 받게 됨이니
라.
58 나는 나의 아들과 딸을 관리할 뿐이
니, 너희들은 이 뜻을 깊이 깨우쳐 알
아야 할 것이니라.

2,207 번째 하나님 말씀

2002년 4월 13일 22시 33분

1 사랑하는 선지자야!
2 "네, 여호와 하나님! 말씀하옵소서."
3 내가 너에게 일러 말하기를, 나의 1부
의 법전 열여섯 권이 나온 지 그 1년
이 되는 날 내가 너에게 영광의 상을
내린다 하였으며,
4 또한 2부의 법전이 나올 때 내가 너에
게 상을 내리며, 3부의 법전이 나올
때 너에게 상을 내린다 하였음이니라.
5 오늘 나의 법전 1부의 열여섯 권이 나
온 날이며, 또한 네가 2부를 거의 다
만들어 가고 있음이니,
6 너는 이제 나의 음성을 담은 이 테이
프를 만천하에 전할 때가 왔음이니,
7 그 사업을 할 수 있는 사람을 여인으
로서 선택하여 너에게 보낼 것이니 그
리 알라.
8 그리하여 '일식 삼찬'을 이끌어 가는
그 팀들과 더불어 나의 음성을 만방에
전하는 그 사업을 병행하도록 할 것이
며,
9 네가 사는 이 지상의 나라의 중심부인
명동이라는 그곳에 나의 한 점의 서점
을 만들었음이니,
10 그곳에서 아름답고 찬란한 빛이 날 수
있도록 보석을 관리하듯이 하며,
11 그 점은 작으나 그곳에서 비추는 모든
빛이 이 동양의 나라의 곳곳에 뻗치는
뿌리며 근본일 것이니,
12 이를 잊지 말고 네가 행하여야 할 것
이니라.
13 그곳을 잘 관리하고 다스림으로 인해
서 그 심장부에서 너희 작은 동양의
이 나라에 동서남북으로 퍼져 갈 것이
니,
14 그리하여 너의 제자를 그리 내가 보냈
으며, 선택되어서 보낸 나의 백성들로
하여금 그곳에 안주하도록 하였음을
잊지 말라.
15 그리하여 그곳의 주인과 지금 너를 따
라간 너의 제자와 네가 아끼는 그 제
자, 그들 3인방이 하나가 되어 그곳에
서 빛을 내는 역사를 이루는 작업이
시작될 것이니,

16 이는 내가 너희들에게 기회와 능력을
줄 것이니 너희들은 몸과 마음을 바쳐
그것을 아름답게 관리하며, 항상 보석
을 닦는 그 마음으로 다스려 나가야
될 것이니,
17 그를 잊지 말도록 그들에게 네가 전하
라.

2,208 번째 하나님 말씀

2002년 4월 13일 23시 45분

1 사랑하는 선지자야!
2 "네, 여호와 하나님! 말씀하옵소서."
3 너희들의 성서란 나의 아들 예수의 행
함을 그 제자들이 기록하였으니,
4 그리하여 너희들은 성서를 만들어 한
자를 더 더하지도 말며 빼지도 말라
말하여 놓고 너희들은 그 뜻대로 행하
며 살지 아니하고 너희들 마음과 뜻대
로 인생을 살아감이니,
5 나의 성서를 너희들이 한 자도 빼지
말며 더하지도 말라 말하였다면 그 성
서대로 따라 너희들이 살아야 할 것이
거늘,
6 지금 너희들은 그 성서의 뜻대로 살아
가지 아니하며 너희들 인간사 세속에
서 물건을 사고파는 장사꾼의 밑천으
로 삼아 그를 사용하고 있음이니,
7 너희들은 장사꾼으로서 너희들이 먹
고사는 그 먹이의 생명줄의 재산을 모
으고 너희들의 사랑하는 가족을 이끌
어 가며 너희 스스로 세속에서 남부럽
지 않게 살아가고자 하는 장사 밑천으
로써 나의 성서를 쓰고 있음이니,
8 너희들은 이와 같은 너희들의 현 생활
의 형태를 알고 있는가?
9 이는 너희들이 나의 성서를 가지고 나
의 피조물 만백성을 깨우쳐야 하거늘,
10 너희들은 나의 성서를 가지고 나의 피
조물 만백성을 하늘에 오르는 길을 바
르게 인도하고 가르침이 아니라 너희
들의 부귀와 영화를 위하여 장삿속의
장사 밑천으로 씀이니,
11 이를 보고 나의 피조물 만백성이 그리
따라가는 것은 이 성서가 어려우며 실
천하기 어려우며 이해하기 어렵기 때
문이며,
12 그리하여 너희들이 그리 나의 피조물
만백성을 이끌어 가니, 이와 같이 너
희들의 장사꾼의 상술에 나의 백성들
이 지옥으로 지금 가고 있으며,
13 그들은 너희들이 장사꾼으로서 장사
하는 그 상술에 휘말려 저희들이 어디
로 가는지, 지옥으로 가는지 하늘나라
의 나에게 오는지, 그 자체도 모르고
가고 있음이니라.
14 그리하여 이와 같이 이해하기 어려우
며 깨닫기 어려운 나의 성서이기에,
15 내가 나의 피조물 만백성이 이제는 알
기 쉽고 깨닫기 쉬우며 그리고 그들이
행하며 살아가기 쉽게 성령을 나의 선
지자를 통하여 이 세상에 내려보내게
되었음이니라.
16 너희들이 깨우치기 어려우며 이해하
기 어려운 성서라, 그를 깨닫지 못하
는 나의 피조물 만백성을 상대로 성서
를 가지고 장사를 하여 저희들의 부와
재물을 모으는 그와 같이 사악한 지금
의 종교 지도자들이 이끌어 가는 형국
이 되어,

17 이제는 내가 나의 피조물 만백성이 그
와 같이 지옥으로 끌려가는 것을 더
이상 볼 수 없어,
18 나의 성서를 아무나 읽고 깨우치기 가
장 쉬운 방법으로써 나의 뜻이 무엇인
가를 거기에 기록하여 깨우치도록 그
리하여 세상에 내려보내니,
19 너희들은 이것을 보면서 또한 무어라
말하는 것인가?
20 너희들은 나의 성령을 태워 내려가는
열여섯 권의 이 법전과 앞으로 나가야
할 10부에 걸친 160권의 이 성서의
나의 법전을 사탄이요, 사악한 자의
장난이요, 말세에 오는 거짓 선지자가
하는 행위라 그리 말함이니,
21 너희들은 여기서 너희들이 배우고 하
늘에 오르는 길이라는 나의 백성들을
이끌어 가는 그 성서의 내용을 펼쳐
보고 나의 법전을 펼쳐 봐 서로 견주
어 볼 때,
22 그 속에 있는 뜻이 여기에 있으며 여
기에 있는 뜻이 그 속에 있음이니,
23 다만 나의 법전은 너희들이 아무나 이
해하기 쉽고 깨닫기 쉬우며 너희들이
선과 악을 구분하여 행하고 행하지 아
니함에 있어서 너희들이 순종하며 행
할 수 있는 그 길과 그 힘과 용기와 방
법을 제시해 주는 것이니,
24 이를 보고 너희들이 사탄의 장난이라
말을 한다 하면 너희들은 산을 물이라
하고 물을 산이라 하며 억지를 쓰는
그와 같은 자들과 똑같음이니,
25 지금 내가 이와 같은 뜻을 너희들에게
내려보내어 일깨워 주거늘,
26 이 법전을 읽고도 너희들이 정녕 깨우
치지 못한다면 너희들은 구원의 길을
받을 수 없음이니라.
27 너희들은 나의 아들 예수가 행한 것을
그의 제자들이 기록한 것은 한 자도
빼지도 말고 더하지도 말라 그리 못을
박아 그 길만이 하늘에 오르는 길이라
그리 가르치고 있음이니,
28 그러나 지금 나 여호와가 직접 나의
성령으로써 나의 선지자를 통하여 내
려보내는 법전은 어찌하여 나의 뜻이
라 그리 생각하지 아니하는가?
29 다만 여기서 너희들이 어렵고 힘들고
이해하기 어렵고 이해할 수 없는 나의
성서를 가지고 나의 피조물 만백성에
게 장사를 해 먹고살아가기에,
30 이를 막고자 나의 피조물 만백성이 바
로 읽을 수 있는, 간단하고 편안하고
읽어서 깨닫고 하늘에 오르는 길이 무
엇인가를 알 수 있는 나의 법전을 내
려보내는 이와 같은 소중함을 너희들
이 한번 들여다봐야 될 것이니라.
31 다시 한 번 내가 너희들에게 명하노
니, 너희들이 하늘에 오르는 길이요,
보물이라는 그 성서의 내용과 내가 선
지자를 통하여 지금 주옥같이 내려보
내는 나의 법전에 기록된 내용들을 견
주어 보면, 너희들이 이것이 나의 성
령의 뜻이라는 것을 스스로 알게 될
것이니, 여기서 깨우침을 얻도록 그리
하라.

2,209 번째 하나님 말씀

2002년 4월 14일 07시 51분

1 사랑하는 선지자야!

2 **"네, 여호와 하나님! 말씀하옵소서."**
3 너희들은 지금 정녕 육의 생활의 삶에
서 너희들이 재물을 바치며 금화와 은
화를 바치며 그를 많이 바치는 자 구
원을 받는다 그리 가르치고 있음이니,
4 나의 성서에 일러 말하기를, '보물이
있는 곳에 너희들의 마음이 있음이라'
그와 같은 가르침이 있음이니,
5 너희들은 여기서 하나를 알아야 될 것
이니라.
6 너희들은 정녕 육신에서 너희들이 가
지고 있는 재물이 무엇이기에 그 재물
이 나 여호와에게 바치는 보물이라 생
각하는가?
7 너희들이 재물을 나에게 바치는 것이
며 물질을 바치는 것으로써 그것이 나
에게 보물이라 그리 생각하지 말라.
8 그러나 수천 년 역사가 흐르는 그 속
에서 종교 지도자들은 무어라 말하였
는가?
9 그 보물이라 기록되어 있는 그것을 금
화와 은화요, 재물이요, 보석이라 그
리 생각하고 그리 해석하여 그를 많이
바치는 자 구원을 받는다 그리 가르치
고 말하고 있음이니,
10 그리하여 나의 사랑하는 피조물 만백
성으로부터 너희들이 수천 년 동안 갈
취하고 긁어모은 그 재산을 생각해 본
다면 이 지구보다도 더 많이 긁어모아
쌓아 놓은 그와 같은 행동을 한 것이
너희들이니라.
11 여기서 내가 너희들이 인간으로서 세
상에 태어나 육으로 살 수 있는 것을
모두 다 주었으며, 그 생활 속에서 너
희들이 얻는 것이 재물이던가?
12 그리고 너희들이 노력해서 얻은 그 재
물을 하늘에 쌓는 것이 보물인가?
13 너희들이 벌어서 얻어 놓은 그 금화와
은화와 그리고 명예요, 모든 권력이
다 보물이라 생각하는가?
14 어찌하여 너희들은 그리 말하는가?
15 너희들은 이와 같은 말도 듣지 못하였
는가?
16 이웃에 사는 여인이 와 자랑하기를,
제 손에 끼고 제 목에 걸고 있는 그 보
석을 갖고 자랑하며 그것이 세상에서
가장 소중한 것처럼 말하는 그와 같은
여인 앞에 무엇으로써 한 여인이 보물
의 소중함을 가르쳐 주었던가?
17 그는 저의 자식들을 불러모았음이니
라.
18 그리고 그 여인에게 말하였음이니라.
19 '나는 이 자식이 당신이 목에다 걸고
손에다 걸고 있는 번쩍번쩍 빛나는 그
와 같은 물질들의 보석보다도 더 소중
한 진정한 보석이요, 보물은 이것이
라' 말하였음이라.
20 너희 인간사에서도 말하기를 손에 걸
고 목에 건 그 보석이요, 보물보다 더
소중한 것이 곱게 자라는 너희들의 자
식이며,
21 순종하며 자란 자식이 그것이거늘, 그
와 같이 깨닫고 사는 인간이 있으며
너희 형제가 있으니,
22 너희 인간도 그 보석이라는 것을 소중
한 보물로 보지 아니하며 자식을 더
소중한 보물이라 그리 평가하여 보거
늘,
23 세상을 창조한 전지전능한 나 여호와
가 어찌하여 너희들이 재물을 바치는

것을 보고,
24 너희들이 이야기하는 손에 걸고 몸에
걸기 좋아하는 찬란한 빛을 보는 아무
런 가치도 없는 그걸 가지고 나에게
보물이라 말하겠는가?
25 그리고 너희들은 그 모든 금화와 은화
를 가지고 나에게 어찌하여 그게 보물
이라 비추어 말하는가?
26 한 여인도 자기 몸에 걸치고 붙이는
그 돌과 같은 것을 가지고 보물이요,
보석이라 말하지 아니하며,
27 제 육신으로 순종하며 곱게 자라 주는
그 자식이 그보다 더 소중하고 깨끗하
고 아름다운 보물이라는 것을 가르쳐
주었거늘,
28 너희들은 어찌하여 그와 같은 것을 깨
닫지 못하는가?
29 내가 정녕 너희들에게 받는 보물이라
함은 너희들이 모은 그 재물을 말하는
가?
30 추하고 더럽게 모은 재물, 그리고 열
심히 노력해서 번 재물, 어떠한 그 재
물들을 나에게 바치는 것이 보물이라
그리 말하는가?
31 아니니라.
32 너희들이 육의 삶 속에서 하늘에 나
여호와가 있으며 너희들이 구원을 받
을 수 있는 깨달음 그 자체가 보물이
니라.
33 그리고 그것이 이 세상 무엇보다도 소
중한 보물임이니,
34 너희들이 그 보물을 알아 그 보물의
믿음을 행하여 그 보물을 점점 얻어
가고 쌓아 감이,
35 그것이 나에게 바치는 가장 큰 영광이
요, 너희들의 은혜며 나 여호와의 기
쁨이니라.
36 인간도 말하기를 순종하며 아름답게
자란 그 자식 자체가 보물이라 하였거
늘,
37 너희들은 어찌하여 하늘에 오르는 전
지전능한 나 여호와요, 너희들의 아버
지 앞에 너희들의 마음을 바침이 가장
소중하고 위대한 보물이라 생각지 아
니하며,
38 그 돌덩어리와 같은 것을 가지고 나에
게 보물이라 하여, 그것을 하늘에 많
이 쌓아 놓는 자가 나의 축복을 받는
다 그리 말하여 나의 피조물 만백성에
게 수없이 그 물질을 거둬들이고 그들
에게 고통을 주는가?
39 여기서, 사랑하는 선지자야!
40 **"네, 여호와 하나님!"**
41 너의 제자들과 나의 백성에게 이를 가
르치라.
42 인간 세속에 사는 것도 너희들의 자식
이 무엇과도 바꿀 수 없이 소중하거늘,
43 이 세상의 창조주인 나 여호와가 너희
육신의 부모보다 열배 백배 더 너희들
을 사랑하고 소중히 여긴다 하였음이
니,
44 너희들의 마음과 몸을 바침이니라.
45 그 속에서 너희들이 믿음을 바침이니
라.
46 그 믿음을 너희들이 아는 것이 나에게
가장 큰 보물이요, 그 믿음을 향하여
너희들이 구원을 받는 그 길을 가는
것이 나에게 가장 큰 보물이니,
47 그 보물이 있는 곳에 너희 마음과 너
희들의 자세가 있음을 내가 말하는 것

이니라.
48 이제는 수천 년 역사 동안에 그 보물
을 쌓아 두는 것이 은혜라 하여 너희
들이 재물을 거두어들여 지금 보물이
라 하는 그 더럽고 추한 재물들을 쌓
아 놓고 가지고 있음이니,
49 그렇다 하면 너희들은 그 보물을 과연
어찌 바치겠는가?
50 너희 종교 지도자에게 물어보라.
51 너희들이 물질적으로 긁어모은 재산
모두를 다 털어 나에게 바치는 것이
너희들이 나에게 보물을 바치는 것인
가?
52 그렇다면 그 더럽고 추하게 모은 그
재물을 어디로 어떻게 바칠 것인가?
53 아니면 너희들이 종교 지도자로서 깨
끗한 마음이요, 순결한 마음이요, 그
리고 순종하는 마음이요, 나의 계명을
지키며 살아가는 곱고 아름다운 그 마
음을 나에게 바치는 것이 보물인가?
54 너희 종교 지도자 스스로 이제는 깨우
칠 때가 되었음이니,
55 나의 법전을 읽고도 너희들이 깨우치
지를 못한다 하면 너희 스스로 그 성
전의 문을 닫고 너희 자신만 나에게
죄를 지어 너만 지옥으로 가라.
56 나의 사랑하는 피조물 만백성까지도
그리 가르치고 너희들이 지옥으로 인
도하는 사악한 자가 되지 말라.
57 이를 너의 제자들이 만백성에게 전하
여, 나의 피조물 만백성이 옳고 그름
에 눈을 뜨도록 하는 데 너희들이 역
점을 두어야 될 것을 잊지 말라.
58 나의 이 애절한 마음을 너희들이 알겠
는가?
59 그리고 내가 하늘의 뜻을 너희들에게
가르치는 걸 알겠는가?
60 이와 같은 이치를 나의 아들에게 가르
쳐 나의 예수를 통하여 너희들에게 깨
우치고자 하였으나, 그를 깨우치지 못
하게 함이 너희들이니라.
61 그리하여 그 모두의 진리를 너희들이
막았으며, 그리하여 너희들이 진리에
역행하는 그 삶을 지금까지 누려 왔으
나,
62 이제는 너희들이 그 죄를 받아야 할
시대가 왔음이니라.
63 너희들이 그 대가를 치를 때가 왔으며
더 이상 이를 묵과할 수 없기에 나의
선지자를 통하여 내가 하늘의 이치를
하나하나 깨우쳐 줌이니,
64 이를 보고도 너희들이 깨닫지 못한다
하면 이는 너희들이 알아서 생각할 것
이니 그리 알라.

2,210 번째 하나님 말씀

2002년 4월 14일 08시 36분

1 사랑하는 선지자야!
2 "네, 여호와 하나님! 말씀하옵소서."
3 2천 년 전에 사랑하는 나의 아들 예수
가 나의 피조물 만백성을 구하기 위하
여 나의 성령을 가슴에 안고 세상에
내려갔음이니,
4 그가 올 것이라는 것을, 그리고 나의
성령이 세상에 나와 또 누가 와서 그
시대에 그 백성, 저희들을 구원할 것
이라는 것을 예언하였으며,
5 또한 그와 같은 말들이 입과 입을 통
하여 전해져 있어서, 그 시대도 나의

아들 또는 하늘을 대신해서 성령을 가
지고 말씀을 가지고 저희들을 구원할
자가 올 것이라는 것을 그들은 알고
있었음이니라.
6 그리하여 그들에게 나의 아들 예수가
내려갔으니, 그 당시 그 백성들이 그
가 정녕 선택된 나의 아들로서 나의
성령을 안고 그 시대에 온다는 사람이
라고 믿었더라면 그와 같은 처참한 형
국으로 나의 성령이 세상에 내려가는
것을 막지 않았을 것이니라.
7 구약 시대의 너희들은 삶을 잘못 살았
으며 우상을 숭배하는 것이 팽배되었
으며,
8 그리하여 그 모두를 다스리는 자가 온
다 하여 너희들이 그때 그를 알고 있
었음이니,
9 그리하여 나의 아들 예수가 성령을 가
슴에 안고 내려갔으나, 그 시대의 그
백성들은 그를 믿지 아니하였으며,
10 그가 가짜요, 위선자라 그리 말하였음
이니라.
11 사랑하는 선지자 네가 지금의 형국을
바라보아야 될 것이니라.
12 수천 년의 역사가 흐른 지금의 너희들
이 살아가는 형태는 어떠하던가?
13 너희들의 사악하고 사악 무도함이 이
제는 더 이상 도를 넘을 수 없으며 더
이상 갈 수 없는 그 지경에 와 있음이
니,
14 종교 지도자라는 자, 그리고 믿음이
무엇인지 모르는 자, 그들이 다 지금
의 흘러가는 역사 속에서 어찌 변하는
가를 알고 있음이니라.
15 그리고 그들은 말하고 있음이니라.
16 지금 세상이 변하여져 한 시대에 새로
운 사람이 오며 새로운 역사가 이 세
상에 올 것이라는 걸 그들은 알고 있
음이니라.
17 그리고 저희들이 지금 지탱하고 가고
있는 그 형태를 더 이상 지탱할 수 없
다는 것을 그들은 알고 있음이니라.
18 종교 지도자라는 자, 그리고 그들을
일깨워 가는 자들, 그리고 또한 저희
들이 손으로 이룬 그 성전에 가 구원
을 받겠다 하여 저희 모두를 다 바치
고 구원을 받고자 하는 나의 피조물
만백성 그들도 지금의 이러한 형태는
잘못되었으며,
19 이는 나 여호와가 원하는 시대가 아니
며 내가 원하는 삶이 아니며,
20 이 시대는 정녕 새로운 무엇인가가 이
루어져야 되며 새로운 누군가가 와야
된다는 걸 저희 스스로 지금 뼈저리게
느끼고 있을 것이니라.
21 종교 지도자는 종교 지도자로서 제가
어디를 가고 있으며 어떠한 사상에서
어떠한 뜻과 어떠한 방향으로 지금 가
고 있는 것인가를,
22 그리고 사악해지며 무너져 가는 이 시
대를 저희들이 바로잡을 수 없으며 그
를 바로 세워 하늘나라에 저희들이 인
도할 수 없다는 것을 저희 스스로 다
알고 깨우치고 있음이니라.
23 지금의 인간들의 그 마음과 그 사악한
삶의 형태로써는 구원을 받을 수 없다
는 것을 잘 알고 있으며,
24 또 저희들이 구원할 수 없다는 것을
너무나 뼈저리게 잘 알고 분석하고 있
음이니라.

25 그리하여 그들은 공포에 떨고 있음이
니라. 그리고 불안에 떨고 있음이니라.
26 지금의 사악한 형태로 가는 나의 백성
들이 항상 저희들이 무엇이 올 것이
요, 구원이 올 것이요, 그리고 어떠한
변화가 올 것이며, 예수가 재림을 하
여 그와 같이 저희들을 구원할 것이라
는 등 각종 방법으로써 저희들이 지금
까지 이끌고 왔으나,
27 그 모두가 다 허상이요, 잘못되었음을
그들이 지금 알고 깨닫고 있을 것이니
라.
28 그리하여 그들은 지금 말하기를, 말씀
이 오실 것이라 말하여 이 잘못되고
더럽고 추한 세상을 다스리는 자가 올
것이라 그리 말하고 있음이니,
29 저희들은 또한 정녕 그와 같은 것이
이루어질 것이라 기대하고 있음이니
라.
30 이제는 올 때가 되었음이니라.
31 몇천 년 전에 나의 아들 예수가 온다
는 것을 너희들이 다 알고 그와 같이
깨닫고 있었듯이,
32 지금 나의 성령으로써 세상을 다 다시
다스리며 새로운 역사를 이루며 다시
다스리고자 하는 지도자가 올 것이라
는 걸 너희들은 알고 있을 것이니라.
33 그리고 너희들 입으로써 공공연히 그
와 같은 말을 하고 있음이니라.
34 그리고 너희들은 누군가가 반드시 와
야만 이 세상을 정화하며 너희들 종교
지도자의 그 능력과 그 형태로써는,
35 그리고 너희들이 이루는 그 기적으로
써는, 너희들이 가지고 있는 능력으로
써는 나의 피조물 만백성이 하늘에 오
르는 길을 보지 아니하며 육의 삶에
점점 빠져서 사악한 길로 흘러가고 있
음을 알고 있으니,
36 그를 막지 못하는 것을 너희들이 통탄
하고 후회하고 있을 것이니라.
37 그렇다면 지금 너희들이 올 것이라 하
였음이니, 바로 그것이 왔음이니라.
38 성령의 말씀이라 하여 그 성령의 말씀
이 세상에 와 다스리며 모두를 구원할
자와 구원하지 않을 자를 구분할 것이
라는 그와 같은 뜻을 알고 있으며 올
것이라 기대하고 있음이니,
39 지금 바로 그것이 왔음이니라.
40 나의 성령을 태워 나의 사랑하는 선지
자를 통하여 법전이라 하여 누구도 이
룰 수 없는 160권이라 하는 그 법전을
만드는 것이며,
41 그가 이룬 다음에, 또 그다음에도 너
희들을 깨우치고 가르치는 나의 성령
을 세상에 계속 부어 내릴 것이니,
42 너희들을 구원하고자 하는 나의 결심
이 이리 섰으며, 이 방법이 너희들을
구하는 길이기 때문에 나의 선지자가
죽을 때까지 생명수의 성령의 말씀은
계속 전해진다는 것을 너희들은 어찌
모르는가?
43 160권의 나의 성령이 세상에 나가는
것이 곧 나 여호와의 말씀이요, 나 여
호와의 뜻이며, 새로 구원하고자 오는
것이 말씀으로 온다 하였음이니,
44 너희들은 어찌 그를 깨닫지 못하는가?
45 도둑처럼 말씀으로 올 것이니 너희들
은 항상 깨어 있으라 하였음이니,
46 항상 나의 법전을 읽을 수 있는 그와
같은 준비 상태로써 지금 내려가는 나

의 법전을 받아 읽는 자는 구원을 받을 것이며,
47 그렇지 아니한 자는 구원을 받을 수 없음을 알라.
48 너희들이 사악한 이 세상을 더 이상 다스릴 수 없어 미리 누군가가 올 것이요, 성령의 말씀으로 올 것이라 그리 알고 그리 불안하고 초조한 마음에서 살면서,
49 정녕 나의 성령인 너희들이 원하는 나의 말씀이라는 뜻이 지상에 내려오고 있거늘,
50 이를 보고 너희들은 어찌하여 이단이라 사탄이라 하여, 또 이를 예수보다도 더 핍박하는 방법으로써 없애려 하며 제거하려 하는가?
51 이 법전이 세상에 나오지 못하도록 불태우겠다는 자, 찢어 버리겠다는 자들이 지금 방방곡곡에서 일어나고 있음이니,
52 2천 년 전의 형국을 너희들이 또 한 번 재현하는 실수로 오류를 범하여 너희들이 그 죄의 대가를 받는 고통스러운 그 길을 면하고자 한다면,
53 나의 법전이 정녕 새로운 시대를 다시 이끌어 가는, 새 역사를 창조하며 새로운 지상의 낙원을 이루는 것이며,
54 너희들이 갈구하고 갈구하던 나 여호와의 성령이 세상에 지금 내려오고 있음을 알라.
55 이를 보는 자만이 구원을 받을 것이니 그리 알라.
56 그리고 사랑하는 나의 선지자요, 나의 종을 따르며, 나의 아들을 따라 성령의 뜻을 직접 들으며 법전을 읽은 자들은 모두를 다 바쳐 나의 피조물 만백성을 구하는 데 잠시도 게으르고 소홀히 함이 있어서는 아니 됨을 깊이 깨우쳐 행하도록 그리하라.

2,211 번째 하나님 말씀

2002년 4월 14일 12시 23분

(강론을 마치며)

1 사랑하는 선지자야!
2 **"네, 여호와 하나님! 말씀하옵소서."**
3 네가 너의 제자들에게 말하여 이리 전하였느니라.
4 하늘과 땅 사이에, 이 우주 만물 중에 가장 불행하고 가장 가슴 아픔을 안고 살며 견디는 자가 나 여호와라 네가 너의 제자들에게 그리 말하였느니라.
5 오죽하면 네가 나 여호와가 가장 불쌍하며 가장 가련하여 네 가슴이 메어져 아픔이 저려져 온다 그리 말하였겠는가?
6 그러니 너나 너의 제자들은 똑같은 나의 아들이요, 나의 딸들이건만,
7 제자 너희들은 어찌하여 선지자의 가는 길의 어렵고 힘든 그 아픔을 바라볼 줄 모르는가?
8 너희들은 말하느니라, 너희들도 선지자와 똑같이 나의 아들이요, 나의 딸들이라.
9 다만 많은 사람들의 입을 통하여 나의 성령의 뜻을 전하여 법전을 만들 수 없음이니,
10 오로지 나의 선지자 한 사람이 선택되어 나의 성령을 받아 법전을 세상에 내보내 만백성을 구하고자 함이니,

11 그 책무가 다 너희들과 똑같이 나눠져
같이 가야 함을 너희들이 어찌 모르는
가?
12 나의 법전을 세상에 전하는 것이요,
나의 피조물 만백성을 구하는 것이 선
지자 혼자만이 지고 가는 그 짐이 아
님을 너희들은 어찌 그리도 모르는가?
13 나의 법전을 세상에 전하는 것은 너희
들이나 선지자나 똑같으니,
14 내가 선지자나 너희들을 생각하는 것
은 나에게는 똑같은 아들과 딸들이니,
15 나의 법전을 세상에 전하는 것이 너희
들의 책임이요, 너희들이 해야 할 임
무이니라.
16 선지자라 하여 만 권을 전하며, 너희
들이라 하여 천 권을 전하며,
17 너희들이라 하여 전하지 않을 의무가
있으며, 너희들이라 하여 전하는 것만
바라본다 그리 생각해서는 아니 될 것
이거늘,
18 선지자가 천 권을 전하면 너희들이 천
권을 같이 전하는 그와 같은 아들과
딸이라는 것을 어찌하여 깨우치지 못
하는가?
19 다만 선택된 선지자 한 사람을 통하여
나의 성령을 전해야 되기 때문에 선지
자를 통하여 내려감을, 너희들이 어찌
하여 그 깨달음조차도 모르는가?
20 선지자가 말하느니라.
21 너희들이 나가 나의 법전을 전하며,
이 법전을 세상에 전하는 것이 나 여
호와의 뜻이요, 나의 성령의 뜻을 전
하는 것이라 하여 그가 윗사람으로서
너희들에게 그와 같이 말을 할 때, 너
희들은 무어라 말하는가?
22 그는 선지자가 나의 성령이요, 나의
법전을 팔아먹기 위하여, 그가 그 부
귀와 영화를 누리기 위하여 너희들에
게 법전을 구매하라 그리 말한다 생각
하는 자는 없는가?
23 너희들은 나의 아들과 딸이 똑같은 권
능과 능력이 있으며 나에게 선택된 자
들이 똑같이 나의 법전을 전해야 되는
그 너희들의 책임이 있거늘,
24 어찌하여 너희들은 나의 선지자에게
그와 같은 말을 던질 수 있고 그와 같
은 생각을 할 수 있는가?
25 정녕 선지자가 나 여호와가 하늘과 땅
사이에 가장 가련하고 불쌍한 하나님
이라 하여 그가 가슴 아파 눈물을 흘
리듯이,
26 너희들은 어찌하여 선지자가 지고 가
는 그 모두를 다 너희들의 몫을 그가
지고 간다 생각하지 아니하는가?
27 어찌하여 선지자만이 더 나의 법전을
전해야만 되며, 그 모두를 선지자 혼
자 다 안고 가야 되는가?
28 그리하여 선지자가 말하기를, 나의 법
전을 세상에 전하는 것이 아들이요,
딸들이 해야 할 것이라 하였음이니,
29 아버지가 전하고자 하여 아버지의 뜻
을 전하는 것은 너희들과 선지자의 그
짐이 다 같거늘,
30 어찌하여 너희들은 선지자가 너희들
에게 법전을 전하는 그 말을 했을 때,
31 선지자는 부귀영화를 위하여 나의 법
전을 이용하여 너희들에게 팔아먹는
장사꾼이요, 그와 같은 자라 너희들이
돌아서서 비평을 하는가?
32 그리고 그에 대한 그와 같은 마음의

자세를 가지고 있는 자가 있다 하면,
지금 사악한 무리들이 어찌 보겠는가?
33 나의 아들 예수가 생명을 잃었으며 나
의 성령을 전하지 못하였으며 그가 그
고통 속에서 그 시련을 겪지 아니하면
아니 되었던 그 원인도 그 제자들의
마음의 흔들림에서부터 이루어졌다
내가 너희들에게 일깨워 주었음이니,
34 나의 성전에 와 나의 성령을 들으며
나의 법전을 읽고 깨우치는 너희들이
선지자가 하는 이야기가 선지자의 부
귀와 영화를 위하여 그가 하는 말이라
는 그런 마음 자세를 가지고 있다 하
면,
35 이 세상 나의 피조물 만백성 중에 나
의 성령을 작정해서 태워 버리며 찢어
버리며 선지자를 갈기갈기 분산시키
려 하는 그들에게 너희들은 어떠한 것
을 제공해 주는 것인가?
36 그러한 마음을 가지며 그러한 생각을
가진 자, 이제는 나의 성전에 와 앉아
있을 자격이 없음을 너희 스스로 알아
야 될 것이며,
37 그와 같은 생각을 너희들은 가져서는
안 될 것이니라.
38 선지자가 가는 것은 나의 성령을 한
사람의 입을 통하여 전하기 때문에 선
지자가 선택되었으며,
39 나의 법전을 전하는 그 모든 것은 너
희들이 똑같이 지고 가야 할 짐이며,
40 만백성을 구하는 역사의 공을 세우는
것은 너희들이 해야 할 것이며,
41 내가 오늘 너희들에게 일깨워 주기를
나의 법전이 세상에 나간 그 뜻 중에
가장 큰 것은 잘못 살아가고 잘못 가
는 그 백성들을 그 속에 들어가 구원
하는 것이 너희들의 책무라 하였음이
니,
42 너희들이 과연 어찌 뛰어들 수 있겠는
가?
43 나의 법전을 가지고 뛰어드는 자, 그
곳에서 그 몸을 건질 수 있으며 그 사
악한 무리 속에서 견딜 수 있음이니,
44 그리하여 나의 법전을 너희 가슴에 안
고 전하라 하였음이니라.
45 이것이 너희들의 사명이요, 너희들이
해야 할 일이라는 것을 생각하지 못하
며,
46 그를 일깨워 주는 선지자에게 나의 법
전을 통하여 부와 영화를 누리고자 책
을 파는 장사꾼이라 그리 말하는 자가
있다 하면,
47 너희들의 마음 자세를 바로잡는 시간
을 가져야 할 것이니,
48 이 이치와 이 뜻을 깨달으며 너희들이
똑같이 짐을 지고 가는 나의 아들이
요, 딸이라는 것을 알라.
49 내가 명한 십계명을 지키고 살아가는
백성 너희들이 누구더냐?
50 나의 아들딸들이니라.
51 너희들이 십계명을 지켜 60점이라는
인간의 그 한계를 벗어나 하늘에 오르
는 그 길을 치솟을 때 내가 너희들을
반긴다 하였음이니라.
52 너희들은 똑같이 나의 십계명을 지키
며 나의 뜻에 살고자 하는 자들이니,
53 너희들이 이미 60점의 그 인간의 벽
을 넘었다 내가 말하지 아니하였던가?
54 너희들같이 아름다운 집단이 이 세상
에 없음이니라.

55 너희들은 이 성전 앞에서 너희 스스로
거짓 하지 아니하며,
56 남을 기만하거나 남을 이용하거나 남
을 욕하는 일을 하지 아니하고 살아가
고자 노력하며 그리 행하여 가고 있지
않은가?
57 너희들은 똑같이 60점의 인간 한계를
벗어났음이니, 너희들 또한 나의 아들
이요, 딸이라 선택되어 있으니,
58 그 짐을 어찌하여 선지자가 혼자 지고
가야 되는가?
59 지고 가는 그에게 너희들이 발을 걸어
그를 넘어뜨리는 그와 같은 행위를 해
서는 아니 된다는 것을 오늘 깊이 깨
우쳐야 될 것이며,
60 너희들이 십계명을 지키고 이 60점의
한계를 넘은 나의 아들과 딸이니,
61 모든 책무가 똑같음을 오늘서부터 너
희들이 알아야 될 것이니, 그리 알아
행하라.

2,212 번째 하나님 말씀

2002년 4월 14일

1 사랑하는 선지자야!
2 "네, 여호와 하나님! 말씀하옵소서."
3 너를 따르는 너의 제자들에게 이르라.
4 수천 년의 역사가 흘러오면서 세상에
이름 석 자를 대면 다 알 수 있는 종교
지도자요, 그리고 저희들이 하늘에 오
르는 길이요, 저희들이 정녕 하늘에
오르는 길을 인도하는 자들이라 하여
그들이 가르쳐 오고 이끌어 온 이 시
대가 지금 어떠한 형국에 와 있는가?
5 너희들의 가장 소중한 생명마저도 저
버리는 이와 같은 형국에 와 있음이니,
6 정녕 그들이 나의 성서를 가지고 바로
가르치며 바로 너희들을 인도하였다
하면 과연 오늘과 같은 형국이 이루어
졌겠는가?
7 그들은 그 바른길을 가르치지 아니하
였으며, 그들이 바로 나의 성서의 깊
은 뜻을 모르고 가르쳤음이니라.
8 너희들이 나의 아들 예수가 행하며 전
한 그 뜻을 따르고자 할 때 너희들은
예수와 같은 그 삶을 살지 아니하면
그 뜻을 알 수 없으니,
9 너희들에게 바르게 살며 지키라는 그
명령을 내가 성서에 기록하여 제시하
였거늘,
10 그를 지키지 아니하며 그를 따르지 아
니하며 어렵다 하여 피해 가는 이와
같은 형국으로써 나의 피조물 만백성
의 그 뜻에 맞추어 그 속에서 그들의
원하는 것을 따라가는 그와 같은 종교
지도자들이 지금 이 지상을 지배하고
있음이니,
11 그와 같은 종교 지도자들의 가르침에
의하여 지금 이와 같이 험악한 세상이
되었음이니라.
12 그리고 지금 너희들 앞에 기도하는 나
의 선지자보다도 몇천 배, 몇만 배 훌
륭하고 똑똑하며 모든 것을 갖췄다는
사람들이, 그리고 수많은 종교 지도자
들이 가르치고 인도해 온 지금의 형국
이 이와 같이 되어 있음이니,
13 수천 년 역사의 나의 성서를 가지고
공부한 그들이 지금에 이 시점에 와
있음이니,
14 너희들이 어떠한 형국에 서 있는가를

보라.
15 그러나 지금 나의 성령을 기록하여 나
의 법전을 세상에 내보내어,
16 그들과 같이 똑똑하지 못하며 그와 같
이 유능하지도 못한 나의 선지자가 너
희들에게 가르치는 그 강론이요, 그
뜻을 너희들이 듣고 나의 법전을 읽으
며,
17 나의 성령을 들은 그대로 너희들에게
전하는 그 선지자의 가르침을 받으면
서 너희들이 살아가는 모습이 과연 어
찌 되는가?
18 수천 년 역사 동안에 흘러오면서 잘못
가며 오늘과 같은 사악한 형국에 이른
지도자들과, 아무것도 모르는 나의 선
지자가 너희들을 지도하여 너희들이
변하는 그 모습을 볼 때,
19 과연 너희들은 어떠한 것이 나 여호와
하나님의 음성이며 나 여호와의 뜻이
며 내가 원하는 길인가를 오늘 여기서
스스로 너희들이 깨우쳐야 될 것이니
라.
20 유능하며 너희들이 이름 석 자만 대도
알 수 있는 종교 지도자들의 그 집단
이 이끌어 온 그 형국이 지금에 사악
하기 이를 데 없으나,
21 아무것도 알지 못하는 나의 선지자가
너희들에게 짧은 기간 동안에 너희들
을 깨우치고 가르치는 것은 나의 성령
이기에, 나의 성령의 뜻이기 때문에
너희들이 변화되는 모습은 너희 스스
로 두려움과 무서움을 알 것이니라.
22 이리하여 이것이 나의 성령이요, 나의
뜻임을 너희들은 여기서 깊이 깨우쳐,
그 깨달음을 가지고 너희들이 가는 길
에 주저함이 없이 나 여호와가 너희들
과 같이하고 있음을 항상 기억하여 삶
을 바르고 곧게 살아가는,
23 그리고 나의 법전의 그 내용을 그대로
실천하고 행하고 살아가는 너희들의
모습만이 나에게 구원을 받는 길이라
는 것을 잊지 말며 그리 살라.

2,213 번째 하나님 말씀

2002년 4월 15일 0시 04분

1 사랑하는 선지자야!
2 "네, 여호와 하나님! 말씀하옵소서."
3 지금 인간사에 살아가는 나의 피조물
만백성이 흘러감이 잘못 가고 있음이
니,
4 그들을 바로잡기 위하여 내가 나의 성
령으로써 나의 법전을 세상에 내려보
냄이니라.
5 그리하여 그들을 바로잡고자 하나 그
들이 정녕 지금까지 흘러온 그들의 생
활과 그들이 믿음이라는 그 벽을 깨고
넘기가 너무나도 어렵고 힘듦이니,
6 그들을 다 보호하여 그들을 끌어안기
가 얼마나 힘들고 어려운 길이던가?
7 이제 그리하여 그들과는 차별화된 그
나의 피조물 만백성이 한 시대를 열며
그 역사를 이루어 가고자 함이니,
8 나의 피조물 만백성 중에서 나의 성령
의 나의 법전을 읽고 깨우쳐 하늘에
오르는 길이 무엇이며, 하늘의 이치가
무엇이며,
9 너희들이 어찌 살아가야 될 것이며 어
떠한 사람들만이 이 지상의 낙원에 존
재하는가 그것을 알고 깨닫는 자들이

그 뿌리를 내리기 시작함이니,
10 그 모든 인간을 통제하는 자, 인간으
로서 인간을 통제하며 인간과 협의하
며 이루어 가고 다스릴 자가, 나의 법
전을 읽고 깨달은 자 중에 왕이 나올
것이니,
11 그 왕은 소왕국의 역사를 이루는 자로
서 너희들만의 나라요, 너희들만의 왕
국이 이루어져 그 뿌리가 뻗어져 가기
시작하게 됨이니,
12 그들이 모이고 또 모여서 너희들이 또
소왕국인 많은 나의 피조물 만백성을
다스리고 통제하는 그와 같은 하나의
역사가 이루어질 것이니라.
13 이 세상 나로부터 선택된 민족이요,
그 백성들이 존재했듯이, 이제는 제3
의 시대에 나의 성령으로써 내가 선지
자를 통하여 내린 나의 법전이요, 곧
율법에 따라 살아가는 백성들만이 이
루어지는 새로운 시대가 열림이니,
14 이게 바로 지상의 소왕국이 뿌리를 내
리기 시작함이니라.
15 그리하여 너희들 자체에서 소왕국이
이루어지며 그 소왕국이 형성하고 발
전하여 이 세상 모두가 다 그 나라의
율법에 따라 살아가는 그와 같은 역사
를 이루는 것이 나의 뜻이며, 그와 같
이 반드시 이루어짐이니라.
16 그리하여 그 백성만이 이 세상에 존재
하며, 그 백성들이 천 년에 걸쳐 이 역
사를 이루어 너희들의 왕국인 지상의
왕국이 이루어지며, 하늘에서 이룬 것
같이 이 땅에서 그 아름다운 왕국이
이루어짐이니라.
17 그를 위하여 너는 인간으로서 이 모든
나의 성령을 보고 읽고 깨우친 자, 나
의 법전을 보고 깨우친 자, 그를 선한
인간으로서 다스릴 자가 나와야 할 것
이니,
18 그를 선별하고 그를 따를 수 있는 그
모든 자들의 조직을 형성하여 너는 지
금서부터 그들에게 훈련과 자리를 잡
아 가도록 그리 깨우쳐야 될 것이며,
19 너를 따르는 제자들과 나의 법전을 읽
고 깨우친 자들은 그와 같은 나 여호
와의 뜻을 알아 지금서부터 그리 행하
여야 될 것이니,
20 이 역사가 천 년에 걸쳐 이루어짐이
니, 바로 지금 소왕국이 이루어지는
것이 그 왕국의 뿌리가 내려 이 세상
나의 피조물 만백성이 이 낙원에서 사
는 그와 같은 왕국을 이루고자 함이니,
21 이를 명심하여 그들에게 깨우쳐 한 치
의 실수가 없이 그들이 존재하도록 그
리하라, 선지자야!

2,214 번째 하나님 말씀

2002년 4월 15일 0시 39분

1 사랑하는 선지자야!
2 **“네, 여호와 하나님! 말씀하옵소서.”**
3 이 세상 나의 피조물 만백성을 바로잡
으며 그리고 그 후손들을 바로 세워
나의 법전을 그들이 가슴에 안고 정독
하며 하늘의 이치와 하늘의 뜻과 하늘
에 오르는 길과 그들이 구원을 받는
그와 같은 역사를 이루는 지금에 있어
서,
4 너는 오로지 나의 성령을 받아 법전을
만들어 세상에 내는 그 기도와 묵상과

경배에만 네가 전념해야 할 것이며,
5 모든 경영과 운영에 있어서는 인간 세
상에 제왕의 자리를 지킬 자에게 모든
사업의 명을 내려야 될 것이며 운영을
그리하도록 해야 될 것이니라.
6 그리하여 그로부터 지금서부터 경영
이 무엇이며 운영이 무엇이며, 그리고
한 지역을 너희들이 나의 성령으로써
모두를 다 충만시켜 이끌어 가는 그와
같은 경영의 방법서부터 훈련을 시켜
야 할 것이니,
7 그리하여 그가 모두를 다 관장하여 이
끌어 갈 수 있도록 그리할 것이며,
8 너는 오로지 나의 계명과 나의 법전과
나의 성령으로 내리는 그 질서 속에서
네가 생활하며,
9 나의 성령을 받아 법전을 만드는 데만
너는 지금서부터 모두를 다 바쳐야 될
것이며,
10 모든 경영과 운영은 새로운 제왕으로
서, 깨우치는 나의 피조물 만백성을
이끌고 갈 그에게 경영의 훈련과 경영
의 수업을 시키도록 해야 할 것이니,
그리 모두를 다 넘기도록 그리하라.
11 그리고 나의 법전을 너희들이 세상에
냄에 있어서 각자 자기가 원하는 너의
제자, 그리고 저 자신의 모두를 다 기
록하여 자기의 복음서라는 것을 만들
어 제작하는 자,
12 그와 같은 자들의 뜻을 받들어 네가
검증하고 또 검토하여 모든 것은 네가
최종으로 그를 보아 인쇄할 수 있도
록, 책을 만드는 그 사업장에 넘겨주
는 것은 너의 손을 거쳐서 넘어가도록
그리해야 함을 잊지 말라.
13 너의 제자들이 복음서를 쓰며 그것을
인쇄하고 그것을 책으로 만들어 냄에
있어서 네가 검증하지 아니한다 하면
이는 감당할 수 없는 파장과 무서운
결과가 이루어짐이니,
14 그들은 내가 주관하는 뜻과 내가 무엇
을 원하는 것인가, 내가 새로운 시대
를 여는 것은 어떤 방법으로 열어 가
는 것인가를 그들은 정녕 모르고 있기
때문이니라.
15 아무리 똑똑하며 아무리 능력이 있으
며 아무리 머리가 명석한 자라 하여도
내가 원하는 그 뜻을 앎에 있어서는
항상 어린아이로서 네가 봐야 될 것이
며,
16 그가 나의 성령이요, 나의 법전을 깨
닫고 공부함에 있어서 항상 초보자로
서 네가 그리 생각하고 검토하고 이끌
어야 되는 것을 잊지 말라.
17 나의 법전이 세상에 나간다 하여 나의
피조물 만백성을 구함에 있어서 너의
제자들이 복음서를 기록하는 것,
18 또한 너의 제자들이 그 자신의 신상명
세서를 나의 법전에 기록하여 나의 법
전을 전하는 것,
19 이와 같은 것들의 모든 검증을 너를
거쳐 그와 같이 행하여야만 되는 것을
잊지 말라.
20 네가 잠시라도 소홀히 하여 이를 확인
하지 아니한다 하면, 거기에서 이루어
지는 모든 파장은 막을 수가 없으며,
21 이 세상에 내가 천 년에 걸쳐 새로운
왕국을 이룰 수 있는 것이 다 무산될
수도 있음이니,
22 이를 절대 네가 소홀히 해서는 아니

됨을 잊지 말라.
23 나의 피조물, 깨우친 백성들을 통제하
는 새로운 왕국을 이끌어 가는 자, 그
리고 너의 제자들이 복음서를 내는
것, 그리고 너의 제자들이 나의 법전
을 전하며 그의 신상명세서를 기록하
여 내는 것,
24 이 모두를 엄격히 선별하여, 네가 세
상에 나의 법전을 만드는 데 모두는
그를 보좌하는 역할에서 존속하기에,
그를 능가하는 행위를 해서는 아니 됨
이니,
25 그와 같은 행위가 있으며 또한 복음이
라 하여 전하는 방법이 그와 같이 오
류를 범할 때, 이는 너희들이 모두가
다 물거품으로 돌아가는 감당할 수 없
는 그와 같은 일의 결과가 될 것이니,
이를 명심하여 네가 행함을 잊지 말라.
26 그리고 모두를 통제하고 운영하는 것
은 새로운 제국을, 새로운 왕국을 이
끌어 갈 선택된 자에게 모두를 위임할
것이며,
27 너는 그저 조용히 기도와 묵상으로써
나의 성령을 받아 세상에 전하는 것,
28 그리고 그 새로운 왕국의 제왕을 바로
잡아 이끌어 가는, 그와 같은 네가 보
이지 않는 속에서 모두를 다스려 나가
는 자가 되어야 할 것이니,
29 네가 전면에 나오며 네 이름을 내며
네가 스스로 나오고자 하여서는 아니
됨을 잊지 말라.
30 이것이 네가 가야 할 길이며 네가 지
켜야 할 명임을 알라.

2,215 번째 하나님 말씀

2002년 4월 15일 09시 20분

1 사랑하는 선지자야!
2 "네, 여호와 하나님! 말씀하옵소서."
3 나 여호와의 아픈 가슴이요, 이 아픈
마음을 정녕 너는 모르는가?
4 수천 년 역사가 흘러오는 동안에 나의
피조물 만백성이 잘못 가고 있는 것을
바로잡기 위하여 너를 통하여 성령을
내려보내며,
5 법전이라 하여 이 세상에 나의 피조물
만백성이 읽고 깨우쳐 하늘에 오르는
길을 열어 주고자 함이라 하였으며,
6 새로운 역사의 새 시대를 창조하며 열
어 가는 그 기틀을 세워 감이라 하였
음이니라.
7 그리하여 모두는 다 네가 변하는 모습
이요, 네가 아름답게 가는 그 생활 속
에서 변해짐이니,
8 너를 보고 너의 제자들이 변화되며,
너의 제자들이 나의 법전을 읽고 변하
여지며 깨우쳐 가는 그 모습 속에서
네가 또한 변해지고 깨우쳐 가니,
9 서로 끌어 주고 당겨 주며 밀어 주는
이와 같은 관계에서 너희들이 변해져
가며 내가 이루고자 하는 그 역사의
장을 이루는 것이니, 이는 서로 힘을
합함이니라.
10 그리고 마음과 뜻을 다 하나로 묶어
같이 변하여야 될 것이니,
11 네가 변함에 있어서 게을러지며 네가
변함에 있어서 늦어진다 하면 따라오
는 너의 제자들 또한 그리 늦어질 것
이며 그들 또한 너를 따르지 못할 것

이니라.
12 너의 제자들이 변하여 앞에 가고 달려
간다 하면 그들의 모습 속에서, 그들
의 아름다움 속에서 네가 변하여지고
또 너 자신이 전진하게 됨이니,
13 너희는 끌어 주고 밀어 주고 당겨 주
는 이와 같은 너희들의 관계가 이루어
져야 됨이니, 모두가 다 같이 변해져
야 됨을 알라.
14 내가 너희들에게 무엇을 말하였던가?
15 수천, 수억, 수십억의 인구의 변해져
가는 나의 백성들을, 잘못 가는 자 그
를 바로 세우기 위하여 너희들을 선택
하였다 하였음이니,
16 너희들이 그들을 이끌고 가는 것은 바
르고 곧은 너희들의 자세요, 천사와
같은 모습이요,
17 삶에 있어서 너희들 자신이 얼굴을 붉
히는 한 점의 그와 같은 삶이 있어서
는 아니 된다 하였음이니,
18 너와 너의 제자들이 한몸이 되어 그와
같이 가야 할 것을 잊지 말아야 할 것
이니라.
19 이제는 많은 자들이 너를 따라와 네
앞에 고개 숙여 너의 가르침을 들으며
너의 뜻을 생명줄과 같이 받아 갈 자
들이 수없이 많음이니,
20 이제는 깨달았다 하여, 저희들이 무엇
인가를 얻었다 하여 이 세상을 지배할
것같이 지금까지 존재하던 그들이 알
고 있고 배워 오고 깨우쳐 온 그 뜻이
다 나의 성령 속에, 네가 전하는 그 말
속에 들어 있으며,
21 이젠 스스로 그들이 일부분을 참여하
며 일부분 속에서 그들이 자기 임무를
받았으며 자기가 가야 하는 것을 깨닫
게 됨이니라.
22 네가 세상에 나의 성령을 받아, 나의
법전을 받아 기록하며,
23 네가 선지자로 선택되었다 하여 내가
너를 선지자로 명하였음이니,
24 이는 남들이 너를 부름이 아니요, 네
가 또 그리 만든 것도 아니요,
25 나 여호와가 너를 선지자라 불러 내가
너에게 그 이름을 주었음이니,
26 그 소중함이 또한 다름이니라.
27 내가 너를 선지자라 하여 나의 성령을
내려 열여섯 권의 법전을 세상에 만들
때,
28 모든 깨우치며 저희들이 배워 학식이
있으며 세상사 이치를 깨달으며 도덕
과 윤리 속에서 살아가고자 한 그들이
너를 볼 때 아이처럼 보았으며,
29 저희들이 나로부터 하나 받은 그것이
더 위대한 것이며, 그 역사를 위하여
내가 저희들에게 명하여 저희들이 존
재하며,
30 나 여호와가 그들을 의지하며 그들에
게 명한 그대로 가는 것이 나의 뜻이
라 그들이 생각하였음이니라.
31 그리하여 너를 어린아이처럼 보았으
며 이제 막 걸음마를 시작하는 자이며,
32 다만 그들과 같이 너도 하나의 임명을
받아 세상에 선지자로 명한 자라 그리
그들이 생각하나,
33 이제는 네가 열여섯 권의 법전을 내
세상에 내보낼 수 있는, 네 말대로 네
가 나의 성령의 제2부를 만들어 내는
그 대학을 다니며 그 대학 수준의 공
부를 하였으니,

34 나의 피조물 만백성이 이제는 너의 변
하는 모습을 보고 자기 위치가 얼마나
한계에 부딪혀 있으며 자기가 받은 임
무가 어디인지를 그들이 깨달음이니,
35 나의 2부의 열여섯 권의 법전이 나가
는 속에 부분 부분의 저희들이 받았던
그 대명의 임무가 속해 있음을 그들이
알 것이니,
36 이제는 내가 나의 피조물 만백성을 구
하고자 하여 새로운 시대를 열고자 내
려보내는 이 성령이 모두를 구하는 종
합적인 나의 뜻이요, 내가 이루고자
하는 것임을 그들이 스스로 깨달아 너
에게 와 고개 숙일 것이니,
37 그들을 다스리고 통제함은 네가 그들
과 차별화되는 그 자세를 보이며 살아
감만이 그들이 너를 따르고 순종함이
니,
38 이제는 그 모두는 너의 몫이니라.
39 내가 너에게 말하였듯이, 모든 내가
내려보내는 성령이요, 네가 기록하는
법전이 나의 피조물 만백성이 배우고
깨우쳐 하늘에 오르는 길의 정도라 하
면 나의 임무는 다 끝났으며,
40 이제 내가 너를 돕도록 터치하여 세상
에 보낸 그 임무를 받은 자들이 네 앞
에 와 고개 숙이며,
41 그들이 받은 것이 네가 끌고 가는 나
의 성령의 나의 법전이라는 이 크나큰
역사 속에 저희들이 한 부분을 맡은
것이라 그리 깨닫고 너를 찾아 왔을
때,
42 네가 행하며 가는 그 자세가 그들만
못하다고 그들의 눈에 비쳐지고 네가
아직도 어린아이처럼 비춰진다면 그
들이 과연 고개를 숙여 너를 따르겠는
가?
43 선지자야, 네가 너의 제자들에게 강론
하며 말하지 아니하였던가, 이제는 나
의 선지자 너를 무식한 자요, 미련한
자라 그리 말하지 말라.
44 '나도 이제 여호와 하나님의 대학의
제2부의 학과를 마치고 이제 제3부에
돌입하는 그와 같은 자라.' 네가 말했
듯이 과연 그러하니라.
45 이제는 누구도 너를 따를 수 없으며,
네가 가지고 답변할 수 있고 대답할
수 있는 모든 상식이요, 하늘에 오르
는 그 비밀을 너만큼 아는 자가 없음
이니라.
46 이제 부분적인 비밀을 맞추는 자들을
모아 하나로 꿰매어 하나의 힘으로 이
끌고 가야 할 것이며,
47 하나의 틀을 만들어야 할 것이며, 하
나의 조직 체계를 만들어 그들 각자에
게 임무를 주어 충실히 수행할 수 있
도록 이끌어 가야 할 것이니,
48 그 모두를 통제하고 관장하는 네가 과
연 그만큼 능력과 위치에 있다 생각할
때 그들이 순종하지 아니하겠는가?
49 따를 수 없으며 가르칠 수 없으며 능
력이 없는 자가, 작은 그릇이 큰 그릇
을 통제한다 하면 그 큰 그릇이 과연
고개를 숙일 수 있겠느냐?
50 큰 그릇이 작은 그릇을 담을 수 있으
나, 작은 그릇이 큰 그릇을 담을 수 없
는 것이니,
51 이 이치를 깨우쳐 네가 나의 성령을
받아 네 말대로 나의 2부의 대학의 수
업을 마치고 제3부의 대학에 들어가

기 시작함이니,
52 이제는 네가 그와 같은 모든 변한 모
습으로써 그들을 고요히 감싸야 하는
것을 잊지 말라, 선지자야!
53 내가 너를 사랑하노라.
54 모든 여건을 내가 다 들어주며 네가
이끌어 갈 수 있는 모든 것을 다 들어
주거늘,
55 어찌하여 네가 그리도 불안해하는 것
인가? 그리고 너 자신을 못 지키는가?
56 이 세상 나의 피조물 만백성 중에서
너와 같이 행복한 자 있으면 나오라
말하라.
57 하늘에는 나 여호와가 있어 너의 모두
를 다 들어주며, 물질적인 면을 들어
주며, 정신적인 면을 들어주며,
58 모든 사람들과 대화할 수 있는 천기를
내가 너에게 열어 주며, 네 밑에는 너
를 따르는 제자들이 있으며,
59 그들이 모두를 다 바쳐 나의 뜻에 따
라 행하고자 하는 각오가 된 자들이
수없이 모여 있음이니,
60 이보다도 행복한 자 세상에 있으면 말
하라, 선지자야!
61 내가 말하지 아니하였더냐?
62 종교 지도자라는 사람들이 나로부터
선택된 자라 하며 나의 성령을 전하여
나의 피조물 만백성을 구하는 자들은
이 세상에 가장 가난한 자로 살아야
될 것이며,
63 내가 만든 세상에 내가 만든 지구에서
이름을 날리는 한 지도자요, 또는 재
물을 가지고 이 세상을 좌지우지하는
사람보다도 더 위대하고 행복한 자라
내가 말하지 아니하였느냐?
64 그들은 저 스스로 그 길을 가고 있음
이니라.
65 그러나 너는 내가 너를 다스리며 내가
너와 같이하며 너에게 임하여 모든 하
늘의 비밀을 알려 주며,
66 네가 육신적으로 살아가는 재물적인
면에서 궁색함이 없이 내가 너를 다스
려 주며 너의 제자들이 너를 받치니,
67 선택된 자 한 길을 가는 것에서, 한 길
을 가는 선택된 선지자 네가 무엇이
두려우며 무엇이 더 불안하며,
68 너보다 더 위대한 영광을 가진 자 어
디 있겠느냐, 선지자야!
69 나의 영광에 감사하는 마음으로써 오
늘서부터 네가 가장 낮은 자로서 살아
가는 그 길을 잊지 말라.
70 사랑하는 선지자야!
71 내가 너를 사랑하노라.
72 내가 너를 영원히 버릴 수 없음이니라.
73 그리고 내가 너를 영원히 내 곁에 두
고자 함이니, 너는 나의 이 마음을 알
아 너 스스로 행하도록 하라, 사랑하
는 선지자야!

2,216 번째 하나님 말씀

2002년 4월 15일

1 사랑하는 선지자야!
2 "네, 여호와 하나님! 말씀하옵소서."
3 지금 나의 피조물 만백성을 하늘에 오
르게 한다, 하늘에 오르는 길이 제 앞
에만 있다 말하는 자들을 내가 뭐라
말하였느냐?
4 그들은 나의 피조물 만백성이 나의 성
령을 들을 수 있도록 나의 성전에까지

인도하는 안내자라 하였음이니라.
5 그 안내의 역할을 맡은 자들이 저희들
이 구원자요, 저희들을 따르며 저희
앞에 순종하며 금화와 은화를 바치며
저희들의 말을 따르면 구원을 받는다
그리 말하고 있음이니,
6 또한 그들이 기도하는 것을 내가 뭐라
말하였더냐?
7 그들이 남북통일이요, 세계의 평화요,
오지 않는 비를 오게 하며 이와 같이
저희 마음에 내키는 대로 만들어 하는
말은 나와 관계없다 하였으며,
8 또한 그들이 누구에게 축복을 주며,
누구에게 영광을 주며, 무엇을 달라
하며,
9 누구의 병을 고치며, 누구에게 건강을
주며, 그의 사업을 번창하게 하며, 그
가 운영하는 것을, 뜻을 이루도록 하
며,
10 심지어 그들이 말하기를 남의 집 아기
의 돌잔치에 가 태양의 빛을 봤음이니
그 아이가 그와 같이 영광된 자식이라
그와 같이 저희들 내키는 대로 지껄여
대며 기도하는 그 소리는 나와 아무런
관계가 없다 하였음이니라.
11 이는 말하자면 내가 이루어 놓은, 내
가 가고자 하는 그 궤도를 저희들이
바꾸고자 하니,
12 제가 나며 내가 저희들의 수하인 양
그리 착각하고 살아가는 그들이기 때
문이라 하였음이니라.
13 이제는 너희들이 남의 집을 방문하여
또 병자 앞에, 남의 앞에 가서 그를 일
으켜 세울 수 있고 치료할 수 있는 양
그와 같은 기도를 해서는 아니 되는
것을 알아야 할 것이니라.
14 이는 그들이 나로부터 그 시련을 받아
야 할 만한 그 죄를 지어 그가 시련 속
에 그 죄의 대가를 치르고 있거늘,
15 지금 그에 대한 대가를 겪고 있는 그
에게 가서 너희들이 무엇인가를 이루
며 그를 낫게 하며 그를 건강하게 한
다 기도함은, 이것은 너희들의 오만함
이며 그는 이루어질 수도 없음이니,
16 이와 같은 두려움을 안다 하면 너희들
이 그와 같은 기도 또한 할 수 없음을
알아야 될 것이니라.
17 내가 그들에게 내리며 그들이 치러야
할 죄의 대가를 치렀으며 그가 행하여
야 될 것을 다 갚았다 할 때 그는 스스
로 일어설 것이며,
18 그가 행하고 있는, 그가 잘못 살았고
제가 살아오면서 만든 그 죄가 크다
하면 그 죄 또한 그는 그대로 받아야
할 것이니, 그를 어찌하겠는가?
19 그러하니 그와 같은 기도를 너희들이
드려서는 아니 됨이며,
20 그를 위하여 너희가 무엇을 이루는 양
그와 같은 행위를 해서도 아니 됨을
너의 제자들은 알아야 될 것이니라.
21 너희들이 살아갈 수 있는 모든 은혜를
내가 다 주었으며, 그 속에서 너희들
이 가지고 있는 살아온 그 죄의 대가
를 치르고 있으며 그와 같은 형국에서
너희들이 살아감이니,
22 그를 위하여 너희들이 치료해 주며 그
를 일어서게 할 수 있는 양 그리하지
말라.
23 그들은 그 대가를 치름으로 인해서 그
스스로 털고 일어날 수 있을 것이며,

제가 바로 위에 설 수 있는 그와 같은
역사의 흐름이요, 이 원칙을 안다 하
면,
24 너희들은 감히 심방이요, 남의 집을
방문하며 병문안을 가, 환자 앞에 가
너희가 치료해 줄 수 있고 일어서게
할 수 있는 양 그런 기도를 할 수 없을
것이니,
25 그리하는 것이 얼마나 부끄럽고 잘못
된 길인지,
26 나 여호와를 기만하며 너희들 자신을
기만하고 너희들 자신이 무엇인지를
모르고 살며 속아 가는 인생이라는 것
을 그들에게 너희들이 일깨워 주어야
될 것이니, 이를 알아 시행하도록 그
리하라.

2,217 번째 하나님 말씀

2002년 4월 16일 07시 17분

1 사랑하는 선지자야!
2 **"네, 여호와 하나님! 말씀하옵소서."**
3 나의 성령의 나의 법전을 가슴에 안고
정독하는 자, 반석 위에 서서 하늘에
오르는 찬란한 빛을 보게 되는 영광을
얻게 됨이라 하였음이니,
4 나의 성령으로써 기록된 이 법전이 너
희들이 그리 갈구하고 원하는 하늘에
오르는 그 길을 바라볼 수 있는 안내
자이거늘,
5 너희들은 나에게 구원을 바라고 나의
앞에 와 영원히 사는 그 세상의 영화
를 누리고자 하는 것이 너희들의 소원
이거늘,
6 그 길잡이인 나의 법전을 그리 읽고
정독하라 하여도 바라보지 아니하며
읽지 아니하는 것이 너희들의 형태이
니,
7 그리하고 너희들이 어찌 하늘에 오를
수 있다 생각하는가?
8 하늘에 오르는 길잡이요, 나에게 오를
수 있는 지침서요, 나에게 오르는 안
내자인 것을,
9 그의 도움을 받지 아니하고 그를 따르
지 아니하며 너희가 어찌 그 어렵고
힘든 하늘나라에 오르는 그 길을 올
수 있다 생각하는가?
10 이는 너희들이 감히 생각도 해서는 아
니 됨을 알아야 될 것이니라.
11 내가 너에게 말하여 일렀듯이, 너희들
이 살아가는 삶에 있어서 자신의 양심
을 버린 자, 질서에 위배되는 행위를
하는 자, 그와 같이 살아가는 자가 죽
은 자라 말하였음이니라.
12 지금 너희들이 살아가는 것이 과연 어
떠한 형국이던가?
13 수천 년 역사가 흐르는 동안에 하늘에
오르는 길이라 인도하며, 구원의 길이
라 인도하며,
14 나의 피조물 만백성을 선하고 착하게
살라 가르치는 너희들이 지도자들이
라 말하였으며,
15 또한 그와 같은 지도자가 존속하였으
며, 그들에게 무엇인가를 배우고 깨우
쳐 하늘에 오르는 그 길을 보며 빛을
보고자 저희 모두를 다 바쳐 죽어져
간 나의 피조물 만백성이 그 수를 헤
아릴 수 없음이니,
16 과연 그들은 가장 기본적인 너희들의
양심을 가지고 살았는가?

17 너희들이 양심을 지키고 사는 그것이
곧 산 자요, 산 자의 삶을 살아가는 자
만이 구원을 받을 수 있으며 하늘에
오르는 길을 볼 수 있음이니,
18 죽은 자가 어찌 하늘을 볼 수 있는가?
19 지금까지 너희들이 살아오는 그 생활
속에 양심을 버렸으며, 너희들은 양심
이란 그 자체가 너희 마음속에 있는
것인지도 모르고 살아왔음이니라.
20 너희들의 모든 삶은 지금의 육신의 세
계로써 끝나며 이 삶의 세계만 있다
너희들은 생각하고 지금까지 살아오
는 그 과정에서 그저 육신의 부귀와
영화와 안일을 위하여 양심이라는 그
자체를 헌신짝같이 버리고 살았음이
니,
21 양심이란 무엇이더냐?
22 곧 질서이며, 내가 너희들에게 지키고
살라 하는 그 계명의 근본이 너희들의
양심이니,
23 그 양심을 저버리고 산 자들은 죽은
자이니라.
24 그리하여 그들이 죽음의 세계로 가는
것은 당연한 것이며, 이제 내가 나의
성령인 나의 법전을 내려보내 너희들
의 그 양심을 살리고자 하며,
25 그 양심 속에서 너희들이 살아가도록
하여 나의 법전을 읽고 그 양심을 찾
는 자, 인간 본연의 마음 자세인 그 양
심을 찾는 자만이 산 자며 구원을 받
는 것이니,
26 죽음 속에서 살아간 너희들이 바로 살
아남이란 무엇이더냐?
27 나의 성령으로써 내려보내는 나의 법
전을 읽고 너희들의 양심을 살리는 것
이, 그것이 곧 죽은 자 가운데서 산 자
요, 산 자를 구원함이니라.
28 이를 잊지 말고 너의 제자들은 나의
피조물 만백성에게 전하여야 될 것이
니라.
29 죽은 자가 죽은 자에게 어찌 전하겠는
가?
30 산 자인 너희들이 죽은 자를 깨워야
될 것이니라.
31 바로 너희들이 산 자로서 죽은 자를
깨우는 것이, 나의 법전을 나의 피조
물 만백성에게 손에 쥐여 주어 그들이
양심의 자세로 살아가도록 그 눈을 뜨
도록 해야 함이 너희들이 가져야 할
임무이니, 시행하여야 할 임무이니라.
32 이를 잊지 말라.

2,218 번째 하나님 말씀

2002년 4월 16일 07시 43분

1 사랑하는 선지자야!
2 너희들 인간사에 살아가는 데도, 너희
들끼리 살아가는 그 속에 법도가 있으
며 예의가 있으며 너희들이 지키고 살
아가야 할 법이라는 것이 있음이니라.
3 그리하여 너희들이 육의 세계의 질서
를 인간이 인간으로서 통제하며 그를
다스려 감이니,
4 이 지상의 모든 동식물이요, 생물들이
살아가면서 내가 너희들에게 내린 그
질서를 지키지 아니하며 나의 뜻을 따
르지 아니한다면 어떠한 혼란이 오겠
는가?
5 이 아름다운 동산이 생지옥으로 변화
될 것이니,

6 이곳에서 내가 내린 그 모두의 명령이
요, 나의 뜻이요, 내가 주관하는 그것
을 따르지 아니하는 동식물이요, 생명
을 가지고 있는 것은 하나도 없음이니
라.
7 모든 동식물들은 배가 부르면 그 욕심
이 끊어지며 그들은 계절에 따라 또
그에 순응하며 살아가는 그 나름대로
저희들이 순종함이 있음이니라.
8 그러나 너희들은 무엇이더냐?
9 인간인 너희들만이 나의 뜻을 듣지 아
니하며 나의 뜻을 위배하며,
10 너희들이 그 욕심이라는 것을 채우기
위하여, 그리고 끝도 한도 없는 그 욕
심 때문에,
11 아무리 채워도 채우지 못하며 내일과
미래를 위하여 계속 너희들은 비축하
고 준비하며, 그리고 너희들이 갖고
자, 채우고자 하는 것이 끝이 없음이
니라.
12 하나를 가지면 둘을 가지고 싶은 것이
며, 높아지면 더 높아지고자 하는 것
이며, 가진 자는 더 갖고자 하는 것이
너희들이니,
13 바로 이 세상 나의 지상의 낙원의 모
든 질서와 위계를 파괴하는 것이 너희
들임이니라.
14 또한 너희들은 먹고살라 내가 내려 준
그 이상으로써 너희 자신을 위하여 모
두를 다 뒤져 찾아 먹는 그와 같은 간
악하고 사악한 심성을 가져 그와 같은
사람들로 너희들이 변해져 있음이니,
15 이 아름다운 지상의 낙원을 오염시키
며 이를 파괴하는 것이 너희들이니,
내가 어찌해야만 되겠는가?
16 너희들에게 내가 지키며 살다 나에게
오르라는 계명을 내렸음이니, 나의 계
명을 지키지 않고 살아가는 자는 곧
무엇이더냐?
17 내가 존재하지 아니함을 말하는 건 물
론이며, 너희 스스로 질서를 파괴하며
불법의 행위를 하며 죄를 행하며 살아
가는 자들이니,
18 그와 같이 불법을 행하며 살아가는 자
들이 나와는 아무런 관계가 없다 내가
너희들에게 말하였음이니,
19 그와 같이 나의 뜻을 지키지 아니하며
나의 계명을 지키지 아니하며 내가 너
희들에게 내린 그 모든 계명을 지키지
아니하고 불법으로써 세상을 살아가
며 너희들의 삶을 살아가니,
20 이는 곧 너희들이 나에게 도전함과 같
으니라.
21 내가 내린 나의 축복과 은혜 속에서
살아가는 자들이 내가 지키라는 그 계
명을 지키지 아니하고 불법을 행하며
살아가는 너희들이니,
22 그리하여 이 아름다운 지상의 낙원에
서 너희들이 살 자격이 없는 자들이라
내가 말하는 것이니라.
23 너희들은 육의 삶을 스스로 망가뜨리
며 나에게 벌을 받고자 하며, 나에게
죄의 대가를 원하며 살아가는 것이 너
희들인 것이니,
24 이를 어찌하여 너희들은 행하여야 되
겠는가?
25 너희들은 내가 아름답게 살며 그리고
내가 내린 나의 계명을 지키며 그리
살라 하여도 너희들의 심보가 고쳐지
지 아니하며,

26 오로지 너희들만이 최고며, 너희들을
따를 자가 없으며, 그리고 이 세상의
모두는 너희들의 가진 자, 권력을 쥔
자가 통제하는 것이며,
27 그리고 이것으로써 너희 삶이 끝나며
영혼이 영원히 나에게 와 심판을 받는
다는 것을 모르고 살아가는 것이 너희
들이니,
28 내가 나의 계명을 지키고 살아가지 아
니하는 자는 나와 아무런 관계가 없다
함은,
29 곧 너희들이 나의 계명을 지키지 아니
하며 불법의 행위를 하며 살아가는 그
런 자들이기 때문에 너희들은 나와는
아무런 관계가 없다 함을 알아야 할
것이니라.
30 너희들이 나의 뜻을 지키지 아니하며
불법을 자행하며 살아가니,
31 그리하여 아무리 성경에 아름다운 나
의 뜻이 있으며 너희들이 살아가고 지
켜야 할 것을 내가 성경에 기록하여
너희들에게 전한다 해도,
32 너희들은 말을 듣지 아니하며 너희 마
음대로 살아가 너희들이 죽어 버려져
가는 그와 같은 자세로 인생을 살고
있음이니,
33 너희들은 어찌 그리 살아가야 되겠는
가?
34 이 모두를 살리는 것이 너의 제자와
네가 해야 할 일인 것이니,
35 너와 너의 제자들, 그리고 나의 법전
을 읽고 깨우치는 나의 피조물 만백성
은 나의 성령인 나의 법전대로 살아가
며 나 여호와가 원하는 그러한 일만
하고 그러한 생활 속에서 살아가는 너
희들이 되어야 할 것이니,
36 그리하여 너희들을 보고 그들이 구원
의 길을 바라볼 수 있는 것이니 그리
알라.
37 오로지 너와 너의 제자들과 나의 법전
을 읽고 깨우친 나의 백성들은 나 여
호와가 원하는 것이 무엇인가,
38 내가 원하는 그 길을 위하여 그 삶을
너희들이 살아야만 나의 피조물 만백
성을 죽음에서 구하는 역사를 이루는
것을 잊지 말라.

2,219 번째 하나님 말씀

2002년 4월 16일 07시 57분

1 사랑하는 선지자야!
2 **"네, 여호와 하나님! 말씀하옵소서."**
3 나의 이 아름다운 지상의 낙원에 사는
나의 피조물 만백성 너희들이 지금과
같은 인성으로서 세월이 흘러가며 너
희들의 삶이 흘러가서는 아니 된다는
것을 너희들 스스로 지금 잘 느끼고
있으며,
4 불안과 공포 속에서 살아가는 것이 너
희들이니라.
5 인간사 나의 피조물 만백성 너희들이
서로 의지하고 서로 믿고 살아가야 할
이 세상이 지금은 불신이 팽배하여 있
으며,
6 서로가 서로를 경멸하며 서로를 파멸
시키지 못하면 너희 스스로 고통스러
워하는 이와 같은 너희들의 삶의 세상
이 되어 있으니,
7 이 속에서 사는 너희들 자신이 스스로
언제 자신이 당할지 모르며 자신이 인

간으로 하여금 패배의 그와 같은 고통
속의 길의 삶을 살아가지 아니할까 하
는 그와 같은 위협과 공포 속에 살아
가는 지금이 되었으니,
8 이 시대가 바로 종말이요, 너희들의
마지막 시대임을 너희 스스로 잘 알
것이니라.
9 그리하여 너희들이 나의 피조물 만백
성을 바로잡고 이끌고자 하나 너희들
은 이미 그 능력을 상실하였으며,
10 너희들이 가지고 있는 모든 것을 다
동원하여도 지금 이와 같이 험악하게
흘러가는 나의 피조물 만백성을 돌이
킬 수 없다는 것을 너희들이 잘 알고
있음이니라.
11 그렇다 하면 이를 어찌 바로잡아야 할
것인가?
12 그리하여 너희들은 나의 아들 예수가
재림하여 너희들을 구원하니 그때를
기다려 문을 열어 놓고 마음을 열고
기다리라는 자가 있는가 하면,
13 그것으로써 나의 피조물 만백성의 사
악하고 험악하게 흘러가는 그 마음을
잡으려 수천 년 전부터 그를 내세우고
있으나,
14 이는 너희들이 잡을 수 없음을 알 것
이니라.
15 그리고 너희들이, 나의 아들 예수의
보혈로써 죄의 사함을 하니, 죄의 두
려움에서 헤어나고자 하는 자는 너희
들이 만든 성전이라는 곳에 와 기도하
고 헌금하며 재물을 바치라 하나,
16 그것이 또한 허상이라는 것을 나의 피
조물 만백성이 깨닫고 가며, 그리하여
너희들 자신이 지금 두렵고 두려운 그
마음을 감당하지 못할 때가 되었음이
니,
17 그리하여 너희들은 지금 또 무엇이라
말하느냐?
18 나 여호와의 성령이요, 말씀이 도적과
같이 와 너희들을 구원할 것이니,
19 항상 너희는 스스로 잠에서 깨어나 있
으며 마음과 몸과 모두를 열고 기다리
라 그리 말하니,
20 과연 그와 같은 것은 너희들이 공포와
불안 속에서 나의 피조물 만백성을 다
스리고 이끌어 가면 그들이 이제는 어
떠한 시대가 올 것인가 하는,
21 그리고 그들이 너희들에게 속고 또 속
아 이제는 속지 않으려는 그 불안한
마음을 너희들이 모면하고자 만들어
낸 이야기이나,
22 이는 엄연한 사실이니라.
23 너희들이 말하는 대로 나의 성령이 세
상에 와 너희들이 말하는 나 여호와의
말씀이라는 그 성령이 세상에 도적처
럼 내려와 너희들을 구원하고자 함이
니,
24 너희들이 몸과 마음을 열어 놓고 기다
리라는 것은 너희들이 만든 이야기이
니라.
25 그리하여 지금 종말의 시대에 나의 법
전이라 하여 나의 선지자를 통하여
160권이라는 대장정의 나의 성령의,
너희들이 말하는 여호와의 말씀이라
하는 나의 뜻이 지금 전해져 가고 있
음이니,
26 그러나 너희들은 이를 보지 못하고 보
지 않으려 함이니라.
27 그리고 그저 너희들이 그 잘못 인도하

는, 너희들의 육신의 향락을 위하여
이끌어 가고 있는, 그리고 그 얄팍한
수법으로써 하늘의 뜻이며 성서의 뜻
도 모르면서 끌고 가는 너희들의 조직
이요, 그 형태를 더 유지하고 더 버티
고자,
28 그저 너희들이 죽어져 갈 때까지만 그
를 유지하고자 하는 그와 같은 사악한
마음으로써,
29 너희들이 나의 성령이요, 나의 법전이
옳다는 것을 알며 이는 정녕 나의 성
령으로써 내가 내려보내는 것이라는
것을 너희들이 분별하고 다 알고 있으
나,
30 너희들이 죽을 때까지 그 형태를 그저
끌고 가고자 하는 그 사악한 마음을
버리지 못하여 이를 이단이요, 사탄이
요, 마지막 시대에 오는 거짓선지자의
헛된 말이라 하여,
31 그리고 너희들에게 사기극을 벌이는
나의 법전이요, 책이라 말하여 나의
사랑하는 피조물 만백성이 읽지 못하
며 이를 접하지 못하도록 하고 있는
것이 너희들이니, 어찌해야 되겠는가?
32 너희들은 이와 같은 방법으로써 더 이
상 지탱할 수 없고 더 이상 갈 수 없다
는 것을 알며 새로운 시대가 열려야
된다는 것을 알고 있음이니라.
33 그리하여 내가 나의 성령으로써 너희
들을 지금 심판하고 있으며, 나의 법
전의 뚜껑을 열어 읽고 깨우치는 자,
34 이는 하늘에 오르는 길을 볼 수 있으
며 새로 태어나는 생명이니, 그 새로
태어나는 생명들을 다스리고 이끌어
가야 할 것이며,
35 바로 그와 같은 너희들의 나라가 다시
섬이니,
36 이것이 바로 새로 태어나는 신성한 국
가이니라.
37 새로 태어나는 이 국가를, 그리고 깨
우쳐 깨달은 너희들을 다스리고 통제
하는 새로운 왕이 세상에 나올 것이니,
38 그는 바로 너희들의 생활 속에서 너희
들과 더불어 살아가는 자 속에서 내가
선지자를 통하여 그를 명하여 그를 다
스리게 함이니,
39 새로운 국가에 새로운 왕이 태어남은
오로지 깨닫고 깨달은 너희들과 같은
너의 제자들과 나의 법전을 읽고 깨우
친 자들을 다스려 하나로 묶어 하늘에
오르는 그 역사를 위하여 그들의 길잡
이요, 인도자로서 바로 육신을 가진
너희들의 왕이니,
40 이는 너희들 속에서 내가 선지자를 통
하여 선택하여 이끌어 가는 지도자를
내놓을 것이니,
41 그를 너희들이 따라 하나의 새로운 국
가를 이루는 데 모두를 다 바쳐야 될
것을 잊지 말라.
42 그리하여 그 새로운 국가 속에 존속하
며 살아가는 자, 그 자손이 천 년 후에
지상의 낙원을 만드는 뿌리를 내리게
됨이니,
43 이를 잊지 말고 행하도록 그리하라.

2,220 번째 하나님 말씀

2002년 4월 16일 09시 59분

1 사랑하는 선지자야!
2 **"네, 여호와 하나님! 말씀하옵소서."**

3 나의 피조물 만백성이 나의 성령을 가
슴에 안고 내려간 예수를 그리 살해하
여 그가 나를 통하여 받아 가지고 내
려간 그 모든 나의 뜻을 전하지 못하
게 하여,
4 몇천 년의 역사 속에 나의 성령이 중
단되어 너희들이 양심을 버리고 죽음
의 세상에서 살아오는 그와 같은 삶을
살아왔다 내가 말하였느니라.
5 그리하여 지금 모든 종교 지도자들이
요, 그들이 가르치는 속에서 구원을
받겠다 매달려 울부짖는 자들도 지금
의 너희들의 형태로써는 도저히 그 사
악해져 가는 나의 피조물 만백성의 마
음을 돌릴 수도 없고 잡을 수도 없어
불안과 공포 속에 삶이니,
6 그리하여 너희들은 말하느니라.
7 '종말의 시대가 왔으며, 하나님의 말
씀으로써, 예수님의 부활로써, 또는
하나님의 재앙으로써 너희들이 심판
을 받을 것이라'
8 너희들 자신이 그리 생각하는 것 자체
가 너희들이 그만큼 죄 속에, 어둠 속
에서 살고 있으며, 너희들이 잘못 가
르치고 잘못 가고 있음을 시인하는 것
이니,
9 이는 바로 너희들의 마음 자세가 거기
에 와 있음이니라.
10 그리하여 너희들이 말한 대로 내가 마
지막 종말의 시대에 나의 피조물 만백
성을 구하기 위하여 나의 선지자를 통
하여 나의 성령의 뜻을 세상에 내려보
내어 160권이라는 법전으로써 너희들
을 깨우치고 일깨워 줄 것이며,
11 그가 죽을 때까지 나의 성령을 받아
너희들에게 전함이니, 너희들이 사악
한 마음으로써 나의 선지자를 해하지
아니하며 그를 해치지 아니하는 한 그
가 눈을 감아 나의 세상에 올 때까지
나의 성령을,
12 나의 피조물 만백성 너희들을 바로잡
고 바로 살아가도록 지상의 낙원을 만
드는 기초요, 근본인 나의 성령을 내
려보낼 것이니라.
13 그러나 지금 너희들은 과연 어떠한 형
태의 마음 자세로 살아가고 있는가?
14 너희들은 말세에 나 여호와의, 너희들
이 말하는 전지전능한 아버지의 말씀
이 도둑처럼 와서 너희들을 구원할 것
이라 하여 마음과 문을 열고 기다리라
하였으며,
15 또는 너희들을 구할 자가 내려올 것이
니 그때를 위하여 너희들은 착하고 아
름답게 삶을 행하며,
16 나의 아들 예수가 재림하여 너희들을
구한다 하여 또 너희들은 착하게 살라
하며,
17 나의 아들을 믿는 자는 천국이요, 믿
지 않는 자는 불바다로 간다는 그와
같은 '예수 천국, 불신 지옥'이라는 것
을 써 가슴에 달고 외치고 있는 형국
이 되어 있음이니라.
18 그러나 지금 나의 선지자가 나의 성령
을 받아, 너희들이 말하는 너희들의
아버지의 그 심판의 말씀이 지금 지상
에 내려가고 있거늘,
19 나의 법전이라 하여 너희들이 읽고 깨
우칠 수 있도록 상세히 기록하여 그를
내려보내고 있건만,
20 너희들은 이를 보고 어찌 말하는가?

21 이 나의 성령을 너희들은 뚜껑을 열어
보고 깨우치고자 하지도 아니하며,
22 이는 사탄이요, 마지막 종말의 시대에
거짓 선지자가 와서 나 여호와의 뜻을
왜곡되게 전하며 너희들을 핍박하는
그와 같은 자라 하여 그를 해하려 함
이니,
23 너희들은 나의 법전에 들어 있는 그
내용을 들어 보라.
24 여기에는 십계명을 지키라 하였으며,
십계명이 영혼을 구하는 양식이며, 너
희들이 착하고 아름답게 살아 기초 질
서를 지키며 양심을 버리지 아니하고
사는 것이 하늘에 오르는 길이라 하였
으며,
25 너희들이 양심을 버리지 말며, 모든
화를 부르는 근본이 되는 마음의 욕심
을 버리고 살라 하며,
26 그리고 바람처럼 살라, 모두를 다 사
랑하며 살라는 그 주옥같은 나의 성령
이 내려가 나의 선지자가 너희들을 구
하기 위하여 이를 전함이며,
27 너희들 후손을 위하여 천 년의 역사
동안에 만백성을 이 아름다운 지상의
낙원에 살 수 있도록 너희들을 깨우치
고자 하는 나의 성령을 그가 받아 기
록하여 전하는 그 죄밖에 없음이니,
28 그 내용이 어디 구구절절이 잘못된 것
이 있던가?
29 그러나 너희들의 사악한 마음이 어디
와 있는가?
30 너희들은 지금 살인하며 여인네를 강
간하고 간음하며 어린아이의 생명을
앗아 가며 가장 포악한 죄를 지은 자
와 나의 주옥같은 음성을 전하는 선지
자,
31 두 사람을 놓고 심판을 하며, 너희들
이 손을 많이 들어 주는 자를 죽이고
적게 들어주는 자를 살릴 것이라 하
면, 너희들은 어찌하겠는가?
32 너희는 믿음이라 하여 구원을 받고자
믿음의 길을 가나, 믿음이라는 것을
모르고 가는 너희 부모를 살해한 자라
하여도 너희들은 어찌 할 것인가?
33 그 극악무도한 자와 나의 선지자 둘을
놓고 선택하라고 할 때, 지금의 믿음
의 종교 지도자요, 잘못 가는 너희들
은 뒤를 돌아다볼 것 없이 치를 떨며,
34 세상에 사탄이요, 사악한 자라 하여
나 여호와의 주옥같은 아름다운 성령
을 직접 전하는 나의 선지자를 죽이라
그리할 것이니라.
35 그리고 너희 인간사에서 도저히 용서
할 수 없는 추악한 자, 어린아이를 살
해하며 이웃을 강간하며 도적질하며
강도질하며 살인한 자, 그리고 너희
부모까지도 살해한 자라 하여도 너희
들은 그를 용서하여 주고 나의 선지자
를 죽이라 할 것이니라.
36 과연 선지자가 너희들에게 잘못 살라
하였으며 너희들에게 도적질하라 하
였으며 너희들에게 간음하라 하였으
며 나의 십계명을 지키지 말고 살라
그리 말한 구절이 있으면 너희들은 나
의 선지자는 나의 뜻이 아니라며 죽이
려 할 수 있으나,
37 나의 십계명을 지키고 나의 십계명대
로 살고 구원받으라는 그 주옥같은 아
름다운 나의 성령을 전하는 선지자를,
너희들은 그의 생명을 구원하여 나의

성령을 들으려 하는 것이 아니라,
38 너희 부모를 살해한 자와 둘 중에 하
나를 선택하라 해도 너희들은 가차없
이 너희 부모를 죽인 자를 죽음에서
구원해 주며 이곳에 서 있는 선지자를
죽이라고 아우성치며 돌을 던질 것이
니,
39 이것이 지금 너희 믿음을 가는 자들의
형태며, 너희들이 행하는 그 마음의
상태이니,
40 이 얼마나 무섭고 추하고 더러운 모습
이던가?
41 이보다도 더 추악하고 사악한 자는 없
을 것이니라.
42 너희들은 사악한 자는 살리라 하여 돌
을 던지지 아니하며, 착하고 선행을
베풀며 너희 영혼을 구하며 너희 자식
들을 대대손손 구할 수 있는,
43 나의 성령의 아름다운 뜻을 전하는 법
전을 만드는 나의 선지자는 갈기갈기
찢어 죽여야 된다 소리 지르고 박수하
고 그에게 돌팔매를 던질 것이니,
44 이와 같은 형국이 지금 너희들이 살아
가는 모습이니, 이를 어찌해야만 되는
가?
45 나의 이 법전을 읽고도, 너희들의 가
슴에 깊이 깨우침이 있어 불과 같은
마음으로 나의 법전을 접하며 하늘에
오르는 구원의 영광을 얻지 못한다 하
면, 너희들은 두 번 다시 기회가 없음
을 알아야 할 것이니라.
46 너희들은 지금 어찌 살아가고 있는가?
47 나의 피조물 만백성은 수천 년 동안
잘못 가르치는 종교 지도자들의 그 세
치의 혓바닥에 의하여 나의 아들 예수
를 살해한 그 뒤로 나의 성령의 뜻이
전해지지 않으니,
48 이 암흑의 세계에서 너희들은 죄를 짓
고 사악하게 살다 나에게 금화와 은화
를 바치면 구원을 받는다 그리 말하여
그곳을 따라가고 있음이니,
49 너희들의 형국이 어찌 되어 있는지 아
는가?
50 지금 너희들이 몇 분 후에, 몇 초 후에
도살장으로 끌려가 죽어 가는 그 돼지
들이 먹이를 주는 것을 좋다고 꿀꿀대
며 먹는 꼴과 똑같음이니라.
51 도살장에 끌려가기 1분 전에 있는 그
짐승에게 먹이를 줄 때 그것이 가장
행복이요, 영광이라 하여 그저 미쳐
그것을 맛있게 먹어 가는 그와 같은
짐승의 형국임을 너희들이 어찌 모르
는가?
52 사랑하는 선지자야!
53 **"네, 여호와 하나님! 말씀하옵소서."**
54 나의 이 간곡한 뜻을 너의 제자들에게
전하라.
55 잘못 가는 지도자가 가르치는 그 음성
이요, 그 뜻을 듣고 따라 가는 나의 피
조물 만백성은 지금 지옥 불에 떨어지
는 자들 앞에 있으니,
56 그들이 곧 도살장에 끌려가 죽는 돼지
가 그 문 앞에서 기다리는데 거기에다
먹이를 주는 것을 그저 세상 것 다 얻
는 것처럼, 그보다 더 맛있는 것이 없
는 것처럼, 그보다 더 영광이 없는 것
처럼 그저 꿀꿀대며 먹고 있는 그 돼
지만도 못한 형국에 처해 있음을 너희
들이 나의 피조물 만백성에게 전하여,
57 그들이 눈을 떠 제가 지금 가고 있는

길이 어딘가를 보도록 하라.
58 도살장에 가는 돼지는 그저 죽으면 그
뿐이나,
59 너희들은 영원히 사는 나의 곁에 와
너희들이 잘못 산 그 죄의 대가를 받
아야 되며 그를 고통과 고통 속에서
치르는 것이 남아 있으니,
60 이를 보도록 너희들은 너희 피와 살과
모두를 다 바쳐 뼈를 깎는 그 고통을
견디며 살아도, 이 백성들을 구할 자
는 너희들이니,
61 너희들이 오늘 나의 법전 한 권을 세
상에 전하며 나의 성령으로 기록된 이
법전 한 권을 전하는 것을 게을리하지
말며,
62 두려워하지 말며, 무엇과도 바꿀 수
없는 나의 소중한 법전을 너희 모두를
다 태워 세상에 전하여,
63 지금 도살장에 가기 전에 그저 멋모르
고 먹이를 먹고 있는 그 돼지와 같은
형국보다도 더 무서운 그 지옥 불의
문 앞에 서 있는 나의 사랑하는 피조
물 만백성을 구하라.
64 이것이 나 여호와가 너희들에게 내리
는, 간곡히 부탁하는 나의 뜻이거늘,
사랑하는 나의 선지자를 따르는 제자
여, 그 백성들아!
65 도살장에 가기 전의 그 돼지보다도 더
험악한 문 앞에 서 있는 나의 사랑하
는 그 백성들이 수없이 모여서 기다리
고 그 길을 줄을 서서 그저 끌려가 죽
어 가고 있음이니,
66 이를 막을 것은 오로지 이 세상에 내
가 선택한 선지자요, 그 선지자를 통
하여 내리는 나의 성령이요, 나의 법
전이요, 나의 음성을 듣는 그 선지자
의 제자들과 이를 보고 깨우친 너희들
밖에 이 세상에 없음이니,
67 나 여호와의 가슴이 찢어짐이니, 너희
들이 나를 전지전능한 아버지라 부를
진대,
68 이를 행함에 있어서 너희들이 무엇이
아까우며 무엇이 두려우며 무엇을 너
희들이 바치지 못하겠는가?
69 나의 법전을 안고 동서남북으로 너희
들이 뛰어나가야 할 것이니라.
70 온 세계로 나의 법전을 안고 바다를
건너 강을 건너 달려가야 할 책무가
너희들에게 있음이니,
71 너희들이 이것이 첫 번째의 임무요,
두 번째의 임무요, 너희들의 육신의
생활과 평안과 영화를 바라보지 말라.
72 너희들이 살 길이 얼마나 남아 있으며
너희들이 갈 길이 얼마나 남아 있는
가, 사랑하는 나의 백성들아!
73 도살장에 끌려가는 돼지보다도 몇천
배 고통의 그 길의 문전에서 그저 희
희낙락하고 있는 불쌍한 너희들의 형
제요, 나의 백성을 구할 자는 너희들
밖에 없으니,
74 너희들이 전하는 것은 나의 법전을 던
지는 것밖에 없으니, 이를 가지고 전
하는 데 너희 모두를 다 바치라.
75 너희들의 발이 부러지면 어떠하며, 손
이 부러지면 어떠하며, 눈알이 튀어나
오면 어떠하며, 살점이 갈기갈기 찢어
지면 어떻더냐?
76 이를 전하는 데 너희들이 모두를 다
바쳐 나 여호와의 찢어지는 가슴을 달
래 주는 역사를 이루고 있을 것이며,

77 너희들의 형제를 구하는 데 인색하지 말라, 사랑하는 나의 백성들아!
78 천 년의 역사를 거쳐 이루는 것은 너희들뿐이며 나의 이 뜻을, 아름다운 동산을 이루는 것은 너희들뿐이니라.
79 이를 명심하여 시행하도록 그리하라.

2,221 번째 하나님 말씀

2002년 4월 16일 10시 15분

1 사랑하는 선지자야!
2 "네, 여호와 하나님! 말씀하옵소서."
3 내가 너희들에게 말하여 일렀느니라.
4 나 여호와가 존재함에 너희들이 '설마 계시랴?', '설마 죽어 심판을 받으랴?' 하는 그런 생각들을 하지 말라 하였음이니라.
5 그리고 '설마'라는 것이 있을 수 없음이라 하였음이니라.
6 너희들은 지상의 삶이 그것으로써 영원히 끝난다 생각하니, 그런 마음을 갖지 말라 하였느니라.
7 너희들이 세상을 살아가면서 천지조화 속에 먹구름이 끼고 난 다음에 무엇이 내리더냐?
8 구름이 낀 다음에 비가 오는 것이니, 구름이 낀 다음에 비가 내리는 것을 너희들이 알면서 어찌하여 나 여호와의 말은, 나 여호와의 뜻은 너희들이 모르는가?
9 먹구름이 낀 다음에 비가 내리며 그와 같은 속에서 너희들이 그 모든 자연의 이치를 알고 깨달으면서,
10 너희들이 말하는 전지전능한 여호와 하나님의 말씀이라 하여 나의 성령이 내려가 너희들을 구원하고자 하는 그것은 모름이니,
11 그리고 너희들은 나 여호와가 존재하여 너희들이 육신의 삶을 살고 나에게와 심판을 받는다는 그 자체를 망각하고 살려 하며 그 테두리를 벗어나서 살고자 하는 그 마음의 욕심이 끝이 없으니,
12 이 마음은 또한 무엇이더냐?
13 너희들 자신이 최고며, 너희들이 최고의 제왕이 되고 싶으며, 너희들이 최고의 왕이 되고자 하는 그와 같은 욕심에서 그를 바라보지 못하며 깨닫지 못하는 것이 너희들의 마음이니라.
14 인간의 욕심에서 너희가 최고의 권위 있는 자, 최고가 되고자 하여,
15 그리고 모든 권력이요, 재물이요, 모든 능력을 가진, 너희 자신만이 그저 최고의 왕이라는 그러한 착각 속에서 살아가고자 하며,
16 그것만을 최고가 되기 위하여 너희들이 노력하는 그 속에서 육신의 삶의 최고는 원하나,
17 어찌하여 하늘에 오르는 영원히 사는, 너희들이 구원을 받는 그 길에는 최고가 되고자 하여 노력하지 아니하는가?
18 너희들은 정녕 하늘에 오르는 그 길을 위하여 너희들이 최고가 되고자 하는 그와 같은 삶을 살지 아니한다면 나에게 구원을 받을 수 없음을 알아야 할 것이니라.

2,222 번째 하나님 말씀

2002년 4월 16일 10시 24분

1 사랑하는 선지자야!
2 나 여호와가 너희 인간을 만들면서 나
의 즐거움이 이루 말할 수 없었음이니
3 이 세상에 내가 만든 모든 우주 만물
을 통제하며 나의 생명체를 가지고 있
는 동식물의 모두를 다 관장하며 그를
다스리기 위하여 내가 너희들을 가장
아름다운 모습으로써 만들 때 가장 기
쁘고 즐거운 행복한 마음으로 너희들
을 세상에 창조하여 놓았음이니,
4 그러나 너희들을 만든 것을 지금 후회
하고 있는 나 여호와라 하면 너희들은
어찌 생각하는가?
5 내가 창조한 나의 피조물, 사랑하는
만백성 너희들이 내가 너희들을 최초
의 인간으로 만들었던 그 즐거움과 그
행복함을 영원히 지속할 수 있도록 너
희들이 가는 것이 나에 대한 보답이
아니던가?
6 지금 너희 인간들을 만든 그 자체를
나 여호와가 후회하고 고통스러워한
다 하면, 너희들은 과연 어찌해야 되
겠는가?
7 지금 나 여호와의 그와 같은 고통스럽
고 그 아픈 마음을 너희들은 알고 있
는가?
8 정녕 너희들이 내가 지키라는 계명을
지키지 아니하며, 나의 율법을 따르지
아니하며, 너희들이 욕심을 버리지 못
하며,
9 양심을 지키지 아니하고 사는 그 생활
속에서 지금 나 여호와가 인간인 너희
들을 세상에 창조한 것을 후회하고 원
망하고 산다면 어찌하겠는가?
10 내가 너희들에게 무엇을 주었는가?
11 너희들이 그리하여 잘못 깨닫고 잘못
사는 사람들이기에 내가 너희들을 만
든 것을 후회하며 가슴 아파하는 그
속에서 너희들을 사랑하기에,
12 너희들이 육신의 세상에서 쓰는 것을
재활용하고 다시 고쳐 쓰듯이,
13 내가 너희들에게 다시 한 번 재활용에
쓰이는 그런 도구보다도 더 소중한 너
희 인생들을 다시 한 번 기회를 주어
너희들이 이 세상 나의 피조물 만백성
으로서 생명을 가지고 태어나 산다 하
였거늘,
14 너희들은 어찌하여 지금도 그 뜻을 모
르고 이와 같이 나 여호와를 울리는
그 삶을 사는가?
15 나의 진정한 성령을 태워서 내려보내
는 나의 성령을 나의 선지자를 통하여
듣는 나의 선지자의 제자들과 나의 법
전을 읽고 깨우치는 만백성,
16 선지자를 따르는 제자들이요, 그리고
나의 성전에 와 나의 법전을 공부하는
너희들만큼은 인생을 재활용하여 내
가 너희들에게 기회를 준 역사를 잊지
말아야 할 것이며,
17 내가 너희들에게 생명을 주어 그 생명
줄을 지금 내가, 너희들이 날리고 감
아 들이는 연줄처럼 감아 들이고 있는
그 선상에 서 있는 너희들이 어찌 살
아야 하는 것이며,
18 너희들이 나에게 와 약속을 하며 너희
들이 선한 백성으로 살아 만백성의 기
본이 되어 하늘에 와 영광의 축복을

받겠다 하여 기록한 그 연판장에 너희
이름 석 자를 써 놓고 세상에 나갔음
이니,
19 그 앞에 와 너희들이 심판을 받을 때
어찌하려고 그리하는가?
20 이와 같은 이치를 너희들에게 알려 주
노라.
21 인간사에 모든 재활용품을 고쳐 쓰듯
이, 내가 너희들에게 다시 한 번 그와
같은 의미에서,
22 그것보다도 백배 천배 더 위대한 영광
의 기회를 주어 너희들이 인간으로서
세상에 태어나 한평생을 살아갈 수 있
는 기회를 준 나 여호와의 뜻에, 나를
울리지 말라.
23 가장 기쁘고 즐거운 마음으로 너희들
을 만들었음이니,
24 그 만들었던 그 마음을 내가 영위할
수 있도록 너희들은 나를 버리지 말아
야 할 것이니라.
25 정녕 내가 너희들을 세상에 내보낸 것
을 후회하지 않도록 그리 살라.
26 내가 너희들에게 다시 한 번 기회를
주어 다시 태어나게 했던 그 역사까지
내가 더 두 번 다시, 세 번 다시 후회
하지 않는 그와 같은 너희들의 삶을
살도록 내가 나의 선지자와 선지자를
따르는 제자들을 통하여 간곡히 전함
이니,
27 나의 사랑하는 만백성들아!
28 너희들은 나의 법전을 읽고, 이 대목
을 읽고 옳고 바른 삶을 살도록 그리
하라.

2,223 번째 하나님 말씀

2002년 4월 17일 07시 05분

1 사랑하는 선지자야!
2 "네, 여호와 하나님! 말씀하옵소서."
3 네 머리가 백발이 되어 네 모습이 고
요히 변하겠는가?
4 지금 스스로 네가 고요한 성품과 고요
한 인격을 갖추며 네 입에서 나오는
그 말 한마디가 나 여호와를 대신해서
하는 말이며,
5 모든 나의 피조물 만백성에게 양식이
되며 기본이 되는 그와 같은 아름다운
음성으로써, 아름다운 생각으로써 나
의 피조물 만백성이 너를 따르도록 그
리 너 자신이 변하겠는가?
6 내가 너를 지금 하얀 머리로 바꿔 줄
수 있는 그와 같은 너의 삶을 살 수는
정녕 없겠는가?
7 만 가지 중에 한두 가지를 네가 바꾸
지 못하고 변하지 못했다 하면 이는
다 물거품이니라.
8 파도가 밀려와 모두를 쓸어 가듯이 그
와 같이 무너짐이니라.
9 선지자야,
10 하늘의 내가 너를 사랑함이요, 나 여
호와가 있음이며 그리고 너를 따르는
나의 피조물 만백성이 있거늘,
11 눈을 감고 세상을 살아가는 그러한 사
랑하는 나의 선지자로서,
12 그리고 모든 백성이 우러러보며 따르
는 나의 아들 예수의 살아온 그 행적
을 네가 따라야 되지 않겠는가?
13 여기서 선지자야, 네가 하나 깊이 깨
닫고 가슴에 새겨야 될 것이 있느니라.

14 인간사의 부모요, 자식 관계도 부모가
영특하고 착했던 그 큰자식에게 모두
를 걸었으며, 장원 급제를 시키고자
온갖 정성을 다 들인 그 장남이
15 약관의 나이에 장원 급제의 그 장에
나가 시험을 보기 전에, 모든 게 다듬
어진 그가 유명을 달리하는, 죽어 가
는 그와 같은 형국이 된다 하면
16 그 부모의 가슴이 얼마나 찢어지도록
아프며 슬프겠는가?
17 그 육신의 부모가 모두를 다 걸었던
그 자식의 죽음으로 인하여 그 아프고
슬프고 괴로운 그 고통을 잊고,
18 다시 삶의 제자리에서 살아갈 수 있도
록 그와 같이 아프고 슬픈 모든 상처
를 다 지워 버리고,
19 그 둘째 자식에게 또 그 부부가 모든
기대를 다 걸고 그를 바로잡아 장원
급제라는 명예를 차지하도록 그 자식
을 다시 내보내고자 모든 정성을 다
쏟는다 하면,
20 그 부모는 또다시 그와 같은 전철의
길이 없기를 얼마나 기다리겠는가?
21 그리하고 그 소원을 이루도록 그는 두
배 세 배 더 그 둘째 자식을 관리하고
온갖 정성을 다 쏟을 것이니,
22 사랑하는 선지자야!
23 내가 예수를 통하여 모두를 이루려 했
던 그 뜻을 사악한 너희들의 뜻에 의
하여 그를 버리게 되었음이니,
24 그 마음의 상처를 다스리는 그 세월이
너희들은 2천 년이란 세월이요,
25 내가 이틀 동안 잠을 자고 일어나 너
를 둘째 자식으로서 세상에 내보내 모
든 기대와 영광을 너에게 걸고 있다
하면,
26 그리하여 이제는 두 번째 자식이 장원
급제할 수 있도록 모든 재산과 모든
정성을 다 바치는 그 부모의 마음보다
열배 백배 더한 나의 마음으로써 나의
가슴을 태우는 이 성령을 너에게 내려
보내어 법전을 만들어 나의 피조물 만
백성을 구하고자 한다면,
27 과연 두 번째 자식이 어찌 가야 하겠
는가?
28 육신의 부모와 자식 간의 관계도 그
자식이 바르고 곧게 가며 부모에게 은
혜를 갚으며 효도하는 자식으로서 그
형의 뒤를 이어 형보다 두 배 세 배 더
착하고 아름다운 모습으로써 순종하
며 노력하여 그 장원의 영광을 얻도록
한다 하면 그 부모의 마음은 과연 어
떠하겠는가?
29 선지자야, 그리고 사랑하는 나의 아들
아!
30 너는 정녕 어떤 길을 선택하여 가겠느
냐?
31 너는 부모의 기대에 어긋나는 불효막
심한 자식으로서 형의 그 아픈 가슴을
안고 있는 그 부모의 가슴에 더 대못
을 박는 일을 하여 그를 병들어 죽어
가게 하겠는가?
32 그렇지 아니하면 그 부모의 뜻에 따라
열배 백배 더 형보다 노력하여 그 뜻
을 이루어 가문을 세우는 자식이 되겠
는가?
33 사랑하는 나의 아들아,
34 내가 예수를 그리 아픔으로써 보내어
내가 잠을 자는 속에서 이제 잠에서
깨어나 내가 머리에 끈을 동여매 내

둘째 자식인 너에게 자기의 모두를 다
바치는 부모의 그 정성보다 백배 천배
더한 마음으로써
35 나의 모든 백성들을 구하기 위하여 나
의 이 가슴에 있는 모두를 너에게 내
려보내, 너에게 내가 법전을 만들어
모든 나의 피조물 만백성을 구하기 위
하여 바르고 옳게 살라는 대명을 내리
고 있는 이 아버지의 마음을 너는 정
녕 이해하지 못하겠는가?
36 세상사 눈을 감으라.
37 모두를 보지 말라, 아들아!
38 네가 그와 같은 둘째 자식과 같은 그
효성스런 마음으로 순종하며 부모의
뜻을 따르는 그와 같은 자식으로서 나
의 성령을 받아 나의 피조물 만백성에
게 법전을 전하는 일에만 모두를 바쳐
나 여호와의 이 찢어지는 아픔에 오로
지 기쁨과 행복을 안겨 주는 네가 될
수는 없겠는가?
39 내가 너를 사랑함이 여기에 있음이니
라.
40 남들이 이 법전을 읽고 깨우칠 때 내
가 너를 사랑하는 것을 그들이 알며,
그를 질투하고 시기할 만큼 내가 너를
사랑함이 무엇이더냐?
41 너는 다 예수를 닮아 선택되어 내려간
나의 아들이니라.
42 이 아비의 마음을 네가 알진대, 하늘
을 향하여 네 마음에 한 점의 부끄럽
이 없는 삶을 살라.

2,224 번째 하나님 말씀

2002년 4월 17일 07시 29분

1 사랑하는 선지자야!
2 "네, 여호와 하나님! 말씀하옵소서."
3 내가 나의 사랑하는 피조물 만백성 너
희들에게 모든 은혜와 은총의 영광을
다 주고 나의 뜻대로 살아가라 하였으
나 너희들이 그리 살지 아니하여,
4 나의 아들 예수로 하여금 나의 성령을
너희들에게 전하고자 그리하였으나,
5 또한 너희들이 그리 잔인무도한 일을
하였음이니,
6 그리하여 놓고 너희들은 나의 아들 예
수의 보혈로써 너희들의 모든 죄를 사
해 주었으며 그 피로써 너희들이 구원
을 받았다 그리 말함이니라.
7 너희들이 말하듯이 나의 아들, 사랑하
는 예수가 너희들을 위하여 스스로 그
와 같이 목숨을 던졌다 하면,
8 너희들은 나의 아들 예수가 너희들의
죄를 다 지고 너희들의 죄를 다 끌어
안고 너희들을 용서하기 위하여 그가
죽었음이니,
9 과연 그의 죽음으로써 너희들은 모든
죄를 다 사하여 용서받았다 할 수도
있음이니라.
10 그러나 나의 사랑하는 아들 예수가 어
찌 되었는가 그 원천의 근본부터 따져
보도록 하자.
11 나의 아들 예수를 누가 죽였는가?
12 그리고 누가 나의 성령을 가지고 간
나의 그 아들을 그리 처참하게 죽게
하여 나의 성령이 세상에 내려가지 못
하도록 하였는가?

13 너희 인간들이 죽였음이니라.
14 너희 인간들이 그렇게 사악한 방법으
로써 그를 죽였으며 그와 같이 잔인한
행동을 하였음이니라.
15 그리하여 놓고 너희들이 지금 무어라
말하느냐?
16 너희들은 그 아들의 피로써 모든 죄를
다 사함을 받았다 함이니라.
17 너희들이 죽여 놓은 그 아들이 어찌하
여 너희들의 그 죄를 다 사하였다 하
는가?
18 너희들로부터 죽어 간 그의 피가 어찌
하여 너희들의 죄를 사하여 주었으며
너희들을 구원했다 그리 말하는가?
19 너희들은 여기서 말도 되지 않는 그
궤변으로써 나의 사랑하는 백성들을
그리 너희들이 만든 성전이라는 곳에
이끌어 가 그들을 평생 쥐어짜며 금화
와 은화를 받아들이는 그러한 사악한
행위를 하지 말라.
20 나의 아들이 스스로 '너희들의 죄를
대신하여 내가 죽어 가노라.' 하여 그
리 죽어 갔다 하면, 그 아들 이름 아래
에 와 기도하고 경배하는 자 구원을
받을 수 있을 것이니라.
21 그러나 그는 어찌하여 죽었는가?
22 너희들과 같이 믿음이라는 그 길을 가
는 자들이 팔았으며, 그들이 등을 돌
렸으며 그를 감싸 주고 그를 위하여
목숨 던진 자 없으며,
23 그러하니 그를 살해한 자들이나 그를
죽도록 만든 자들이나 또한 그를 따른
제자들이나 그를 팔아먹은 자들이나
지금 무엇이 다른가?
24 그와 같은 행위를 한 너희들이 스스로
잘못된 그 죄의 대가를 뉘우치기 전에
어찌하여 나의 아들 예수의 보혈로써
구원을 받았다 그리 말하는가?
25 너희들은 엄연히 따졌을 때 그 후손들
이니라. 그 인간들의, 그 간악한 자들
의 그 후손이니라.
26 너희 조상들은 나의 아들을 그리 처참
하게 죽였으며, 죽인 자의 그 자식들
이 그 피로써 지금 구원을 받았다 말
하며 영광을 받았다 하며 축복을 받았
다 그리 말함이니,
27 너희들은 말도 안 되는 행위로써 나의
피조물 만백성을 이끌어 가지 말라.
28 오로지 너희들이 나의 아들 예수의 그
죽음으로 구원을 받았다 하면 엄연히
너희들은 너희 조상들이 저지른 그 죄
의 대가부터 먼저 빌어야 되지 않겠는
가?
29 그러나 그들은 그 죄를 스스로 받았음
이니, 너희들의 그 조상의 죄를 용서
빌 이유는 없느니라.
30 그러나 여기서 그 사악한 너희 조상의
뿌리인 너희들이 어찌하여 나의 사랑
하는 아들 예수의 죽음으로 인하여 그
피로써 용서받았다 하며, 너희들을 용
서해 주었다 하는가?
31 너희들은 바로 무엇이더냐?
32 너희들의 사악한 그 조상들의 잘못을
너희들이 깨우치고 정녕 예수의 피로
써 죄사함을 받았다 하면,
33 너희들은 마음속으로 그와 같은 그들
의 행위에 대해 너희들이 고개 숙이고
용서를 비는 마음이 먼저일 것이며,
34 그리고 그 예수의 보혈로써 너희들이
죄의 사함을 받았다 하면 내가 원하는

그 뜻에 따라서 너희들이 살아오는 회
개와 용서를 바람이 우선 너희들이 하
늘로 올 수 있으며 나의 아들 예수의
그 보혈로써 은혜를 받았다 말할 수
있음이니라.
35 그러나 이 말도 안 되는 행위로써 또
다시 착하고 어린 나의 피조물 만백성
을 사악한 길로 인도하는 행위를 하고
있는 것이 지금 잘못 가는 종교 지도
자요,
36 그 밑에 가서 구원을 받았다고 떠들며
구원받을 수 있다 하며 오로지 그것만
이 너희 모든 죄를 용서받을 수 있으
며 구원을 할 수 있다 그런 망령된 말
을 하고 있는 것이 지금의 믿음의 길
을 가는 너희들이니,
37 너희들의 분수와 너희 자신의 위치와
너희들의 뿌리를 한번 돌이켜 보라.
38 누가 이와 같이 사악한 역사를 만든
그 뿌리들이냐?
39 그 뿌리들이 과연 나의 아들 예수의
피로써 구원을 받으며 그 보혈로써 하
늘에 오르는 영광을 얻었다 하면,
40 그 아비가 원하는 뜻을 너희들은 지키
고 살아야 될 것이 아니던가?
41 내가 그 아들을 통하여 너희들에게 깨
우치고 가르치려고 했던 그 뜻을 최소
한도 따르며 지키고 가고자 하는 것이
너희들의 도리요, 우선 너희들이 지은
죄를 사하며 너희들이 구원의 길을 볼
수 있지 않은가?
42 그러나 너희들은 그 예수의 아비인 내
가 지키며 하늘에 오르라 한 것을,
43 그를 전하기 위하여 내려간 예수를 죽
여 놓고 너희들은 그 뜻을 따르지 아
니하며,
44 또 너희들을 깨우쳐 인도하고자 예수
가 가지고 간, 나 여호와요, 예수의 아
버지가 지키며 살라 했던 그 내용을,
45 그 약정이요, 그 계명을 인간이기에
지키고 살 수 없다 말하는 너희들이
어찌하여 그 아비의 아들인 예수의 보
혈로써 용서를 받고 구원을 받았다 말
하는가?
46 그와 같은 해괴망측한 짓을 하지 말라.
47 그리하여 너희들의 그 기도 소리와 너
희들이 지은 성전에서 떠드는 소리는
나와 아무런 관계가 없음이라 여기 말
하였음이니라.
48 이와 같은 이치를 너희들이 깨닫고 안
다 하면 감히 두렵고 부끄러워 나의
아들 예수의 이름으로써 너희 사악한
뿌리들이 구원을 받았다 말할 수 있겠
는가?
49 우선 너희들의 그 뿌리가 사악한 방법
으로써 나의 아들 예수를 죽게 했던,
그리고 나의 성령을 전하지 못하게 했
던 그 죄의 용서부터 너희들이 목숨을
다하여 빌어야 될 것이니라.
50 그리하고 내가 내린 십계명을 지키고
나의 뜻에 따라 살아오도록 하여 나의
아들 예수가 나의 십계명을 가슴에 안
고 내려가 실행하고자 했던 그 뜻을
너희들이 따르는 것이 도리요, 순리이
니라.
51 그리고 그다음에 내가 너희들을 용서
하고 안 하며 하늘에 오르도록 구원을
해 주고 안 해 줌은 내 마음으로써 나
의 고유의 권한이니,
52 이와 같은 이치를 깨닫지 못하는 너희

들이 지금 또다시 나를 기만하며, 나
의 아들을 기만하며,
53 나의 피조물 만백성을 기만하는 그 종
교 지도자들과 너희들 마음대로 너희
뿌리로서 뿌리의 죄요, 너희들의 죄도
사하지 못한 주제에 너희들이 구원을
받았다는 그런 해괴망측한 망령된 행
위를 두 번 다시 하지 말라.
54 너희들이 그 죄가 얼마나 무서운가를
알게 될 것이니라.
55 사랑하는 선지자야!
56 "네, 여호와 하나님! 말씀하옵소서."
57 나의 아들 예수를 안다 부르짖으며 나
의 아들 예수를 깨달았다 말하는 자,
정녕 나 여호와가 존재함을 깨달아야
할 것이니,
58 나의 아들이 존재하는 것을 너희들이
부르짖으며 그리 말하면서 나 여호와
가 존재함을 너희들이 모르고 있음이
니,
59 예수를 알며 예수의 그 전지전능한 어
버이라는 나 여호와를 아는 백성은 무
서우리만큼 변해져 가는 것이니라.
60 나의 성령을 읽고, 나의 법전을 읽은
백성 너희들이 그리 무섭게 변해져 가
는 것은 너희들은 나의 아들 예수가
존재하며 나 여호와가 존재함을 깨닫
고 있기 때문임을 알아야 할 것이니라.
61 그것이 나로부터 선택된 백성임을 알
라.
62 하늘이 있음을 아는 것이니라.
63 나의 아들 예수가 존재함을 알며 그
위에 나 여호와가 존재함을 알고 깨닫
고 그 성령을 받아들이는 너희들만이
이리 나의 뜻의 무서움을 알며 변하는
백성이니 그리 알라.
64 이것이 나에게 선택된 백성들의 차별
화되는 것임을 알라.

2,225 번째 하나님 말씀

2002년 4월 17일 08시

1 사랑하는 선지자야!
2 "네, 여호와 하나님! 말씀하옵소서."
3 수천 년의 종교의 역사를 끌고 오는
나의 피조물 만백성과 그리고 그들을
이끌어 하늘에 오르게 한다는 종교 지
도자들이 다 같이 말하느니라.
4 '우상을 섬기지 말라.' 저희들이 가르
치느니라.
5 그리고 나의 십계명의 첫 줄에 무엇이
써 있던가?
6 '나 외에 다른 신을 네게 있게 하지 말
라.' 하였으며, '하늘과 땅과 물 속에
있는 모두를 만들지 말라.' 하였음이
니라.
7 그러나 너희들은 지금 스스로 그리 말
하면서 어찌 가는가?
8 너희들이 형체를 깎아 놓고 절을 하며
기도하며 묵상한다 하면, 돼지 머리를
만들어 놓고 그곳에 절하는 자들과 무
엇이 다르다 말할 수 있는가?
9 예수를 잉태하여 세상에 낸 그 어미를
위하여 너희들은 그 형체를 만들어 그
앞에 묵주를 갖고 절을 함이니, 이게
바로 우상이 아니고 무엇이던가?
10 너희들에게 말하였느니라.
11 가장 아름다운 성전은 나의 뜻을 기리
는 마음을 갖고 사는 사람의 그 몸체
안에 있다 하였음이니,

12 그 또한 너희들이 이를 잘 분석하고
깨우쳐 봐야 될 것이니라.
13 너희들은 나의 아들 예수를 잉태하여
세상에 낸 그 여인의 모습을 만들어
놓고 그곳에 와 묵주를 들고 기도하고
절을 함이니,
14 이것이 어떠한 행위이던가?
15 과연 그것은 우상이라 너희들이 말하
는 것이 아니던가?
16 나 여호와 외에 다른 신을, 다른 우상
을 만들지 말라 한 것을 너희들은 지
금 그와 같은 우매한 행위를 하고 있
지 아니하는가?
17 어찌하여 너희들은 마음속으로 그 모
두를 다 기리면 될 것을, 그리 행하지
못하는가?
18 이는 너희들이 불안하고 초조하기 때
문이니라.
19 너희들이 나 여호와를 볼 수 없으며
나의 음성을 들을 수 없으며 나의 형
체를 만질 수 없기에,
20 그리고 나로부터 너희들이 직접 음성
을 듣지 못하며 나로부터 메시지를 듣
지 못하기 때문에,
21 너희들이 불안과 초조 속에 그와 같은
너희들의 마음을 무엇인가로 잡고자
하는 그와 같은 심리에서 너희들이 만
든 것이 그것이 과연 아니던가?
22 그러면 그것은 우상에게 절하는 것이
아니던가?
23 아름다운 여인이 손에 묵주를 들고 여
인상의 앞에 와 고개 숙여 기도하고
소원을 한다면 이는 무엇이더냐?
24 그리고 또한 한 종파는 지금 어찌 가
는가?
25 나의 아들 예수가 그리 처참히 죽은
그 십자가라는 것을 온갖 곳에 다 붙
여 놓고 다님이니,
26 붙여 놓고 들고 다니고 나에게 고문을
하지 못하여 그리 호화찬란하게 여인
네들이 귀에 달며 남성들이 또한 가슴
에 달며 너희들이 그와 같은 행위로써
살아가고 있음이니,
27 그것이 바로 무엇이더냐?
28 그 또한 우상이 아니더냐?
29 어찌하여 너희들은 나무로 형상을 깎
아 놓고 조용히 앉아 머리 깎고 목탁
두드리며 기도하는 자들이 숭배하고
절하는 그것만이 우상이라 말하느냐?
30 너희들이 그것과 다른 점이 무엇이 있
는가?
31 너희들은 여기서 이와 같은 변화의 깨
달음을 알아야 될 것이니, 내가 오늘
나의 선지자를 통하여 너희들에게 전
하고자 하는 뜻이 여기에 있음이니,
32 너희들이 행하는 그 행위가 정녕 우상
은 아닌가 한번 생각해 보라.
33 너희들이 하고 있는 그것이 우상의 행
위요, 우상을 섬기는 그와 같은 행동
이라 하면,
34 너희들이 지금까지 온 그 믿음과 끌고
온 그 형태는 과연 어찌되어 있는 것
이며, 정녕 그것이 하늘에 오르는 길
이라 하였던가?
35 아름다운 세상이 성전이요, 모두는 다
너희들의 가슴에 있다 하였으며,
36 나의 성령이 너희들 가슴에 있어 아름
답고 선하고 착하게 살아가면 된다 하
였거늘,
37 너희들은 과연 지금 하고 있는 행위를

한번 들여다보라.
38 어떠한 종파가 가고 있는 것이 과연
우상을 섬기지 아니하며 우상을 섬기
고 가는가?
39 돼지 머리를 놓고 제를 지내는 자, 그
머리에 제사를 지내니 그 또한 우상이
아니던가?
40 너는 오늘 제자들을 통하여 일깨워 줘
야 될 것이니라.
41 나의 성령을 기록한 나의 법전에 있는
너의 그 사진을 너희 후손들이 깎아
놓고 그곳에 절하는 그와 같은 백성이
생기지 아니한다 할 수 없음이니,
42 이를 나의 법전에 확실히 못을 박아,
수천 년, 수만 년의 역사가 흐르는 속
에서도 또한 다른 종파들처럼 너의 형
상을 깎아 놓고 그곳에 절하는 백성이
없도록 그리해야 될 것이니,
43 그러한 자 용서받을 수 없으며, 그 또
한 우상을 섬기는 대표적인 자가 될
것이니,
44 이를 너는 기록하여 너의 제자들을 통
하여 그 대대손손 후손들이 이와 같은
행위를 해서는 아니 됨을 깨우쳐 줘야
될 것이니,
45 이를 명심하여 들어야 할 것이니라.
46 너희들 말로써 우상을 섬기지 말라 하
며, 그리고 어떠한 형체를 놓고 절하
는 자, 그들에게 너희들은 이단이요,
사탄이요, 미신을 추구한다 하느니라.
47 그렇다면 너희들은 지금 어떠한 형체
를 만들어 놓고 어떠한 형태를 깎아
놓고 그 앞에 가서 기도하고 절하는가?
48 너희들을 한번 다시 돌아다보라.
49 여인의 상을 만들어 놓고 묵주를 들고
절하며 소원하는 여자의 형태의 한 사
진을 보며,
50 십자가 앞에 그 보혈로써 구원을 받았
다 하며 그 앞에 소원하고 눈물 흘리
며 기도하는 사람의 그 형태를 너희들
이 또한 사진으로 같이 비추어 보라.
51 그리고 절이라는 곳에 앉아서 부처의
형상 앞에 기도하는 머리 깎은 수도승
의 그 모습을 한번 사진을 놓고, 너희
들이 석 장을 놓고 비추어 보라.
52 거기에 다른 것이 무엇이 있는가?
53 그리고 진수성찬에 돼지 머리를 갖다
놓고 절하는 자의 그 모습의 사진도
한번 비춰 보고 너희들이 입고 걸친
그 옷의 형태와 현란하고 찬란한 것이
무엇이 다른가 한번 비춰 보라.
54 그리고 나의 아들, 나의 선지자를 통
하여 지금 전하는 나의 성령 속에 그
려진 나의 아들의 그 사진 앞에 너희
들이 절하며 기도하는 모습을 한번 그
려 보라.
55 그 다섯 장의 사진을 놓고 너희들이
비춰 보라.
56 과연 무엇이 다르며, 어떤 형체가 다
르며, 그것이 무엇이 구분되었다 하여
내가 너희들에게 그곳에 불러서 글씨
를 내려 구분 짓겠는가?
57 이러고도 너희들이 지금 부끄럽지 않
다 말할 수 있는가?
58 그리하고 이것이 너희들이 정녕 하늘
에 오르는 진정한 길이며 너희들이 믿
음의 길로 가는 것이라 말할 수 있다
하면 너희들은 그 길로 가라.
59 그리하여 너희들이 죽어 내 앞에 왔을
때 얼마나 너희들이 무서운 죄를 범하

였으며,
60 너희들이 나의 피조물 만백성을 잘못
이끌어 간 그 죄의 대가가, 너희들이
치러야 하는 그 고초가 얼마나 무서운
가를 알게 될 것이니라.
61 내가 오늘 나의 사랑하는 선지자를 통
하여 너희들에게 전하노니, 너희들은
나의 아들딸이 되어야 되지 않는가?
62 너희들은 나의 아들과 딸이 되어야만
내가 너희들에게 무엇인가를 내리지
않겠는가?
63 너희들은 부모가 죽어 갈 때 그 자식,
아들과 딸들에게 유산을 상속하며 유
언을 남김이니라.
64 그렇다면 너희들이 나의 아들과 딸이
되었을 때 내가 너희들에게 무엇인가
를 상속하여 내릴 것이며,
65 이를 바로 지켜 나의 피조물 만백성이
그 뿌리를 다스려 나가도록 할 것이
아닌가?
66 너희들은 어찌하여 나의 아들과 딸이
되지 않은 그 상태에서 나에게 유산을
받으려 하는가?
67 나의 아들과 딸이 되는 것을 먼저 깨
달아야 될 것이며, 너희들은 나의 아
들과 딸이 되도록 먼저 노력하라.
68 그리하여야만 너희들이 나 여호와로
부터 유산을 받을 것임이니, 그는 바
로 무엇이냐?
69 나의 성령이요, 내가 새로운 역사를
이루고자 하며 나의 피조물 만백성이
아름다운 이 동산에서 살아갈 수 있는
그 기초요, 기반을 만드는 그 뜻을, 나
의 성령을 너희들에게 내려 주고자 함
이니,
70 너희들이 받을 수 없음이 여기 있음이
니라.
71 나의 아들과 나의 딸이 되지 아니한
너희들이 나의 유산을 받을 수 있다
생각하는가?
72 그리하여 지금 나의 성전에 와 나의
성령을 나의 아들을 통하여 내리는 그
음성을 듣는 자, 그리고 나의 법전을
읽고 깨우치는 자, 너희들이 소중함이
니,
73 바로 나의 아들이요, 나의 딸이기에
너희들이 나로부터 유산을 받을 수 있
는 자격을 갖춘 자들이니라.
74 그리하여 너희들이 소중함을 잊지 말
라.

2,226 번째 하나님 말씀

2002년 4월 17일 09시 24분

1 사랑하는 선지자야!
2 "네, 여호와 하나님! 말씀하옵소서."
3 너희들이 살아가는 것이 과연 무엇이
더냐?
4 인생이라 하여 너희들의 육의 그 삶이
무엇인가?
5 너희들이 몇천 년을 사는가?
6 지상에서 너희들이 말하는 몇백 년을
사는가?
7 그리고 너희들이 이루면 무엇을 이루
며 너희들이 가지면 무엇을 얼마나 가
지는가?
8 내가 너희들에게 말하여 이르기를 하
루를 살다 가는 그 벌레와 같다 하였
음이니,
9 오죽하면 내가 너희들에게 그리 너희

들의 삶을 표현했겠는가?
10 너희들 나름대로 육의 삶이 귀하고 소
중하거늘, 나 여호와가 하루 살다 없
어지는 그 벌레와 같이 짧은 것이 너
희들 인생이라 그리 비유하였음이니,
11 그리하여 내가 너희들에게 아름답게
살라 하였음이니라.
12 너희들이 육의 몇십 년을 사는 것은
너희들 세상사에 곱게 피었다 지는 꽃
잎과 풀과 꽃과 같은 것이거늘,
13 이 세상에 살다 가는 너희 인생은 무
성했던 풀잎과 그리고 아름답게 피었
다 지는 꽃과 같은 것이라 내가 말하
였음이니라.
14 그러한 인생 속에서 너희들이 무엇을
더 갖고자, 무엇을 원하고자 그리해야
만 되겠는가?
15 그리하여 너희들은 쓰다 버리는, 깨지
고 없어지는 그와 같은 못쓰는 그릇으
로서 질그릇만도 못한 너희들의 인생
을 어찌 살아야 되는가?
16 쓰다 깨져 버리는 질그릇과 같은 것이
거늘, 얼마나 너희들이 지속되며 얼마
나 존재한다 생각하는가?
17 육의 삶은 끝이 있느니라.
18 선지자야,
19 육의 삶의 인간관계에 연연하지 말라.
20 내가 너에게 대중적으로 모든 사람을
보라 하였으며, 너의 아내를 그리 보
라 하였으며 너의 자식을 그리 보라
하였음이니라.
21 네가 깨우쳐 가는 그 길에 파장을 이
루는 모두를 용서할 수 없다 하였음이
니, 너는 어찌하여 마음이 그리도 연
약한가?
22 네가 굳건히 바로 설 때 그 모든 역사
가 다 이루어짐이니라.
23 사랑하는 선지자야!
24 지금의 종교의 안내자들이, 그리고 안
내자의 역할을 맡은 그들이 잘못 가르
치고 잘못했기 때문에
25 지금 수많은 나의 피조물 만백성이 이
아름다운 자연 속에 살면서 그 아름다
움을 모르며,
26 그리고 저희들이 죽고 죽이는 그와 같
은 험악한 세상이며 말세요, 종말이라
말하는 형국이 되어 있음이니,
27 이제는 너희들이 다시 태어나는 인생,
다시 사는 인생을 살아갈 수 있도록
나의 피조물 만백성을 이끌어 가야 될
것이니,
28 죽음 속으로 가는 자, 죽음 속에 허덕
이는 자, 그들을 살려야 하는 너희들
의 마음과 자세가 굳어야 하며,
29 작은 정에 이끌려 흔들리는 그와 같은
너희들의 삶을 살아서는 아니 될 것이
니 그리 알라.

2,227 번째 하나님 말씀

2002년 4월 17일 10시 13분

1 사랑하는 선지자야!
2 "네, 여호와 하나님! 말씀하옵소서."
3 너희들이 정원수라는 아름다운 관상
수의 모습을 보는 것은,
4 그 나무의 가지를 치며 필요치 않은
나뭇가지를 모두 잘라 내는 그 노력과
그 아픔이 있은 다음에 그 관상수는
아름다운 모습으로써 많은 사람들에
게 즐겁게 보여짐이니라.

5 너희가 나무 한 그루를 심어 그 나무
를 재목으로 쓰고자 한다면 그 나무를
어려서 바로잡아야 함이니,
6 휘어진 대로, 구부러진 대로 그대로
자라도록 한다 하면 그 나무가 성장했
을 때 그를 쓸 수가 없음이니라.
7 너희들이 육의 세상에서 자식을 기르
는 것도 그러한 말이 있지 않더냐?
8 예쁜 자식에게 매 한 대를 더 때린다
하는 이는 바로 무엇이더냐?
9 어려서 바로잡고 다스려 그가 곱게 자
라 사회에 필요한 사람으로서, 남에게
부끄럽지 아니하며 남에게 필요한 사
람으로서 살아가도록 하기 위한 너희
육신의 부모의 가르침이 아니던가?
10 내가 선지자 너의 제자들에게 일렀느
니라.
11 너희들이 선지자에게 가장 좋은, 그리
고 가장 높고 가장 귀한 선물은, 그리
고 가장 소중한 선물은
12 너희들의 깨끗이 비운 마음이요, 천사
와 같은 마음으로써 선지자 옆에 있으
며 선지자를 가까이 하는 자라 하였음
이니라.
13 내가 선지자를 찾아와 기도를 받는
자, 그들이 잘못하고 잘못 살아가며
남들이 봐서는 안 되는 그 행위를 하
는 것, 그것을 고치라 내가 기회를 주
었음이니,
14 이삼 회의 기회를 주었을 때 그가 그
를 바로잡지 못하며 고치지 않으면 선
지자 앞에 그가 오지 못하도록 내가
선지자에게 명하여 그리 그들을 무섭
게 다루었음이니,
15 아무리 선지자 옆에 있는 선지자의 제
자요, 선지자를 충복으로 따른다 해도
16 행동이 바르지 못하며 마음을 천사처
럼 비우지 아니하며 겉과 속이, 앞과
뒤가 다른 자는 그들이 선지자 옆에
있을 수 없도록 내가 다 지워 냄이니,
17 선지자 너는 너에게 가까웠던 인간관
계의 사람들이 떠나고 그들을 내가 밀
어낸다 하여 가슴 아파 후회하지 말라.
18 그들을 내가 정녕 바로 쓰고 네 옆에
오래 두고자 하며 그들을 구원하고자
하는 자들이며 하늘에 오르는 그 영광
을 얻게 하고자 한다 하면,
19 어린나무를 바로잡듯이, 그리고 관상
수의 그 모든 가지를 자르는 아픔 속
에서 그가 아름다운 모습으로 서 있는
그 형국이 되도록 그 모두를 다 내가
다스리고 침이니,
20 그들을 높이 쓰고 그들을 귀히 쓰고자
함이니라. 그리고 그들을 내가 버리지
아니하고자 함이니,
21 그들이 스스로 깨우치고 바른 마음으
로써 너에게 돌아올 때 그들은 정녕
너를 떠나지 않는 너의 제자들이 될
것이니,
22 오늘에 내가 내치는 너의 제자들의 그
모습을 보며 네가 아파 울지 말라.
23 그리고 그를 보고 괴로워하는 네가 되
어서는 아니 될 것이니라.
24 오늘이 아니고 내일이 있으며, 수많은
세월 속에 그들이 영원히 사는 나의
나라에 와 구원을 받을 수 있고 없는
것은 그들이 깨우치고 못 깨우침에 있
음이니,
25 아직도 네 옆에 있는 제자라 하여 깨
우치지 못한 자, 네 마음을 흐리게 하

며 네가 기도하는 마음에 파장을 이루
는 자, 그들을 용서할 수 없음이니,
26 이것이 바로 내가 하고자 하는 뜻이니
너는 그에 개의치 말라.

2,228 번째 하나님 말씀

2002년 4월 17일 10시 38분

1 사랑하는 선지자야!
2 "네, 여호와 하나님! 말씀하옵소서."
3 너희들 인간사 세속에 살아가면서 부
모와 자식 간의 사랑이요, 형제와의
사랑이요, 이웃과의 사랑이요, 인간관
계의 사랑을 나누며 너희들이 살아가
느니라.
4 그러나 항상 변할 수 있으며 등을 돌
릴 수 있으며 변화되는 것이 너희들
인간 세상에 살아가는 그 속의 너희들
의 사랑의 그 방법이니, 그 마음과 너
희들이 그 한계가 있음이니라.
5 그러나 너희들이 정녕 변하지 않는 사
랑이라 함을, 이를 알아야 될 것이며
이를 깨달아야 될 것이며, 그와 같은
사랑의 행동을 너희들이 해야 될 것이
니라.
6 이는 바로 나 여호와의 사랑이니라.
7 내가 너희들을 사랑함을 너희들이 안
다 하면, 내가 너희들을 아끼며 너희
들을 소중히 생각하는 그 사랑을 안다
하면,
8 무한정 한없이 너희들에게 주며 베푸
는 나의 그 넓은 사랑을 안다 하면,
9 나 여호와의 사랑을 정녕 너희들이 안
다면 너희들의 변화되는 사랑이 없을
것이니라.
10 그리하여 너희들은 오로지 나 여호와
가 너희들을 사랑하는 그 사랑의 깊이
와 의미를 알아야 될 것이며,
11 그리하여 인간을 사랑하기 전에 나 여
호와를 사랑하며 나의 뜻에 따라가고
자 노력하고 발버둥치는 그 사람은 나
의 사랑을 알게 됨이니라.
12 이는 곧 변화되지 아니하며 변질되지
아니하여 끊어질 수 없으며 버릴 수
없으며 등 돌릴 수 없어 배신할 수 없
는 그와 같은 것이 나에 대한 사랑임
을 너희들이 알아야 할 것이니라.
13 그리하여 내가 너희들에게 뭐라 말하
였느냐?
14 진정한 사랑을 가지고 살라 하였음이
니라.
15 그리고 나에게 너희들이 오르고자 하
는, 또 내가 너희들에게 추구하는 것
이 결국 무엇이라 말하였더냐?
16 사랑이라 하였음이니라.
17 너희들은 그러기에 나 여호와가 하늘
에 있음을 믿으며 너희들이 형제와 이
웃간에 사랑을 나누며 그리 살면 되는
것이거늘,
18 너희들은 어찌하여 그를 행하지 아니
하며, 잘못 살아가면서 그 모두를 다
모른다 하며,
19 그리고 너희들은 사랑을 베풀지 아니
하며 너희들이 잘못 살아가고 잘못되
어 가는 것은 너희들이 다 그를 모른
다 하며 몰라서 행했다 하며, 모르기
때문에 그리 행했다 하며,
20 그리고 남으로부터 너희들이 잘못하
며 남에게 실수하며 남에게 욕되게 하
며 너희들의 이익을 위해서 남들을 저

버리는 그와 같은 행위들을 너희들은
무어라 말하는가?
21 너희들이 남에게 욕심을 부리며 남에
게 과욕을 부리다 너희들이 실패하고
잘못 살았을 때도 너희들은 다 남들의
탓이라 그리 돌리느니라.
22 너희들이 남을 해하고자 하다가 너희
들이 입은 상처도, 남을 해하고자 하
다 너희들이 당하는 그 모두의 아픔도
너희들은 뭐라 말하느냐?
23 너희들의 잘못이 아니요, 그건 다 남
의 탓이요, 잘못된 것은 남의 탓이라
는 그와 같은 심성의 마음을 가지고
살아감이니,
24 과연 너희들이 사랑이 무엇이라는 것
을 아는가?
25 제가 잘못해 놓고도 남의 탓이요, 제
가 사악한 속에서 당하는 것도 남의
탓이요, 모두는 제 탓이 아니요, 제 잘
못이 아니라 남의 탓이라 말함이니,
26 너희들이 살아가는 속에 모두는 다 너
희 탓임을 알아야 될 것이니라.
27 그것조차도 행하지 못하는 자들이 어
찌 사랑을 알며 나 여호와가 너희들에
게 내리는 나 여호와의 뜻의 그 사랑
을 아는가?
28 오로지 나의 사랑만이 불변이며, 변하
지 않는 나의 사랑의 깊이를 알며 그
곳에 너희들이 나를 사랑하는 마음을
그리 바칠 때, 너희들은 진정한 사랑
이 무엇인가를 알게 되는 것이니라.
29 사랑하는 선지자야!
30 너를 따르는 너의 제자들과 너의 백성
들에게 이르라.
31 너희들이 육신의 세계에서 살아가는
모든 게 다 이루어짐이요, 또 너희들
이 육신의 삶을 살아 영혼이 오르는
그 모든 것은 자신으로부터 모두가 시
작되며 자신으로부터 원인이 제공되
어 시작됨을 잊지 말라 하라.
32 모든 것은 너희들이 만들어 놓음이요,
모든 원인은 또한 너희들이 다 제공하
고 만들어 놓고, 너희들은 인간으로서
어찌하여 모두를 다 남의 탓이요, 남
의 것이라 말하는가?
33 그러한 마음 자세부터 너희들이 고쳐
야 할 것이며 바로잡아야 할 것이니라.
34 너희들은 남의 것을 탕진하고 남의 것
을 이용하여 호화로운 생활을 하며,
남을 속이고 남을 이용하여 저 자신이
호화로운 생활 속에서 그와 같이 살아
가면서도 부끄러운 줄을 모르며, 저
자신을 들여다보지 못하는 그와 같은
삶을 사는 것이 너희들이니라.
35 남이야 어떻게 되든, 남의 것을 가지
고 너희들이 망가뜨리든, 깨부수든,
36 남의 것을 가지고 너희들이 호화롭고
아름답게 살 수 있다면 그저 너희들은
자신의 것은 돌아다보지 아니하며, 자
신을 돌아다볼 수 있는 그와 같은 시
간의 여유도 없이
37 그저 너희들은 짓누르며 짓이기며 그
저 자신의 것만을 소중하다 생각하며
살아가고자 하는 것이 너희들이니라.
38 도저히 이해할 수 없으며 깨우칠 수
없는 마음의 인간성을 가지고 사는 것
이 너희들의 그와 같은 자세이니라.
39 너희들이 살아가면서 모든 것은 자신
으로부터 이루어지며 자신으로부터
원인이 제공되며,

40 그리고 모두를 다 남의 것을 가지고
탕진하고 호화롭게 살 수 있는 너희들
의 삶이라면 그저 그 길을 행하고 탕
진하며 살아가고자 하는 것이 너희들
이니,
41 그러나 너희들은 여기서 하나를 알아
야 될 것이니라.
42 너희들 자신의 육신이 언제 떠나야 할
지도 모르며 너희들이 언제 육신의 그
종말을 거둘지도 모르면서 그와 같이
살아가는 너희 자세를 바로잡고 깨우
치고자 하여,
43 아무것도 모르는 나의 선지자를 통하
여 너희들에게 법전이라 하여 나의 성
령을 내려보내 깨우침이니,
44 또한 이와 같은 일도 마찬가지니라.
45 아무것도 모르는 나의 선지자에게 나
의 법전을 제대로 쓰며 내가 명하는
대로 그대로 기록하여 나의 피조물 만
백성에게 진정한 양식이 되며 횃불이
되도록 기록함이니,
46 너희들과 같이 그와 같이 모든 원인이
요, 모든 잘못을 남의 것이라 돌리며
생각하는 자,
47 그리고 저희들만이 제왕이요, 저희들
만이 위대하며 저희들만이 세상 이치
를 다 알며 저희들만이 가장 똑똑하며
저희들만이 최고라 생각하는 자들,
48 그러한 자들을 선택하여, 그러한 인간
속에서 누구를 선택하여 내가 내렸다
하면 이는 또한 수없이 변질될 것이며,
49 이는 나의 성령이요, 나의 법전이요,
나의 뜻이 아니니라.
50 저희들만이 최고요, 저희들만이 가장
유능한 자요, 저희들을 더 이상 통제
할 수 없으며 저희들보다 더 똑똑한
자 없다 그리 자부하고 사는 자,
51 그를 세상 것이 다 제 것으로 제 주관
하에 이루어지는 것처럼, 그리고 저만
이 나에게 하늘에 오르는 길로 나의
피조물 만백성을 정녕 인도하는 자요,
52 저의 기도 소리만이 만백성을 구할 수
있다 하여 제가 지어내어 제 생각대로
지껄이는 자, 그러한 자들에게 내가
내렸다 하면,
53 이는 나의 성령이요, 나의 법전이요,
나의 피조물 만백성을 구하는, 천 년
의 역사에 걸쳐서 아름다운 동산을 이
루며 그 동산에서 천사와 같은 백성을
살 수 있도록 내가 제3의 시대를 열고
자 하는 그것이 모두가 다 실패작이
될 것이니라.
54 너희들은 오늘 여기서 하나 깨우쳐야
될 것이니라.
55 아무것도 모르는 나의 선지자에게 내
려 나의 법전을 제대로 세상에 나오도
록 만들었으며, 나의 뜻을 그대로 전
하게 되어
56 이것이 너희들이 하늘에 오르는 빛이
요, 양식이요, 너희들을 반석 위에 올
려놓는 그 길임을 너희들이 깨우쳐 알
아야 할 것이니라.

2,229 번째 하나님 말씀

2002년 4월 17일 16시 16분

1 사랑하는 선지자야!
2 "네, 여호와 하나님! 말씀하옵소서."
3 수천 년 역사가 흘러오는 그 속에서
많은 종교 지도자요, 성인들이 나의

피조물 만백성을 이끌고 바로잡고자
하였으며,
4 때로는 하늘에 오르는 길을 인도한다
하여 그들이 몇천 년 동안 지금 나의
피조물 만백성을 같은 방법으로써 그
리 이끌고 왔는가 하면,
5 성인이라 하여 많은 것을 깨달은 자,
나의 피조물 만백성을 인본주의로써
다스려 나가고자 하며 유한 나의 백성
으로 만들고자 수많은 사람들이 노력
하였음이니라.
6 그러나 그들의 가르침이요, 또한 그곳
에서 그 모두를 다 덮고 그 위에 차원
높은 나 여호와, 나의 하늘에 오르겠
다 하여 가르치는 자,
7 그리고 창조주가 있다 하여 나를 부르
짖으며 나에게 구원을 받는 것만이 너
희들이 영원히 사는 길이라 하여 그리
인도하고 가르친 종교 지도자들이 어
찌 가르쳤는가?
8 그들은 너무나도 너희들을 잘못 가르
쳤음이니라.
9 그들이 잘못 가르치고 잘못 인도하였
기에 지금의 몇천 년의 역사가 흘러온
그 많은 종파와 많은 지도자와 많은
인력들과 많은 너희들이 말하는 신도
요, 하늘에 구원을 받고자 몸부림치며
살아왔던 그들의 그 후손이 지금에 와
서 있는 위치는 어떻던가?
10 지금의 너희들은 흐르고 흘러온 세월
만큼 사악해졌으며, 그리고 너희들의
육신의 향락과 육신의 행복에 모두를
다 바치는 그와 같은 것이 팽배하여,
11 이제는 종말의 시대이며 또한 더 이상
더 사악해질 수도 없다는 그와 같은
너희들의 형국에 이르렀음이니라.
12 그와 같은 너희들을 구하는 길이 무엇
이던가?
13 그러기에 지금 너희들을 구원함이 얼
마나 시급한 것이며, 이와 같은 구원
의 길을 일깨워 주지 아니하면,
14 영원히 구원받지 못하고 죽어 가는 나
의 피조물 만백성 너희들을 위하여 나
여호와가 얼마나 시급하고 다급했으
면,
15 내가 지금 나의 법전을 세상에 내려보
내는 이와 같이 어렵고 힘든 역사를
이루겠는가?
16 나 여호와의 모든 백성 너희들은 이제
너희 자신이 스스로 진정 깨우침을 얻
어야 할 것이며,
17 그 깨우침 속에서 하늘에 오르는 믿음
이 무엇이며 어떠한 것이 하늘에 오르
는 길인가,
18 또한 하늘에 오르는 길의 진정한 믿음
이 무엇인가를 깨우쳐 너희들이 생활
속의 모든 형태의 살아감을 다 바꿔야
할 때가 지금이니라.
19 모든 것은 오로지 믿음으로써 나의 피
조물 만백성이 그 생활의 형태를 바꾸
어,
20 진정한 믿음으로써 믿음의 기초요, 근
본이 무엇인가를 깨달아 너희들이 살
아가는 모습을 다 바꿔 그 길을 향하
여 갈 때가 되었음이니라.
21 이제는 믿음을 향하여 간다는 그 백성
뿐만이 아니라 믿음을 모르는 자들이
요, 그리고 각종 모든 종파에 가 구원
을 받겠다고 몸부림치는 그들과 평범
한 나의 피조물 백성들까지 모두는 다

그와 같이 진정한 믿음과 진정한 하늘
의 뜻이 무엇인가를 알아,
22 진리를 너희들이 알아야 할 것이며,
하늘에 오르는 길을 알아야 할 때가
되었음이니라.
23 진정한 하늘에 오르는 길이 무엇이며
하늘에 오르는 그 진리가 무엇인가 이
를 깨달아,
24 나의 평범한 백성들과 믿음이라는 그
속에 살아가는 백성들과 그리고 기복
신앙에 매달려 사는 백성들 모두가 다
하늘에 오르는 길이 진정한 어떠한 길
인가를 깨우쳐
25 너희들이 이제는 바로 서야 할 때가
되었음이니라.
26 지금 너희들이 살아가는 형태가 어찌
되었는가?
27 너희들이 너무나 사악하고 너무나 잘
못 가는 그와 같은 삶 속에 젖어 있음
이니,
28 너희들을 깨우쳐 하늘에 오르는 길을
인도하고자 하는 것은,
29 나 여호와로부터 지시받으며, 나의 아
들 예수가 재림하며, 또한 너희들이
말하는 석가가 다시 태어나며, 깨달음
을 얻었다는 성인 군자들이 몇천 명이
다시 지금의 너희 백성들 앞에 와 너
희들을 깨우쳐 인도한다 하여도,
30 그와 같이 깨달음을 가진 나의 피조물
만백성이 지금에 와 너희들을 깨우친
다 하여도 너희들을 깨우칠 수가 없음
이니라.
31 예수가 온다 하여도, 한 사람의 깨달
음과 능력으로써, 또는 석가가 온다
해도, 성인군자가 수천만 명이 온다
하여도, 그들의 깨우침으로써 너희들
을 바로잡기에는 역부족임을 알 것이
니라.
32 수십억의 나의 백성과 수천 년의 지구
가 부서질 때까지 나의 백성이 진정한
믿음을 깨달아 하늘에 오르는 길을 가
르쳐 줄 수 있는 것은,
33 지금의 한 사람의 위대한 깨우침과 한
사람이 나로부터 깨달음을 받아 세상
에 나갔다는 자가 있다 하여도 어느
누구도 너희들을 바로잡아 하늘에 오
르는 길로 인도할 수 없으며 진정한
깨달음으로 깨우쳐 너희들을 인도할
수가 없음이니,
34 누가 한두 사람이, 어떠한 사람이 온
다 해도 이는 그리 너희들을 이끌어
갈 수가 없는 것을 너희들이 잘 알 것
이니라.
35 너희들은 한두 사람의 깨달은 자가 와
나의 피조물 만백성의 지금의 사악해
진 이 형태를 바로잡고 이끌 수 없으
며 원초적인 너희들의 마음으로 돌릴
수 없다는 걸 잘 알 것이니라.
36 너희는 지금 몇 사람의 깨달은 자로
서, 나의 음성이요, 나의 뜻을 받은 자
로서 너희들을 먼저 깨우칠 수가 없다
는 걸 어찌 모르겠는가?
37 너희들은 잘 알고 있음이니라.
38 수천, 수만, 수억의 나의 성령을 책으
로 만들어 나의 법전으로써 너희들에
게 전하여 너희들을 깨우치는 그 방법
밖에는 없음이니라.
39 지금 어떠한 깨달은 자가 와서 너희들
을 깨우친다 해도, 어떠한 깨달음을
받은 자 수천수만 명이 와서 나의 피

조물 만백성을 하늘에 오르는 길로 반
듯이 인도한다 하여도 너희들을 깨우
쳐 인도할 수가 없음이니라.
40 이는 역부족이며, 이는 할 수 없음을
너희들이 알 것이니라.
41 그리하여 내가 나의 선지자를 통하여
너희들에게 읽고 깨우쳐, 영원히 이
세상에 태워도 또 나오며, 찢어도 버
려도 또 나오며, 물속에 던져도 또 나
오는 나의 법전을 세상에 내려보내어
나의 성령으로 기록된 법전을 너희들
에게 전함이니,
42 이는 나의 피조물 만백성 너희들이 법
전을 읽고 또 읽는 그 속에서만이 너
희들이 바로 서고 깨우칠 수 있으며
그 길밖에 없음이니라.
43 아무리 나에게 성령을 받은 자가 나가
외쳐도, 죽어 간 석가라는 자가 또다
시 나와 너희들을 깨우쳐도, 성인 군
자 수천만 명이 나와 너희들을 깨우쳐
도 지금의 잘못 가고 있는 너희들의
그 인성을 잡을 수가 없기에,
44 이는 오로지 나의 법전으로써만이 너
희들을 다스릴 수 있기에, 이 길밖에
없음이니라.
45 태워도 태워지지 않는, 태워도 계속
나오는 나의 이 법전, 나의 성령의 나
의 가르침만이 너희들을 구원할 수 있
기에
46 지금 나의 제3의 시대에 나의 법전을
내려보내 너희들을 다스리고자 함이
니,
47 이 뜻을 깊이 깨우쳐야 할 것이니라.

2,230 번째 하나님 말씀

2002년 4월 17일 16시 33분

1 사랑하는 선지자야!
2 **"네, 여호와 하나님! 말씀하옵소서."**
3 내가 너에게 말하였느니라.
4 너희들이 말하는 코끼리라 하는 그 큰
짐승을 코만 본 자, 다리만 본 자, 꼬
리만 본 자, 그 일부분의 가지만을 본
자가 전체를 본 양 그리 가르치고 있
음이니,
5 일부밖에 모르는 자가, 그 몸통의 형
태를 모르며 그가 가지고 있는 능력과
그가 가지고 있는 모든 모형조차도 보
지 못한 자가 본 것처럼 그리 가르치
고 이끌어 온 그 지금의 시대가 바로
무엇인가를 모르며 하늘에 오르는 길
이 무엇이며 나 여호와가 원하는 것이
무엇인지 모르는 그들이 가르쳐 옴이
니,
6 그 일부분만을 보고서 전체를 본 양
가르친 종교 지도자들이 그와 같은 형
국이 되어 있음이니라.
7 일부분만 본 그 지도자들이 하늘에 오
르는 길이라 하여 몸통을 다 본 양 그
리 나의 피조물 만백성을 잘못 이끌고
온 그들로 하여금 이제는 그들을 나의
사랑하는 피조물 만백성이 정죄할 수
도 없으며 돌이킬 수도 없으며 바른길
로 인도할 수 없는 이와 같은 사악한
경지에 이르렀음이니,
8 이와 같은 시국과 이와 같은 너희들의
살아가는 형태 속에 한 사람의 선지자
를 세상에 내보내어 너희들을 바로잡
고 바른길로 인도한다 하나,

9 그는 인도할 수도 없으며 바로잡을 수
없음을 너희가 스스로 잘 알 것이니라.
10 그리하여 나의 한 사람의 선지자로서
너희들을 잡고 바로 세울 수가 없고
바로 인도할 수가 없어 내가 무서우리
만큼 고통스러운 그 시간과 세월을 가
지고 나의 법전이라 하는 것을 나의
성령을 태워 그곳에 심어 세상에 내보
내 나의 선지자를 통하여 나의 피조물
만백성 너희들을 구원하고자 하는 것
이 지금의 나의 뜻이니,
11 이것이 바로 나 여호와의 뜻이요, 하
늘의 뜻이거늘, 너희들은 어찌하여 그
를 모르는가?
12 나의 선지자가 있는 이 성전이, 나의
법전이라 하여 나의 성령으로 나의 책
을 만드는 이곳이야말로 나의 피조물
만백성을 구하는,
13 하늘에서 나의 선지자에게 모두를 내
리며 모두를 그를 통하여 받아 올리는
나의 지상의 거점이라는 것을 너희들
은 어찌 그리도 못 보며, 이단이요, 사
탄이라 그리 말하는가?
14 오로지 나의 뜻을 전할 수 있으며 이
세상 나의 피조물 만백성을 나의 선지
자를 통하여 통제하는 곳이니,
15 하늘의 빛이 이곳에 와 꺾어져 나의
피조물 만백성을 구하는 곳이니라.
16 이곳에서 나의 피조물 만백성을 바로
잡기 위하여, 나의 성령을 담은 법전
을 책이라 하여 그 책의 지도자가 한
사람의 역할을 하여 수십억 인구만큼
세상에 전해져 이 세상을 다 덮어,
17 이 법전을 보지 않고는 저희들이 생활
을 할 수 없도록 그리하여 너희들을
깨우치고자 함이니,
18 이 나의 법전 한 권이 너희들을 바로
가르치는 지도자이니라.
19 그리하여 책의 지도자를 수십억 너희
들 숫자만큼 이 세상에 전하여 너희들
을 깨우치는 길로 보도록 그리하고자
하는 것이 나의 뜻이니라.
20 그리하여 나의 성령을 받아쓰는 자는
그대로 제 생각을 넣지 아니하며, 제
뜻을 삽입하지 아니하며, 제 생각을
기록하지 아니하며, 내가 내리는 대로
받아쓰는 자만이 이를 이해할 수 있으
며 이를 행할 수 있기에,
21 그리하여 나의 선지자를 선택하여 나
의 법전이 나오도록 하였음이니,
22 이것이 바로 나의 성령이요, 내가 너
희들을 이끌고자 하는 것임을 너희들
은 의심해서는 아니 될 것이니라.
23 이곳에서 나의 선지자를 통하여 내려
그가 나의 성령을 듣는 그대로 기록하
여 너희들을 이끌고 구하고자 하는 것
이, 이것이 정녕 나의 성령이요, 나의
뜻이며,
24 이곳에서만이 나의 빛이 통하며 이곳
을 통하여 나의 피조물 만백성에게 전
하는 나의 법전의 빛이 세상에 나가며,
25 너희들이 기도하고 구하는 것이 나의
선지자가 있는 이 성전을 통하여 하늘
에 상달됨을 너희들은 의심치 말며,
26 이것만이 너희들이 구원을 받을 수 있
는 길이라는 것을 잊지 말라.
27 지금 내가 나의 성령을 나의 선지자를
통하여 내려 법전을 만들어 이 책 한
권의 지도자를 만들어 내어 수십억의
지도자를 세상에 뿌려 나의 피조물 만

백성을 구하고자 하는 이 역사를 이루
는 이 과정에서
28 그 누구도 나의 선지자의 가는 길을
막는 자, 나의 선지자의 가는 길에 마
음의 파장을 이루는 자, 선지자가 가
는 그 길을 막아 그를 넘어뜨리는 자,
그리하여 내가 그를 용서할 수 없음이
라 말하느니라.
29 지금 나의 피조물 만백성이 다 죽어
가며 썩어져 가며, 지옥 불을 향하여
달려가고 있는 그들을 내가 한두 사람
의 능력으로써 구원할 수 없다 말하였
으며,
30 예수가 재림하며 모든 깨우친 자들이
세상에 수없이 나온다 해도,
31 그들의 가르침과 깨달음으로써는 나
의 피조물 만백성을 구할 수 없는 자
들이며, 지옥 불로 가는 그들을 멈추
게 할 수 없음이니라.
32 그리하여 나의 법전이라 하는 한 권의
지도자를 만들어, 그 많은 지도자를
세상에 전하여 그들을 죽어 가는 그곳
에서 끌어내고 깨우치고자 하는 것이
창조주 나 여호와의 마음의 뜻임을 너
희들이 알아야 될 것이며,
33 그리고 죽어 가는 그 지옥 불 앞에서
너희들을 구원하고 끌어내며 새로운
시대를 열고자 하는 나의 뜻을 너희들
이 알고 그 뜻에 따라서 행하고자 하
는 자만이 나의 피조물 만백성을 구할
수 있음이니,
34 바로 지금 선지자 너의 제자들이, 나
의 뜻을 알며 내가 행하고자 하는 것
을 알며, 내가 원하는 것이 무엇이며,
나를 향하여 오는 길이 무엇인가를 깨
닫고 알고 있는 너희들만이 나의 피조
물 만백성을 구할 자이니,
35 그리하여 내가 너희들이 가장 나에게
소중한 자들이라 함을 너희들이 알아
야 할 것이니라.

2,231 번째 하나님 말씀

2002년 4월 17일 16시 44분

1 사랑하는 선지자야!
2 잘못 가고 있는 나의 피조물 만백성에
게 나의 뜻을 전하며 내가 원하는 그
길을 인도하며 깨우쳐 주며 잘못 가는
그 백성들을 구하는 그 기초가 바로
선지자 너를 따르는 너의 제자들이니,
3 선지자 너의 제자, 너희들만이 나 여
호와의 마음에, 나의 뜻에 행하고 그
리 가는 자들이며,
4 나의 피조물 만백성을 구하는 기초가
너희들부터 시작되며 너희들부터 그
역사가 이루어져 가고자 함이니,
5 너희들이 나 여호와의 마음에, 나의
뜻에 얼마나 근접하여 행하며 살아가
느냐 하는 것이 가장 소중하며 제일
어렵고 힘든 과제이거늘,
6 지금 너희들이 살아가고 있는 삶이 과
연 어떠하던가?
7 잘못 가고 있는 나의 사랑하는 자식들
을, 지옥 불로 가는 그들을 구원하기
위한 그 기초의 힘이 너희들이며,
8 선지자를 따르는 제자 너희들만이 나
여호와의 마음에 따라, 나의 뜻에 따
라 내가 행하고자 하는 것을 행하며
지금 나를 향하여 달려오고 있음이니,
9 달려오는 너희들이 나의 뜻에 얼마만

큼 근접하여 어렵고 힘든 그 고비와
과제를 넘으며, 너희들의 삶이 얼마나
순수하고 아름다워야 하는 것인가?
10 그것만이 너희들이 나의 백성을 구하
는 길이거늘,
11 그리하여 내가 너희들에게 말하였느
니라.
12 너희 인간의 본능의 심성, 나로부터
받아 나간 순수한 원초적인 그 마음을
끌어내어,
13 어둡고 사악한 욕심 속에 눈이 가려져
있는 나의 피조물 만백성이 나로부터
받아 나간 순수한 원초적인 그 마음을
끌어내는 데 너희들이 피나는 노력을
경주하지 아니하면 이를 이룰 수 없음
이니라.
14 그 마음의 바탕에서만이 너희들이 다
시 태어나며 살아갈 수 있음이니,
15 이를 지도하고 깨우치는 너희들이 바
로 얼마나 힘든 길인가?
16 그리고 또한 그와 같은 자들을 그와
같은 원초적인 마음을 끌어내어 내가
너희들에게 내렸던 처음의 그 마음의
바탕에서 그들이 살아갈 수 있도록 인
도하는 것이 너희들의 과제이니라.
17 그리하여 너희들은 잘못 가는 나의 피
조물 만백성의 기초적인 본능과 본심
을 찾아 하늘의 뜻이 무엇인가를 깨우
쳐 주어야 할 것이니,
18 이리하여 너희들이 그들을 구하고자
한다면 너희들이 나의 마음에 근접하
여 얼마만큼 평소에 생활하며 너희들
의 마음이 나에게 와 있느냐 그것이
중요한 것이니,
19 너희들이 이를 어찌해야만 되겠는가?
20 사랑하는 선지자야,
21 너희들에겐 실수가 있어서는 아니 되
며, '설마'라는 것이 있어서는 아니 되
는 것이 너의 제자들과 네가 가야 하
는 길임을 알라.
22 너희들 인간사에 이런 말이 있지 않더
냐?
23 한 선비가 꿈을 위하여 피나는 노력을
하고, 자신의 능력을 모두 다 발휘하
고 갖추어 남에게 보람된 인간의 삶을
살아가기 위하여 어렵고 힘든 그 고통
속에서 공부에 매진하고 학업에 매진
하는 그 선비를,
24 그를 생활을 꾸려 나갈 수 없는 무능
한 사람이라 하여 원망하며 떠나 버린
그 여인이,
25 어느 날 그 남편이 갖은 노력과 고생
끝에 장원 급제하여 벼슬을 달고 그가
임지로 가는 그 가마 앞에 그 여인이
두 무릎 꿇고 용서해 달라 빌었다 하
지 않더냐?
26 능력이 없는 남편이라 하여 그를 버리
고 떠났던 그 여인이 장원 급제하여
벼슬자리를 찾아가는 그 남편의 가마
끈을 붙잡고 용서를 빌 때,
27 그 선비는 물 한 바가지를 그득히 떠
오라 하여 그 물을 길바닥에 부었다
하였느니라.
28 그리하여 그 선비는 그 여인에게 말하
였느니라.
29 '이 물을 과연 네가 다시 담을 수가 있
는가?' 그리하여 그 여인에게 그 물을
다시 담으라 하니, 그 여인이 과연 담
을 수 있겠는가?
30 인간사의 관계에 만나고 헤어짐의 그

자체도 이와 같이 소중하며, 사람이
사람을 버린 그 관계도 그와 같이 돌
이킬 수 없는 무서운 결과를 초래하는
것이며 돌이킬 수 없거늘,
31 하물며 하늘에 오르며 구원의 길에 오
른다는 백성 너희들이 내가 너희들에
게 지키며 살라는 그 계명을 지키지
아니하며 나의 뜻대로 살지 아니하며
그와 같이 살아와 하늘에 오를 수 있
으며 너희들이 죽어 내 앞에 왔을 때
용서를 받을 수 있다 생각하는가?
32 지금 이 세상에 만백성을 위하여 나의
성령을 마지막 선지자를 통하여 내려
보내니,
33 이 법전을 접하며 이 법전을 기록하여
만들며 나의 성령을 수없이 들어 가며
나의 법전을 읽고 또 읽는 너희들은
선지자의 마음과 삶에 파장을 이루며
선지자가 매진하는 그 길을 막는 자,
34 과연 너는 용서할 수 있다 생각하는가?
35 선지자가 가는 그 길에, 나의 법전을
만들어 세상에 나의 피조물 만백성을
구하고자 어렵고 힘든 그 길을 가고
있는 나의 선지자를 방해하는 자, 넘
어뜨리는 자, 그리하여 그들을 내가
용서할 수 없다 말하였음이니라.
36 그리하여 나의 사랑하는 선지자의 제
자 너희들에게 내가 말하였느니라.
37 너희들이 선지자에게 가장 큰 선물이
요, 보답은 너희들이 깨끗한 마음 하
나로써 선지자에게 접근하는 것이며,
그것만이 너희들이 나로부터 영광과
축복을 받을 수 있는 길이라 내가 말
하였으니,
38 너희들이 이 하나의 뜻도 지키지 못하
며, 너희들이 속과 겉이 다르며 행동
함이 다르며 선지자를 따름이 다르며
선지자의 가는 길에 너희들이 마음의
독소를 던진다 하면,
39 아름답고 깨끗한 천사와 같은 마음을
너희들이 던지지 아니하며 추하고 더
러운 마음으로써 선지자에게 전하며,
40 너희들이 선지자 앞에 와 나의 성령을
들을 때는 고개 숙여 감사하는 표시를
하며 살아가며 나가서는 그와 같은 행
동을 하지 아니할 때,
41 너희들은 설마 그와 같은 것은 내가
용서할 것이라, 그리고 선지자가 또한
너희들을 용서할 것이며, 나 여호와가
너희들을 용서할 것이라,
42 그리고 이는 잘못이 없으며 너희들이
구원을 받는 길에 조금도 걸림돌이 안
될 것이라는 그와 같은 생각을 하고
산다면 너희들은 아니 됨이니라.
43 가장 작은 잘못이 너희들이 구원을 받
을 수 없는 길이라 하였음이니,
44 너희들 자신이 그와 같이 완벽한 삶을
살아가고 깨끗한 그 마음 하나로써 선
지자에게 접근하는 것이 너희들이 모
든 영광과 축복을 받을 수 있는 길이
라 하였거늘,
45 그 하나 지키지 못하는 자는 스스로
여기서 떠나야 될 것이며, 또한 내가
그를 용서치 아니하니 너희 스스로 떠
나야 될 것이니라.
46 또한 내가 나의 선지자를 다스리기를,
나의 선지자 역시 나의 뜻에 어긋나는
행위를 할 때 그를 용서할 수 없음이
니,
47 이는 너희들과 나의 선지자에게 벌함

이 마찬가지임이니,
48 선지자 또한 이 뜻을 깊이 깨우쳐 행
해야만 될 것이니라.

2,232 번째 하나님 말씀

2002년 4월 17일 21시 12분

(강론을 마치며)

1 사랑하는 선지자야!
2 "네, 여호와 하나님! 말씀하옵소서."
3 너의 제자들에게 내가 언제까지 '마음
을 바로잡으며 곱게 살며 하늘에 오르
는 그 길을 위하여 너희들이 노력하
라.' 하는 그 말을 해야 하는 것이며,
'하늘에 오르는 그 빛을 보고 구원을
받으라.' 내가 너희들에게 언제까지
그와 같은 말을 선지자를 통하여 내려
야 되겠는가?
4 어찌하여 지금까지도 그와 같은 나의
음성이요, 나의 메시지를 내가 너희들
에게 내려야만 되는 것인가, 이를 너
희들이 깊이 깨우쳐야 할 것이니라.
5 지금쯤은 너희들이 나의 전사로서 나
의 피조물 만백성을 구원하고 구제하
는 그 길에 참여할 때가 지났건만,
6 지금도 내가 너희들에게 '하늘에 오르
는 그 빛을 보라, 그리고 너희들의 마
음을 깨우치라, 그리고 계명에 따라
살라.' 내가 너희들에게 이렇게 말을
해야만 되겠는가?
7 사랑하는 선지자야!
8 "네, 여호와 하나님! 말씀하옵소서."
9 내가 말하기를 세상에 나의 성령을 이
성전이요, 너를 통하여 내려 나의 피
조물 만백성을 구한다 하였으며,
10 너희들 기도 소리를 이곳을 통하여 내
가 듣는 하나의 지상의 점이라 하였느
니라.
11 그리하여 너희들이 나의 아들 예수보
다도 더 능력을 가진 자가 나간다 하
여도, 누가 세상에 나간다 하여도,
12 그 깨달음을 가지고 나의 성령을 아무
리 가슴에 안고 나간다 하여도 지금같
이 말세요, 사악한 이 시점에서 그들
의 마음을 돌릴 수가 없으며 깨우침을
전할 수가 없다 하였느니라.
13 그리하여 아무것도 모르며 무지몽매
한 너를 통하여 그저 내가 명하는 대
로 지키며 기록하며 밀고 나가도록 너
를 내가 선택하여 그리 만들어 160권
이라는 나의 성령을 가슴을 태워 너희
들에게 내려보내어 법전이라 하여 나
의 피조물 만백성 개인 개인의 그 손
에 들려 주고자 하는 것이 내가 나의
피조물 만백성을 구하는 마지막 길이
라는 이 뜻을 내가 그리 간절히 너희
들에게 전하건만,
14 너희들은 어찌 나의 이 애절한 말을
한쪽 귀로 듣고 한쪽 귀로 흘리는 그
와 같은 마음의 자세를 갖는가?
15 너희들이 1퍼센트의 마음이라도 이
법전을 의심하며 나의 성령이 아닌가
하며 불안하다 생각하는 자는 이 성전
에 오지 말라 하였음이니,
16 지금 이 순간에도 너희들의 마음이 하
나가 되지 못함이니, 그리하여 내가
너희들에게 오늘 나의 성령을 닫으려
하였음이니,
17 이 부끄러움과 이 너희들의 죄를 다
너희들이 어찌 갚으려 하는가?

18 그리고 너희들이 어찌 받으려 하는가?
19 너희들이 많은 세월이 남았다 생각하지 말라.
20 나의 선지자가 30년 동안 너희들에게 이 뜻을 기록하여 전한다는 그 세월이 결코 긴 것이 아님을 알라.
21 너희들은 풀잎과 같은 인생이며, 잠깐 피었다 지는 꽃과 같은 인생이 너희들의 삶이니라.
22 너희들은 지금 나의 피조물 만백성이 어찌 살아가는지 아는가?
23 깨진 질그릇과 같은 그러한 형국으로써 지금 나의 피조물 만백성이 지옥 불로 가고 있음이니라.
24 내가 너희들에게 간곡히 무어라 말하여 일렀던가?
25 도살장에 가기 직전의 그 짐승이 맛있는 음식을 주는 것을 죽을지 모르고 먹는 것과 같이 나의 아들딸들이 지금 지옥 불로 떨어지는 것을 모르고 육의 삶에 젖어 있다 하여,
26 너희들에게 내가 그들을 구하는 것이 너희들의 책무라 말하였거늘,
27 어찌하여 너희들은 나의 이 애절한 마음을 한쪽 귀로 듣고 그리 흘리는가?
28 내가 나의 선지자를 통하여 너희들에게 간곡히 부탁하였느니라.
29 장남에게 부모가 기대하고 그 모든 공을 들였던 것을 저버린 채 그 자식이 죽었다 할 때, 그 부모는 혼절하여 의식을 잃을 것이며,
30 다시 정신을 차려 차남에게 그 역사의 꿈을 이루고자 하여 모든 정성을 다 쏟는 그 부모의 마음이 얼마나 애절할 것이며 조심스러울 것이냐는 그 뜻을 내가 너희들에게 전하였음이니,
31 나 여호와가 나의 아들 예수가 그 고통스럽게 죽어 감을, 그를 보기 고통스러워 2천 년이란 역사 동안 내가 잠을 잤다 하면 너희들은 이를 믿겠는가?
32 그리하여 그와 같은 전철을 밟지 아니하기 위하여 나의 아들 예수가 가지고 너희들에게 전하여 너희들을 깨우치고자 했던 그 뜻을 나의 선지자를 통하여 지금 160권이라는 이 법전으로 세상에 내려보내는 나의 심정을 너희들이 그리도 모르느냐 내가 물었음이니라.
33 너희들은 나의 이 뜻을 깊이 깨우쳐야 될 것이니라.
34 무엇이 너희들이 두려우며, 무엇이 겁이 나는가?
35 그리고 너희들이 무엇을 위하여 너희 마음을 비우지 못하는가, 그리고 나의 계명에 따라 지킬 수 없는가?
36 너희들은 오늘 여기서 하나를 깨우치고 가야 될 것이 있느니라.
37 너희들은 알고 있지 않은가?
38 너희들 머리카락 속을 지나가는 그 바람결처럼 너희들의 모두를 다 나 여호와가 지금 보고 있다 하면 너희들이 정녕 그리하고도 나를 속이려 하는가?
39 나로부터 선택된 백성인 너희들은 일반 나의 백성들과 차별화됨이 있음이니라.
40 아무것도 모르는 무식한 나의 선지자를 통하여 너희들에게 내려보내는 이 성령의 뜻을 듣고 너희들이 깨우쳐 변하는 그것이 바로 나로부터 선택된 백성이요,

41 내가 원하는 길을 가지 아니하고 나로
부터 거부하며 죽음의 지옥 불로 떨어
져 가는 그 백성들과의 차별화라 내가
말하였거늘,
42 정녕 아무것도 모르는 나의 선지자가
나의 성령을 받아 전하는 그 음성과
그 법전을 읽고 너희들이 무섭도록 변
화됨이 없으면 너희들은 이것이 정녕
나의 뜻이라 믿지 말라.
43 너희들이 무서우리만큼 변하여 전진
하며, 너희들은 정녕 나의 성령이요,
제3의 시대를 열어 가는 나 여호와의
간절한 이 뜻을 저버려서는 아니 될
것이니,
44 이를 명심하여 시행하도록 그리하라.

2,233 번째 하나님 말씀

2002년 4월 18일 14시 59분

1 사랑하는 선지자야!
2 **"네, 여호와 하나님! 말씀하옵소서."**
3 네 얼굴이 환히 웃는 그 아름다운 마
음으로 네가 변하지 못하고 어찌하여
마음의 그 무거움을 가슴에 안고 사는
가?
4 무엇이 네가 무거우며 무엇이 두려운
가?
5 '하늘에 계신 전지전능한 어버이'라
나 여호와를 너희들이 말하며 나의 음
성이요, 나의 모습을 보기 위해 수천
수만의 그 백성들이 울부짖으며 밤잠
안 자며 기도해도 그들이 나의 음성을
들을 수 없으며 나의 메시지를 들을
수 없으며 나의 형상을 볼 수 없는 것
이거늘,
6 너는 이 세상 많은 피조물 만백성 중
에 내가 너와 항상 같이하며 내가 너
를 주관하며 모두를 내가 다 들어주며
너를 이끌어 주거늘, 그 영광 하나만
으로도 네가 무엇이 두렵고 무서운가?
7 그보다 더한 축복과 영광이 어디 있기
에 그리도 네 마음이 무거운 모습으로
살아가는가?
8 이제는 모두를 다 털어 버리고 웃는
모습으로, 아름다운 모습으로 살아야
되지 아니하겠는가?
9 환한 모습, 밝은 모습으로 살라.
10 하늘의 나 여호와가 너를 통하여 나의
피조물 만백성을 구하는 나의 성령의
그 뜻을 너의 가슴에 심으니,
11 네가 이를 가져 나의 법전이라 하여
열여섯 권의 법전을 만들고 또 열여섯
권의 법전을 만들어 네가 160권이라
는 그 법전을 만드는 역사를 이룸이니,
12 그 법전을 한 권 한 권 읽는 사람마다
깨우쳐 하늘의 구원을 받으며 영혼을
구하는 그 역사의 행운을 얻고 그들에
게 축복을 있게 하며,
13 그들이 그리도 갈구하던 그 영혼을 구
원하는 역사를 이루는 네가 그보다 더
위대한 사업이 어디에 있으며, 더 거
룩한 일이 어디에 있으며, 이 하늘과
땅 사이에 그보다 더 웅대한 작업을
하는 자 누가 있는가?
14 있으면 말하여 보라.
15 많은 영혼들이 네가 나의 성령을 받아
기록한 법전을 읽고 구원의 길에 오를
수 있다 하면,
16 그 영혼을 구원하는 네가 얼마나 소중
한 사람이며 네가 얼마나 자랑스러우

며 네가 얼마나 위대한 사람인가?
17 그와 같은 역사 속에 사는 네가 그 모
두를 다 잊어버리고 웃는 모습으로써,
그 아름다운 모습으로써, 가벼운 모습
으로써 세상을 살아가야 너의 제자들
또한 그를 볼 것이며, 많은 나의 피조
물 만백성이 그리 따를 것이거늘,
18 어찌하여 가슴의 그 문을 못 여느냐?
19 선지자야, 네가 누구더냐?
20 나로부터 선택된 자요, 나의 아들이
요, 예수가 이루지 못한 그 역사를 지
금 이루고 있음이니,
21 내가 예수를 통하여 이루지 못하였던
그 아픈 마음을 네가 지금 행하고 있
음이니,
22 그리하여 예수에게 내렸던 모든 권능
과 내가 그를 통하여 2천 년 전에 나
의 피조물 만백성을 구하려 했던 그
모두를 네가 다 받아 지금 나의 성령
을 기록하여 법전이라는 그 책으로 만
백성의 영혼을 구함이니,
23 그보다 더 위대한 일이 어디 있기에
네가 그리 마음을 무거워하는가?
24 사랑하는 선지자야!
25 웃음 속에 살라.
26 갓 피어나는 한 송이의 아름다운 꽃처
럼 네가 그리 웃고 아름답게 변하여
네 머리가 하얀 백발이 되었을 때 네
가 온유한 그와 같은 사람으로 변하여
지거늘,
27 이제는 네가 무엇이 두렵고 무엇이 무
섭기에, 내가 너를 위하여 들어주지
아니한 것이 없으며 내가 너를 위하여
역사하지 아니한 것이 없거늘,
28 어찌하여 그리도 네가 무거운 마음으
로 살아야 하며, 무엇이 두렵고 무엇
때문에 네가 그리도 작은 일에 연연해
야 하는가?
29 너의 제자 하나가 너에게 삿대질을 한
다 하여, 너의 제자 하나가 너에게 언
성을 높인다 하여, 너의 제자가 너에
게 화를 내며 등 돌린다 하여, 너의 제
자가 떠난다 하여 그곳에 네가 신경을
쓰고 네 마음이 우울해서야 되겠는가?
30 너는 너의 제자에게 말했느니라.
31 너 자신의 모든 고민이요, 걱정거리는
하나도 없다 하였음이라.
32 그리하여 너의 제자들이, 어렵고 힘든
그 제자들이 나 여호와가 존재하는 걸
느끼고 깨달을 수 있도록,
33 나 여호와를 따르는 그들이 축복과 영
광을 얻었다는 것을 느낄 수 있도록
그들에게 영화와 길을 열어 주고자 하
는 것이 너의 고민이요, 걱정이라 하
였음이니,
34 이 또한 나의 뜻이니라.
35 선지자야, 네 몫이 아님을 네가 어찌
모르는가?
36 그들이 깨우쳐 나로부터 은혜와 은총
을 받는 것은 저희 스스로의 깨달음이
니, 너는 그것에 대한 생각을 하지 말
라. 그에 대한 고민을 해서도 아니 되
며 거기에 대한 마음이 젖어 있어도
아니 됨이니,
37 너는 그러한 생각을 버리고 살아야 할
것이며, 오로지 온유하고 평온한 모습
으로써 밝게 웃고 살아가는 그것만이
네가 너의 제자들에게 해야 할 일이며,
38 나의 피조물 만백성이 너를 보는 모습
을 그리해야 될 것이니,

39 너는 정녕 이제는 두려워 할 것이 없
으며 무서워 할 것이 없으며 걱정할
것이 없으며 근심걱정이 없거늘, 웃으
면서 그대로 살라.
40 그것만이 네가 행할 수 있는 길임을
알라.
41 사랑하는 선지자야,
42 너보다 더 행복한 자 세상에 없거늘,
어찌하여 네가 그리 웃고 방실거리는
어린아이의 모습처럼 아름답게 살아
가지 못하는가?
43 그리 살라. 그것이 네가 해야 할 일임
을 잊지 말라.
44 사랑하는 선지자야, 너를 따르는 제자
들과 나의 피조물 만백성에게 너는 일
깨워 줘야 될 것이니라.
45 너희들은 모두가 다 나의 아들이요,
딸들이라 한 것이며, 또한 너희들이
스스로 나 여호와의 아들이요, 딸이라
그리 말하느니라.
46 너희 모두 다 그리 말하고 살아가며
너희들은 모두를 다 내가 주관하는 그
속에서,
47 그 은총 속에서 내가 이루고자 하는,
또 내가 모두를 주관하는 그 속에 나
의 생각에 의해 나의 뜻에 너희들이
행하여 살아가는 나의 자식이요, 아들
이라 말하면서,
48 어찌하여 너희들은 '우리가 다 같이
한 형제'라는 그와 같은 생각을 하지
못하는가?
49 너희들이 '우리는 다 한 형제'라는 생
각을 가지고 서로 사랑하고 아끼고 살
면 되는 것이거늘, 어찌하여 너희들은
그리 살지 못하는가?
50 어찌하여 너희들은 한 형제라 말하며
한 아버지의 아들이요, 딸이라 말하면
서,
51 너희들은 스스로 너희가 믿는 그 종교
와 너희가 따르는 그 종교만이 진정한
종교라 하며, 어찌하여 남이 가는 것
은 믿으려 하지 아니하며 그를 인정해
주지 않으려 하는가?
52 너희들은 어찌하여 그 종교라는 믿음
도 하나가 될 수 없으며 그저 제가 믿
는 것만이 진정한 하늘에 오르는 믿음
이라 생각하는가?
53 너희들이 조금이라도 이해하고 사랑
하고 화합하는 마음으로 세상을 본다
면,
54 그리고 너희들이 나의 아들딸이라는
것을 깨닫는다면, '우리가 한 형제'라
는 것을 너희들이 깨닫고 안다 하면,
55 너희들은 너희들이 가지고 있는 그 믿
음만이 진정한 하늘에 오르는 길이요,
너희들만이 진정한 나 여호와가 선택
한 믿음이라 그리하지 아니할 것이니
라.
56 너희들은 그리 생각하기 전에 '우리가
다 한 형제요, 한 아들딸이라.'는 것을
먼저 깨우쳐야 함을 알라.
57 너희들은 어찌하여 한 형제라 말하는
너희들이 하나가 되어서 아름다운 나
의 동산을 이루고 그 속에서 사랑을
나누며 영원히 아름다운 모습으로 정
녕 살 수가 없는가?
58 너희들이 정녕 그와 같은 마음으로 살
수 없기에 너희 마음을 하나로 만드는
나의 성령을 태워 이 법전을 내리는
나의 그 어렵고 힘든 고통을 너희들이

그리 모르니, 이를 어찌해야 되겠는가?
59 이제 나의 법전을 읽고 나의 성령을
읽어 깨우치는 나의 피조물 만백성 너
희들은 '우리는 한 형제'라는 것을 실
질적으로 행동으로 실천할 때가 되었
음이니,
60 말로만 나 여호와의 주관이요, 전지전
능한 여호와 하나님의 아들이요, 딸이
라 그리 말하지 말며,
61 너희들이 그리 살고 실천하며 사는 그
와 같은 변화의 시대를 갖지 아니하면
영원히 구원을 받을 수 없음을 그리
알라.

2,234 번째 하나님 말씀

2002년 4월 19일 07시 58분

1 사랑하는 선지자야!
2 "네, 여호와 하나님! 말씀하옵소서."
3 나 여호와는 너희들에게 귀중한 생명
을 주어 세상에 태어나도록 하였으며,
4 너희들이 세상에 나와 살아갈 수 있는
모든 은혜와 은총이요, 너희들이 노력
하는 만큼 거두고 얻으며 부귀와 영화
를 누릴 수 있는 그 모두를 다 너희들
에게 주었음이니라.
5 그와 같은 모든 것을 너희들에게 내려
준 나 여호와가 너희들의 삶에 제약을
하는 것은,
6 그리고 너희들에게 지키고 살라 하는
그런 계명을 내리는 것은, 그 모두는
당연한 이치가 아니던가?
7 내가 너희들에게 생명을 주었으며, 너
희들에게 삶의 모든 영광과 은혜를 주
었으며,
8 너희들이 사는 생활에 따라서 인간이
누릴 수 있는 부귀와 영화 그 모두를
누리며 육신의 행복을 누리며 그리 살
아갈 수 있도록 너희들에게 모두를 내
가 그저 무상으로 베풀어 주면서,
9 너희들에게 나의 계명을 지키고 살라
하는 것은 나 여호와가 당연히 너희들
에게 내릴 수 있는 부탁이며, 제약이
아님이니,
10 어찌하여 너희들은 이를 지키고 순종
하며 살아갈 수 없다 그리 말하는가?
11 내가 너희들에게 그와 같은 은혜와 영
광을 주어 너희들을 제약하고 나의 계
명을 따르라 내가 말하나,
12 그러나 나 여호와는 너희들이 살아가
면서 이루어지는 모두는 너희 스스로
결정할 수 있는 모든 권한을 또한 너
희들에게 주었음을 알아야 할 것이니
라.
13 너희들이 인간의 노력으로써 부귀와
영화를 누리고 사는 것도, 너희들이
나의 계명을 지키고 살아 하늘에 오르
는 구원을 받고 못 받는 것도,
14 그 모두는 다 너희들이 스스로 결정하
고 노력하기에 달려 있도록 내가 너희
들에게 모든 권한을 다 주었음이니,
15 너희들은 이와 같은 이치를 한번 돌이
켜 생각해봐야 될 것이니라.
16 모두는 너희들이 선택할 수 있는 것이
며, 너희들이 어찌 선택하여 구원을
받느냐 구원을 받지 못하느냐, 너희들
이 지옥으로 가는 것이냐 하늘로 오르
는 것이냐, 육신의 삶을 어찌 사느냐
하는 것은 너희들의 몫이니라.
17 그리고 너희들의 선택 여하에 달렸거

늘, 자신이 노력함에 따라서 너희 스
스로 자신을 시험하여 살아가며 하늘
에 오르는 길을 선택할 수 있도록 너
희 자신에게 달렸음이니,
18 너희들이 어찌 살아가며 어찌 노력하
느냐에 따라서 너희들이 너희 스스로
시험하며 살아가는 것이 아니던가?
19 너희들이 어떠한 시험으로써 어떠한
역경을 거치고 어떻게 살아서 남들에
게 존경받는 사람, 그리고 영혼을 구
원받는 사람이냐 하는 것은
20 나 여호와가 너희들을 시험하는 것이
아니라 너희 스스로 너희 자신을 시험
하며 살아가도록 되어 있음이니,
21 너희들이 그 시험에서 어찌 이기고 견
디느냐 하는 것은 너희들 스스로 싸워
야 할 문제이며, 너희들이 해결할 문
제며, 결정할 문제인 것이니라.
22 나 여호와가 너희들을 시험하는 것이
아니니, 너희 스스로 살아가는 그 시
험 속에서 너희가 어떠한 길을 선택하
느냐에 따라서 너희들이 하늘에 오르
고 못 오르는 그와 같은 이치에서 너
희들이 사는 것이니,
23 너희 모든 삶에 있어서는 너희들 스스
로 당연히 시험하며, 너희들이 시험당
한 것에 이기고 지는 것은 너희들의
권한이니,
24 내가 너희들을 시험한다 그리 생각하
지 말라.
25 너희들은 스스로 너희들이 한 자신의
시험 속에서 자신이 가고 있는 믿음에
대한 그 문제요, 너희들의 삶에 대해
서 이루어지는, 자신이 일으키며 살아
가는 그 모든 문제점들을 나 여호와가
주관하는 양 생각하지 말라.
26 나는 너희들에게 모든 선택의 권한을
주었으며, 너희들에게 능력을 주었으
며, 너희 스스로 해결할 수 있는 그와
같은 것을 다 주었음이니,
27 너희 스스로 문제를 일으키며 너희 스
스로 시험하며 살아가는 그와 같은 생
활 속에서,
28 나 여호와로부터 모든 것이 이루어지
는 것이며 나로 하여금 너희들의 불행
과 행복이 이루어진다는 그러한 생각
을 너희들은 버려야 할 것이니 그리
알라.
29 너희 인간들이 살아가면서 수천수만
가지의 부닥치며 이루어지는 그 모든
문제가 있는가 하면,
30 나 여호와는 너희들이 부닥칠 때마다
그 문제에 대한 해답을 반드시 너희들
에게 주었으며 그 문제는 너희들 스스
로 찾을 수 있도록 되어 있음이니라.
31 그리하여 너희들의 문제점의 해결은
너희들의 몫이라 내가 말하는 것이며,
32 너희들이 어찌 노력하여 그 문제점을
해결하느냐 하는 것은 너희들 스스로
해결할 문제지 나 여호와와는 관계없
다 말함이 여기에 있음이니라.
33 그러기에 이제 내가 모든 인간 너희의
행복과 불행은 너희 자신의 노력 여하
에 달렸다 말하는 것이며,
34 너희들을 깨우치는 자 기적과 행동으
로써 무엇인가 보여 줄 것이라는 그러
한 기대를 나 여호와에게 하지 말라
함이니라.
35 너희들의 모든 행복과 불행도 너희 스
스로 노력하기에 달렸으며 너희들의

깨우침에 달린 것이지,
36 내가 너희들에게 기적과 깨우침을 스
스로 주어 너희들이 행동을 하는 것이
아니며, 너희들에게 보여 줌으로써 너
희들이 깨닫고 안 깨닫는 그와 같은
세월이 없음을 알아야 될 것이니라.
37 지금 너희들은 내가 명하는 삶을 살지
아니하면서 너희 스스로 너희들이 믿
는 그 종교의 길만이,
38 너희들만이 구원을 받는다는 그 착각
에서 깨어나야 한다는 것을 내가 다시
한 번 나의 선지자를 통하여 너희들에
게 명함이니,
39 너희들 스스로 살아가는 속에서 너희
들이 시험하며 모든 것을 잃고 얻고
하는 것은 너희 자신에게 달렸다는 것
을 알아야 될 것이며,
40 그 속에서 너희들이 어찌 사느냐에 따
라서 구원을 받고 못 받는 것이지,
41 무조건 너희들이 구원을 받았다는 그
러한 착각 속에서 깨어나야만 하늘에
오르는 길을 볼 수 있음을 알라.
42 또한 모든 것은 나 여호와의 성령으로
다스려 나감이며, 그리하여 심판이 시
작됨을 알아야 될 것이니라.
43 모든 것은 나의 성령이 다스려 나가
며, 나의 마음이 너희들에게 임했을
때 너희들이 바르고 옳은 길을 살 수
있음이니,
44 지금 나의 성령을 내려보내 나의 법전
을 너희 가슴에 전함이니, 이를 받아
읽고 깨우치는 자는 심판이 시작되며
그 심판을 받고 있음을 알아야 할 것
이니,
45 너희들이 그 심판에서 구원을 받고 못
받는 것 또한 너희들의 몫임을 알라.
46 사랑하는 선지자야!
47 "네, 여호와 하나님! 말씀하옵소서."
48 내가 너희들에게 원하는 것이 무엇이
더냐?
49 너희들의 생명을 나 여호와가 주었으
며 너희들이 살아갈 수 있는 모든 은
혜와 은총과 영광을 너희들에게 다 내
렸음이니,
50 너희들이 세상사 살아가는 것이 무엇
이 부족하며 나로부터 받고 얻은 것이
무엇이 부족하기에 나에게 달라 그리
고 구원받고자 하는 그와 같은 기도를
하고 너희들이 이루고자 하는 그 욕심
을 위하여 하늘을 향하여 나에게 기도
하며 갈구하는가?
51 그리고 또한 너희들은 구하라 그리하
면 얻을 것이요, 소리 지르면 나 여호
와가 귀찮아서 줄 것이라,
52 그리고 두드리라 그리하면 나 여호와
가 듣기 싫어 귀찮아 너희들에게 무엇
을 줄 것이라 하는 그와 같은 사악한
방법의 가르침에 귀를 기울이지 말라.
53 오늘 내가 나의 선지자를 통하여 너희
들에게 일깨워 주고자 함은 너희들이
소리 질러 달란다 하여 주는 것이 아
니요, 두드린다 하여 열리는 것이 아
님이니라.
54 내가 너희들에게 뭐라 가르쳤느냐?
55 너희들이 믿음에도 우등생이 되어야
될 것이며, 나의 법전을 가지고 나의
피조물 만백성을 구하기 위하여 만백
성에게 전하는 그것도 우등생이 되어
야 되며,
56 나의 법전을 가지고 공부하는 자, 그

가 정녕 우등생이 되어야만 한다 내가
말하였음이니라.
57 그리하면 너희들이 사랑과 은총과 은
혜를 나로부터 받는 것이 아니라, 준
비해 놓은 그 상과 은혜를 너희들이
스스로 받아 가는 그와 같은 형국이라
내가 말하였으며, 너희 스스로 너희
것을 찾아 간다 말하였음이니라.
58 너희들은 너희들이 살아가면서 결과
가 없는 자에게 어떠한 은혜와 은총과
상을 주던가?
59 결과를 보지 아니하고 그에게 상을 줌
이 없음이니라.
60 하늘의 뜻과 하늘의 이치가 여기에 있
음을 알아야 될 것이니라.
61 뜻이 이루어지지도 아니하며 결과가
없는 너희들에게 내가 무엇인가를 내
리고 베푸는 것이 아님이니,
62 너희들은 나에게 달라 하고 소원하며
기원하는 행위를 절대 하지 말라.
63 너희들이 이루어 놓았을 때, 결과가
있을 때 나 여호와로부터 거기에 대한
상과 은혜와 은총을 너희들이 가져감
이라 내가 말하였음이니라.
64 너희들은 살아가면서 남의 행복이요,
남의 즐거움을 자기의 즐거움이요, 자
기의 행복이라 그리 바라보면서,
65 너희들이 그 속에서 직접 취하는 것보
다도 더 즐겁고 행복한 마음을 얻고
사는 것이 하늘에 오르는 길이라 말하
였음이니라.
66 내가 너희들에게 하늘에 오르는 길이
무엇이라 말하였느냐?
67 오로지 '사랑'이라 말하였느니라.
68 너 자신을 사랑하며, 너의 가족을 사
랑하며, 너의 형제를 사랑하며 너의
부모와 이웃과 모든 인간관계에 사랑
을 베풀며 살라 내가 말하였음이니라.
69 그리고 그 사랑 속에서 너희들의 모두
가 이루어지며 너희들의 뜻이 이루어
진다 내가 말하였음이니라.
70 그리고 내가 너희들에게 일러 말하였
느니라.
71 나로부터 뜻을 받아 행하는 자요, 나
로부터 선택된 자는 나의 피조물 만백
성 저희들이 관장하며 통제하는 그와
같은 역사의 임무를 가진 것이 아니라
말하였음이니라.
72 오로지 나의 성령이요, 나의 뜻을 전
하는 것으로써 그 임무는 끝나며, 나
의 피조물 만백성을 다스리는 제왕은
너희들 속에서 다시 나올 것이며,
73 그 왕이 바르고 곧게 가도록 그에게
양식을 공급하고 지원해 주는 것이 선
지자요, 선택된 자가 하는 길이라 말
하였느니라.
74 제가 직접 인간의 왕이요, 인간 세속
에서 권력을 잡고자 하는 그와 같은
형국이 아니라 내가 너희들에게 말하
여 일깨워 주었듯이,
75 너희들이 남의 행복을 보고 즐거움으
로 아는 그와 같은 역사의 변화를 이
루지 아니하는 한 너희들은 나로부터
구원을 받을 수 없음이니라.
76 너희들이 취하는 즐거움이요, 너희들
이 구하는 즐거움이요, 너희들이 이루
는 그 즐거움을 가지고 너희들이 그리
하는 것이 아니라,
77 남이 그와 같은 것을 이루었을 때 너
희가 같이 즐거워해 주는 그와 같은

마음의 형태로 변해야만 되는 것이며,
78 그와 같은 마음속에서만이 너희들이 나로부터 구원을 받을 수 있는 역사가 이루어짐을 알아야 할 것이니, 이를 깊이 깨우쳐야 할 것이니라.
79 다시 말하면 너희들이 가지고 너희들이 이루고 너희들이 행하는 것이 행복이 아니라,
80 그가 더불어 행하며 이루는 것을 바라보면서 행복을 얻을 수 있는 그와 같은 마음의 자세가 아니면 너희들은 하늘에 오를 수 있는 빛을 볼 수 없음을 알아야 할 것이니라.
81 너희들이 취하지 아니하고 남이 취했을 때 그가 즐거워하는 그 행복을 바라볼 수 있는 마음,
82 너희들이 하나의 황금 덩어리를 주웠을 때의 그 기쁨보다도 남이 그 황금 덩어리를 주워 그가 아름답게 쓰고 곱게 쓰며 그가 행복해질 수 있는 그와 같은 모습을 보고 네가 정녕 축하해 주며 그보다 더 행복을 직접 느낄 수 있는 그와 같은 아름다운 마음만이 나를 향하여 오를 수 있는 마음이며 나를 볼 수 있는 것이라는 것을 알라.
83 그리할 때 그에게 더 내가 상을 줌이니라. 그리고 내가 그에게 은혜를 줌이니라.
84 나 여호와가 너희들에게 알코올이라는 것을 마시지 말라 하였을 때 노력하고 고통을 이겨 그 알코올을 마시지 않는 자,
85 또 마약의 중독자가 그 마약을 스스로 끊었을 때 내가 끊을 수 있는 방법을 너희에게 가르쳐 주며 왜 끊어야 되는가를 명하여 주는 것이니라.
86 너희들이 그를 이루었을 때 줌을 잊지 말라.
87 내가 너희들에게 육식을 하지 말라 명하였을 때, 너희들이 그 육식을 하지 않도록 내가 너희들에게 깨우쳐 주고 힘을 줌이 아니니라.
88 너희들이 스스로 노력하여 육식을 하지 않고 그를 취하지 아니하였을 때
89 내가 너희들에게 육식을 취해서는 안 되는 그 이유를 알려 주며, 너희들이 육식을 끊을 수 있는 그 방법과 그 능력을 내가 그때야 너희들에게 알려 줌이니,
90 이와 같은 천기요, 하늘의 뜻을 너희들이 알아 깨우쳐, 올바른 나의 백성으로서 성장하며 하늘로 오르는 길을 봐야 될 것이니라.
91 너희들이 한 여인과 데이트를 하며 한 여인과의 미래를 가지며 조용한 시간을 갖는 행복을 느끼는 것보다,
92 그 여인이 정녕 사랑하는 사람, 그리고 그에 걸맞은 사람, 그리고 그 인생을 같이 갈 수 있는 사람과 즐거워하며 데이트하며 인생의 즐거움을 논하고 살아가는 그 모습을 보며,
93 너희가 그 여인과의 미래를 갖는 것보다도 더 즐겁고 행복한 마음으로 바라볼 수 있고 그를 축하해 주고 그를 위하여 격려해 주며 그가 그리 갈 수 있도록 바라볼 수 있고 행동하는 너희들의 마음이 나를 향하여 오르는 마음이라는 것을 잊지 말고 살아가도록 그리하라.

2,235 번째 하나님 말씀

2002년 4월 19일 08시 20분

1 사랑하는 선지자야!
2 **"네, 여호와 하나님! 말씀하옵소서."**
3 내가 너희들에게 일러 말하기를 창조
주인 나 여호와가 너희들에게 모두를
다 주었다 하였음이니,
4 모두를 다 주었거늘 너희들은 어찌하
여 그 감사함을 생각하기 전에 나에게
달라, 이루어 달라, 기적을 보여 달라,
그리고 너희들에게 영광을 달라 그리
기도를 하는가?
5 어찌하여 너희들은 그와 같은 마음과
그와 같은 형태로써 살아가는가?
6 너희 조상의 뿌리들은 어떠한 짓을 했
는가?
7 너희들은 나 여호와를 위하여 정말 무
엇을 얼마나 했으며 무엇을 이루어 놓
았는가?
8 나는 세상사 모두를 다 너희들에게 주
었음이니라.
9 생명을 주었으며 자연 속에 살아갈 수
있는 모두를 다 주었거늘, 그를 밟고
그곳에서 섭취하며 성장하는 너희들
은, 그리고 변해 가는 너희들은 나에
게 무엇을 주었는가?
10 너희 인간들의 조상은 나의 아들 예수
를 그리 해하였으며, 나의 성령이 세
상에 나가 나의 피조물 만백성을 바르
게 일깨우는 그 자체도 막았음이니라.
11 그들의 후손이라 하는 너희들이 무엇
을 나에게 달라 하며 무엇을 이루고자
기도할 수 있는가?
12 그 부끄러움을 너희들이 알아야 될 것
이며, 그 부끄러움을 안다 하면 너희
들이 얼마나 바르고 곱게 살아가야 되
며 나의 성령이요, 나의 뜻대로 어찌
지켜야 되는가 하는 것을 너희들은 깨
우치고 생각해 볼 수 없는가?
13 너희들이 정녕 부끄러움을 아는 사람
이던가?
14 너희들의 조상이요, 너희들의 뿌리인
그들이 어찌했는가, 나의 가슴을 얼마
나 아프게 했는가 너희들이 한번 생각
해 볼 수 없는가?
15 그와 같은 행위를 한 그 후손인 너희
들이 어찌 그 아비에게 은혜와 은총과
영광과 부귀와 영화와 영달을 달라 서
슴없이 그리 기도하는가?
16 그리고 그리 원할 수 있는 것인가?
17 너희들 자신이 스스로 부끄럽지도 아
니한가?
18 너희들이 그를 부끄럽게 생각하며 죄
스럽게 생각하는 그 마음을 갖기 전
에, 그 모두는 다 너희들과 아무런 인
연이 없으며 관계도 없는 것이며 수천
년 전에 이루어졌던 그 역사는 너희들
과 아무런 연관이요, 상관이 없는 듯
생각하니,
19 너희들은 그와 같은 역사를 한번 뒤집
어 보고 바라보고 생각하는 마음 자세
도 없는가?
20 내가 너희들에게 선지자를 통하여 말
하기를, 너희들은 기도하는 것을, 너
희 죄를 용서하여 달라 하며 너희들이
나의 뜻에 살아갈 수 있는 용기를 달
라 그리 기도하라 내가 하였음이니,
그 뜻이 어디 있는지 아는가?
21 어찌하여 너희들은 기본의 양심이요,

기본의 인간으로서의 그 부끄러움을
모르는가?
22 그리고 생각할 수 있으며 모든 이 지
상에 있는 동물의 제왕이라 말하는 너
희들은 어찌하여 너희들 자신을 돌아
다보는 것에 그리 인색하며 그리도 잔
인한가?
23 그러면 나의 아들을 죽게 한, 그리고
너희들의 조상이 나의 아들을 그리 처
참히 숨을 거두게 한 그를 바라보는
나 여호와의 가슴 아팠던 그 상처에
한 번 정도 너희들이 지금 부끄러운
마음이요, 죄스러운 마음이요, 용서를
비는 마음은 가져 볼 수 없는 것인가?
24 그러면서 너희들은 그 아비에게 그저
달라, 이루어 달라, 그리고 소원 성취
를 해 달라, 그리고 남들보다 더 나은
부귀와 영화와 권세와 영광 속에 살아
갈 수 있는 그 축복을 달라,
25 그리고 이 지상의 낙원에서 아무런 필
요도 없으며 나에게는 돌덩어리만도
못한 그와 같은 금화와 은화를 갖다
바치고 그 영광의 축복을 사겠다는 자
들이니,
26 너희 인간의 부모와 자식 관계에도 물
어보자.
27 너희들이 자식을 죽인 자에게 금화와
은화를 받음으로 인하여 그 마음에 과
연 그 자식의 고통과 그 자식의 죽음
을 지울 수 있는 것인가?
28 너희 인간사에 살아가는 너희 자신은
자식의 목숨을 끊은 자에게 금화와 은
화로써 대신 받아 그 자식을 잊어버릴
수도 있으며 행복을 느낄지 모를지언
정, 나 여호와는 그리할 수 없음이니
라.
29 모두가 다 나에게는 부질없는 것이며,
모두를 다 내가 창조한 것이며 너희들
에게 베푸는 나 여호와에게 그와 같은
재물과 물질로써 내 마음을 사려 하지
말며 나에게 구원을 받으려 하지 말라.
30 그리고 그 아픈 마음을 너희들이 재물
로써 보상하려 하지 말라.
31 내가 너희들에게 뭐라 간곡히 말하였
던가?
32 너희들이 나를 향하여 내가 지키고 살
라 하는 나의 뜻에 따라 살아 너희들
이 하늘에 올라와 주는 것이 나의 아
들을 잃어버린 나 여호와의 마음 한구
석의 그 공간을 채워 주는 것이며 나
를 기쁘게 하는 길이라 내가 너희들에
게 수없이 말을 했거늘, 너희들은 그
를 나에게 시행하지 아니함이니라.
33 너희들 인간사에 너희 자식을 죽인 자
의 그 자식을 너희들이 거둬 기른다
할 때 그 자식이 너희 자식의 몫을 대
신 하겠다며 노력해 주는 것이 그 자
식의 도리라 할 것인가,
34 그가 사악한 방법으로써 너희들 부모
의 육신에 독설과 칼을 들이대는 것이
도리며 그 부모를 기쁘게 하는 것인가?
35 지금 너희들은 그와 같은 이치 하나도
깨우치지 못하고 있음이니라.
36 너희 조상의 뿌리가 나의 아들을 죽였
으며 나에게 죄지은 그 자손들을 내가
거두고자 할 때,
37 너희들은 나에게 순종하며 나의 아들
예수의 그 몫을 대신할 수 있는 너희
들로서 변하여 살아가는 것이 도리인
가,

38 내가 원하고 지키고 살아 달라는, 그
리고 나의 아들의 모습으로써 살아 달
라 하며 나의 아들이 지키고 행하고자
했던 것을 너희들에게 대신해 달라고
하는 것을 역행하는 것이 지금 나를
기쁘게 하는 길이며 나의 뜻에 대하여
너희들이 할 수 있는 도리라 생각하는
가?
39 나의 아들에게 원했던 그 길을 내가
너희들에게 대신 와 달라 그리 간곡히
소원하건만, 너희들은 정녕 사악한 길
로써 반대의 길로 가니,
40 나 여호와에게 칼을 들이대는 자보다
도 너희들이 더 사악한 방법으로 살아
감이니라.
41 나 여호와가 나의 선지자를 통하여,
나의 성령을 통하여, 나의 법전을 통
하여 너희들에게 다시 한 번 간곡히
부탁하노니,
42 너희들이 나의 계명을 지키고 살아와,
내 마음을 공허하게 했던 나의 예수의
떠난 그 자리를 너희들이 역사해 달라
함이며,
43 너희들이 지상에서 이루어 달라 하며,
그 자리를 채울 수 있도록 너희들이
살다 나의 옆에 와 나의 아들 예수의
그 자리를 너희들에게 채워 달라 하는
나 여호와의 애절한 마음을 저버리지
않는 백성이 되어 달라 그리 부탁함이
니,
44 이를 너의 제자들은 나의 피조물 만백
성에게 전하여, 그들이 지옥으로 가는
그 발길을 멈추며 나 여호와가 나의
아들 예수를 잃었던 그 마음의 아픔을
대신해 달라는 나의 뜻을 저버리지 말
며 살라 그리 깨우치라.

2,236 번째 하나님 말씀

2002년 4월 19일 08시 32분

1 사랑하는 선지자야!
2 "네, 여호와 하나님! 말씀하옵소서."
3 너희들은 어찌하여 내가 말하는 그 사
랑 속에 정녕 살아갈 수 없다 말하는
가?
4 너는 지금 너의 제자들과 너를 따르는
나의 피조물 만백성에게 반드시 나의
이 뜻을 전해야 함이니라.
5 너희들 인간사 살아가면서 가장 갈구
하는 것이 무엇이던가?
6 진실로 너희들이 얻고자 구하는 것이
하늘에 오르며 내 옆에 오며 나로부터
구원을 받는 것이며 그것이 너희들이
소원이요, 소망이라 한다 하면,
7 지금 너희들은 무엇이 두려우며, 무엇
이 너희들이 사랑이 부족하기에 찡그
린 얼굴이요, 찌그러진 모습으로, 그
리고 마음 한 구석에 무거운 그와 같
은 마음의 자세로써 살아가는가?
8 너의 제자들에게 물으라.
9 지금 너희들이 정녕 나 여호와로부터
구원을 받는 그것만이 너희 인생의 목
표며 너희들이 추구하는 가장 큰 행복
이라 말할 수 있는가?
10 너희들의 마음 한 자리에 육의 영광이
요, 육의 부귀영화며 세속의 행복을
위하여 너희들이 지금 나 여호와를 찾
는 것은 아닌가?
11 그리고 너희들이 나의 성령으로써 기
록된 나의 법전을 정독하며 나의 사랑

하는 선지자를 통하여 내리는 나의 성
령의 그 음성을 직접 듣고 이곳에 오
는 것이 과연 너희들의 세속의 부귀영
화를 위한 것은 아닌가?
12 너희들의 사랑의 마음을 한번 되짚어
보라 이르라.
13 너희들이 정녕 나 여호와로부터 받은
영광이요, 그것이 축복이요, 그 이상
바라는 것이 없다고 말을 한다 하면
너희들은 지금 무엇을 더 갈구하고 무
엇을 더 원할 수 있겠는가?
14 너희들은 너희들이 목숨을 바쳐 얻고
자 하는 가장 소중하고 귀한 것을 얻
지 아니하였던가?
15 너희들은 나의 선지자를 통하여 내리
는 나의 성령의 음성을 직접 들으며,
나의 성령으로써 기록한 나의 법전을
읽고 정독하니 너희들에게 그보다 더
큰 은혜와 영광이 없음이니,
16 너희들이 한 송이 피어나는 아름다운
꽃보다도 더 밝고 행복한 마음으로 살
아가는 것이 나에 대한 도리며 너희들
이 행하여야 할 길이 아닌가를 물어보
라.
17 너희들이 정녕 마음에 무거운 것이 있
으며 육신의 삶에 고달픔이 있으며 세
상사 사는 것이 권태로우며 곤혹스러
우며 때로는 나 여호와가 원망스러우
며 때로는 나 여호와를 의심하며 나의
법전을 의심하며 나의 성령을 의심하
며 살아가는 것은 아닌가를,
18 너희들은 이제는 깨우침의 경지에 오
름이 누구도 따를 수 없음에 있음이니,
19 너희들이 바른 자세로써 너희 마음의
뿌리가 어디 있는가를 짚고 넘어가야
할 것이니라.
20 너희들이 정녕 나의 성령으로써 나의
법전을 보고 읽고 깨우침이, 그리고
하늘에 오르는 길이요, 나 여호와에게
오르는 것이며 지상의 낙원에 너희들
이 영원히 사는 그것이 너희들의 행복
이며,
21 이 썩어져 가는 냄새나는 지상에서 너
희들이 새로운 역사를 이루는 한 획을
긋고 뿌리를 내림에 있어서 너희들이
그것이 가장 행복이요, 축복된 자라
생각하지 아니하거든
22 너희들은 이 성전을 찾아와서는 아니
될 것이니라. 그리고 너희들은 발길을
돌려야 될 것이니라.
23 오로지 너희들이 믿음이요, 하늘에 오
르는 그 영광이요, 너희들이 구원을
받아 내 옆에 와 낙원에서 영원히 사
는 그것만이 너희들이 추구하는 행복
이요, 영원히 너희들의 소원이라 말할
때,
24 너희들의 삶은 밝고 명랑해야 될 것이
며, 자연에 울리는 새 소리요, 꽃들이
웃는 그 모습과 같은 마음으로 너희들
이 살아가야 할 것이거늘,
25 그와 같은 마음으로 살지 못하며 그를
행복이라 생각하지 못한다면 너희들
은 바로 무엇이더냐?
26 육의 생활에 얽매여 있으며, 육의 생
활의 그 고리를 끊지 못하였으며, 육
의 생활 속에서 너희들이 무엇인가를
얻고자 하는 것이며 너희들이 갈구하
는 소망이요, 소원임이니,
27 너희들이 그저 두드리면 열릴 것이라
하며 소리 지르고 악을 쓰면 귀찮아서

여호와 하나님께서 줄 것이라 그리 가
는 자들과 차별화되는 것이 어디 있으
며, 과연 무엇이 너희들이 다른 점이
라 말할 수 있는가?
28 이와 같은 이치와 이 깊이를 너희들이
모른다 하면 과연 너희들은 어찌 살아
가야 되는가?
29 이제 너희들의 자세를 확고히 해야 될
것이며,
30 너희들이 나의 성전에 와 나의 성령의
뜻을 더 들어야 할 것인가, 나의 법전
을 보고 더 깊이 깨우쳐 행해야 될 것
인가 결단을 내릴 때가 되었음이니라.
31 너희들이 정녕 육의 삶과 육을 위해
서, 세속의 부귀영화를 위해서 이곳
성전을 찾는 자가 있다면 지금 당장
너희들은 발길을 돌려 나가야 될 것이
며, 두 번 다시 나의 성전을 찾지 말라.
32 너희들이 오로지 나에게 오르는 길이
요, 구원을 받는 것이며 영원히 나와
더불어 살 수 있는 그 길을 위하여 선
택된 자들이며 그 길을 보고 있으며
그 길을 가고 있는 모두가 이 지상의
낙원에 사는 최고의 축복된 자며 영광
된 자라 생각하는 자,
33 이 자리에 남아 나의 선지자가 전하는
그 성령의 뜻을 들어야 할 것이니,
34 그렇지 아니한 자 이 자리를 비워야
될 것이니 그리 알라.
35 내가 너희들에게 명하느니라.
36 나로부터 구원을 받고 나로부터 영광
을 받는 것이 너희들의 모든 목표요,
영광일진대,
37 이제 너희들의 이름을 낙원에 걸었다
했으며,
38 너희들이 그 불바다를 건너지 않고 죽
어 나에게 왔을 때 내가 너희들을 안
아 줄 것이며 반겨 줄 것이라 말하였
음이니,
39 이것이 너희들의 가장 큰 행복이요,
영광이라 생각하는 자만이 이곳에 남
아 나의 뜻을 들어야 할 것이며,
40 그렇지 않은 자 스스로 물러가야 함을
잊지 말라.
41 이제는 너희가 정녕 나의 성령이요,
나의 뜻이 기록되는 이 법전이 만백성
을 구하는 것이라 깨닫는다면,
42 나의 법전에 기록된 그 내용들을 너희
들이 통달하고 통달하여 나의 피조물
만백성을 깨우쳐 소집단으로써 그들
이 성장하여 나의 소왕국을 이루며,
43 깨우친 자 계속 너희들과 더불어 하늘
에 오르는 그 길을 향하며,
44 나의 법전을 읽고 나의 성령을 듣고
깨우친 나의 백성들이 소집단에서 대
집단으로 깨우쳐 가는,
45 그리고 그들이 역사를 이루는 새로운
시대를 이루어 가는 그 역사에 너희들
이 이끄는 지도자가 되며 너희들이 동
참하는 자가 될 수 없다 하면,
46 너희들은 스스로 물러나야 할 것이니
라.
47 그리고 너희들은 영원히 그런 마음이
아닌 다음에는 너희들에게 축복과 영
광과 영화가 없음을 너희 스스로 알아
야 될 것이니,
48 너희들이 이제는 결단을 내릴 때가 되
었음이니라.
49 나 여호와의 성령이요, 나의 법전의
내용을 들으며, 나의 선지자를 통하여

내가 내리는 나의 성령의 그 음성이 너희들의 생명이요, 하늘에 오르는 길이요 하는 축복받은 영광을 받은 자, 세상에 너희들보다 더 행복한 자가 없음이니,
50 가장 행복한 모습으로 살아갈 수 없는 자는 이곳을 떠나도록 그리하라.

2,237 번째 하나님 말씀

2002년 4월 19일 10시 49분

1 사랑하는 선지자야!
2 "네, 여호와 하나님! 말씀하옵소서."
3 너희들이 살아가면서 사랑이라 하는 것을 실천하여 하늘에 오르도록 그리하라 내가 하였음이니라.
4 너희들이 인간사에 살아가는 것은 부모와 자식 간의 사랑이요, 형제간의 사랑이요, 또 친척간의 사랑이요, 이웃과의 사랑이요, 세상사 살아가며 부딪치는 모든 사람들에게 너희들이 사랑으로 연계되지 아니한 것이 없음이니라.
5 그리하여 내가 지키며 살라는 그 사랑이 얼마나 소중하던가?
6 부모와 자식 간에 부모는 자기가 죽어도 자식은 살리고 싶었던 사랑이 있었으며, 그와 같은 너희들의 삶의 시대가 있었음이니라.
7 그러나 지금은 너희들의 가장 소중한 사랑이 무엇이더냐?
8 너희들이 자기 자신을 사랑함이요, 자기 자신을 보호하고 자기 자신을 지키고자 하는, 자기가 자기를 사랑하는 것이 제일 소중할 것이며, 그다음에 또 사랑이 무엇이더냐?
9 부모와 자식 간의 사랑이니, 너희들이 말하는 내리사랑이라 하였음이니, 너희들 스스로 너희 자신을 사랑하는 것보다도 더 강렬한 사랑이 부모가 자식을 사랑함이니,
10 스스로 자신을 희생하여 자식을 살리고자 하는 것이 부모의 사랑이라 하면 그 사랑이 얼마나 소중하고 진귀한 것이더냐?
11 그보다 귀한 것이 더 있겠는가?
12 그리하여 그를 지키고 살던 너희들이 지금은 그 사랑마저도 무너졌음이니라.
13 부모가 자식을 사랑하는 그곳에도 변화가 있으며 변질되었으며, 형용할 수 없는 거래의 형태로써 때로는 부모가 부모 자신을 위하여 자식을 희생하며 자식을 버리는가 하면,
14 자신을 희생하여 자식을 지키고자 하던 그 사랑이 그와 같은 형국으로 변해졌음이니,
15 지금이 바로 뭐라 말할 수 있느냐?
16 사랑이라는 것을 찾아볼 수 없는 너희들의 삶의 세계가 되어 있음이니라.
17 그러나 나 여호와가 너희들을 사랑함은 어떠하던가?
18 영원히 변함이 없음이니라.
19 오로지 변함이 없는 것이 나 여호와가 너희들을 사랑하는 것이며 그것만이 변함이 없는 진정한 사랑이니, 여기에 진리가 있고 사랑의 근본이 있음이니라.
20 그리하여 너희들에게 말하기를, 내가 모두를 다 태워 너희들을 사랑하는 그

마음의 진실되고 변하지 않는 영원한
그 사랑을 위하여 너희들이 그와 같은
사랑을 하며 그 길을 위하여 너희들이
달려오라 함이니,
21 이제는 너희들 스스로 부모가 자식을
사랑하던 그 지난날의 마음에서 더 강
하고 깊은 사랑으로써 변해 간 것이
아니라 그 마음이 퇴색할 대로 퇴색하
였으며,
22 이제는 부모가 자식을 사랑하던 그와
같은 옛날의 너희 조상들이 살아오는
그 사랑마저도 없어졌음이니라.
23 그리하여 이 지구상에 하늘과 땅 사이
에 변하지 않는 것은 나 여호와가 너
희들을 지키고 너희들을 보호하며 너
희들을 사랑하는 사랑뿐이니,
24 그래서 나에 대한 그 사랑을 너희들이
깨우치며 이를 느끼며 이를 향하여 하
늘에 오르라 함이니라.
25 영원히 나 여호와가 너희들을 사랑하
는 그것만이 진리요, 길이기에 그 사
랑만이 변하지 않는 것이니,
26 그리하여 그와 같은 내가 너희들을 사
랑하는 그 마음의 사랑의 뜻을 너희들
이 보고 배우고 깨우쳐 행하라 함이니,
27 이와 같은 나의 변하지 않는 사랑의
길에 들어서는 자만이 구원을 받을 수
있다는 것을 알아야 할 것이니라.

2,238 번째 하나님 말씀

2002년 4월 19일 21시 22분

(강론을 마치며)

1 사랑하는 선지자야!
2 "네, 여호와 하나님! 말씀하옵소서."
3 내가 너희들에게 일러 말하기를 너희
손으로써 이룬 그 성전이 잘못되었다
하였으며,
4 그를 너희들이 지어서 그곳에서 나의
피조물 만백성을 구한다 하는 그 자체
부터 내가 가고자 하는, 또 내가 나의
피조물 만백성 너희들을 구원의 길로
인도하고자 하는 그 길과는 정녕 다르
며 잘못되었음을 내가 다시 너희들에
게 말하노라.
5 너희들은 깨우쳐야 할 것이니라.
6 나의 아들 예수가 나의 피조물 만백성
을 구하기 위하여 나로부터 성령을 받
아 세상에 나왔음이니,
7 그가 나의 성령을 전하는 그 방법이
너희들이 지금 나의 피조물 만백성을
구한다는 그 호화찬란한 성전 같은 것
을 짓고 나의 피조물 만백성을 가르치
고 인도하였던가?
8 너희들은 여기서 이 하나를 깨우쳐야
될 것이니라.
9 지금 나의 피조물 만백성을 하늘에 오
르는 길로 인도한다 하여 성서를 가지
고 너희 종교 지도자들이 나의 피조물
만백성을 이끌어 가는 방법으로써 나
의 아들 예수가 나의 피조물 만백성을
구원하고자 그 길을 선택하며 그리 갔
던가?
10 나의 아들 예수가 나로부터 성령을 받
았다는 것은 너희들이 어찌 생각하는
가?
11 그가 행한 행위와 그가 행한 길과 그
가 간 길과 그가 이룬 역사와 그가 나
의 피조물 만백성을 구원하기 위하여
이루었던 그 역사가 바로 나의 뜻이

며, 내가 나의 피조물 만백성을 구하
고자 함이니,
12 너희들은 나의 아들 예수가 정녕 나로
부터 성령을 받은 선택된 자식이라 하
면, 그가 행했던 그 역사를 너희들이
다시 한 번 생각해 봐야 할 것이니라.
13 나의 아들 예수가 진정한 나의 성령을
받아 나의 피조물 만백성에게 나의 뜻
을 전하고자 할 때,
14 그가 어디 성전을 지었으며 한곳에 앉
아서 나의 피조물 만백성을 구원하였
던가?
15 그는 성전을 짓지도 아니하였으며 한
곳에 머무름도 아니요, 나의 성령을
그가 전하기 위하여 많은 피조물 만백
성이 모이는 곳이면 나의 성령을 전했
으며 그 설법을 전하였음이니라.
16 그와 같이 나의 피조물 만백성을 그가
하늘로 이끌어 나에게 오르고자 하였
음이니, 이는 곧 무엇이더냐?
17 나의 성령을 1년, 2년, 10년, 100년에
걸쳐 그 이야기를 듣고 들어서 하늘에
오르는 길을 깨우치는 것이 아님이니
라.
18 단 한 번의 음성을 들음으로써, 단 한
구절의 이야기를 들음으로 인해서, 나
의 아들 예수가 나의 성령을 통하여
한 구절의 역사의 말을 전할 때마다,
그가 한 구절의 나의 뜻을 간곡히 너
희들에게 전하는 그 순간에 한 구절로
써 너희들이 깨우침을 얻을 수 있으
며, 하늘에 오르는 길을 볼 수 있으며,
너희들이 나 여호와가 하늘에 있음을
알게 됨이니,
19 많은 말이 필요치 아니하며 많은 시간
의 가르침이 필요 없는 것이니라.
20 이것이 바로 나의 성령이요, 나로부터
선택된 나의 아들이 행했던 그 역사임
을 알아야 될 것이니라.
21 나의 아들이 한 곳에 모여 앉아, 한 곳
에 자리 잡아 성전이라는 것을 지어
놓고 그곳에 오는 백성들만을 계속,
그가 죽을 때까지 3년이라는 그 세월
동안에 한 곳에서 가르쳤던가?
22 너희들이 지금 가르치는 방법이며 하
늘에 오르는 길이라 하여 나의 피조물
만백성을 인도하는 방법은 어찌 되어
있는가?
23 예수가 행했던 그 방법대로 너희들이
지금 행하고 있는가?
24 너희들은 한 곳에 호화로운 성전을 지
어, 나의 피조물 만백성에게 갖은 방
법으로써 은화와 재물과 시간을 착취
하여 너희들이 그리 만들어 놓고 그곳
에서 되풀이하는 장난을 하고 있음이
니,
25 이 차별화되는 것을 너희들이 오늘 하
나 알아야 될 것이니라.
26 이는 나 여호와와는 아무런 관계가 없
으며, 내가 나의 아들 예수를 통하여
너희들에게 깨우쳐 주고자 했던 방법
과 내가 원하던 것이 아님을 너희들이
오늘 확실히 알고 넘어가야 될 것이니
라.
27 나의 성령이라는 것은 한마디 소리로
써, 한 줄기 가르침으로써 그 모두를
너희들이 깨우칠 수 있는 것이니라.
28 내가 예수를 통하여 이루지 못했던 그
역사를 지금 나의 선지자 한 사람을
선택하여 나의 성령을 내려 내가 그를

통하여 나의 법전을 기록하여 세상에
내보냄이니,
29 나의 법전이 무엇이더냐?
30 나의 법전은 한 줄기를 읽음으로써,
한 페이지를 읽음으로써, 한 권의 책
을 읽음으로써 그들이 깨우쳐 하늘에
오르는 길이 있음을 알게 되며, 정녕
하늘에 오르는 길이요, 아님을 구분할
수 있는 그와 같은 깨우침이 여기에
있음이니라.
31 그리하여 나의 진정한 성령을 받은 자
요, 나의 성령을 가르치는 자는 성전
이 필요 없으며, 한 곳에 상주함이 아
니니라.
32 이것을 너희들이 지금 가슴에 손을 얹
고 조용히 따져 보고 또 분석해 보라.
33 그리고 그들이 와서 너희들을 공격할
때, 너희들은 이를 가지고 그들에게
충분히 이해를 시키는 그와 같은 답변
을 할 수 있는, 너희들이 충분히 소화
시키는 이 자리가 되어야 될 것을 잊
지 말라.

2,239 번째 하나님 말씀

2002년 4월 20일 09시 13분

1 사랑하는 선지자야!
2 "네, 여호와 하나님! 말씀하옵소서."
3 나의 피조물 만백성을 구원하기 위하
여 내가 마지막 나의 성령을 태워 너
를 통하여 법전이라 하여 세상에 전함
이니,
4 이것이 바로 너희들의 생명수요, 나의
아들 예수를 통하여 너희들에게 일깨
워 주어 바르고 옳게 살 수 있도록 그
리 가르치고자 했던 그 모든 뜻을 하
나하나 법전이라 하여 내가 책으로 만
들어 너희들에게 전함이니,
5 이 역사보다 더 소중하고 귀한 것이
없음을 알아야 할 것이니라.
6 너는 나의 법전을 세상에 전하되, 1부
로부터 10부까지 160권이라는 나의
법전을 나의 피조물 만백성에게 전하
는 대역사를 이루어야 함이니라.
7 너는 나의 법전을 세상에 만들어 내
되, 모든 부수는 한 권당 3,000부씩을
준비하여 세상에 내도록 하며, 1부는
내가 너에게 명했듯이 7,000원이라
하는 그 대금으로써 나의 피조물 만백
성에게 전하도록 하며, 2부부터는 네
가 9,000원이라 하는 그 대금으로써
나의 피조물 만백성에게 전하도록 그
리하라.
8 모든 부수는 권당 3,000부로써 발행
할 것이며, 법전의 각 권마다 네가 받
는 금액은 1부는 7,000원으로 할 것이
며, 2부부터 9,000원씩을 받는 그와
같은 나의 명을 어기는 일이 없도록
그리 행하도록 하라.
9 그리하여 나의 피조물 만백성이 이를
읽고 깨우칠 수 있도록 그리 보급을
하는 데 역점을 두도록 하라.

2,240 번째 하나님 말씀

2002년 4월 20일 09시 24분

1 사랑하는 선지자야!
2 "네, 여호와 하나님! 말씀하옵소서."
3 내가 너희들에게 말하였느니라.
4 이 지상에서 나 여호와에게 가장 가까

이 와 있어 나와 같이 고통을 할 수 있
는 자라 하는 것은 너희들의 믿음의
길을 가는 그 집단이라 하였음이니라.
5 그리하여 수천 년 동안 내려온 그 모
든 종교의 집단들이 다 저희 나름대로
하늘에 오르는 길을 향하고 있다 하
며, 저희들만이 하늘에 오르는 길로
인도할 수 있다 함이니,
6 그들이 바로 지상에서 하늘과의 거리
에 가장 높이 와 있는 자라 하였으며,
7 내가 너희들에게 그리 가르치지 아니
하였던가?
8 그리하여 가장 높이 와 있는 자, 선하
고 아름다운 모습으로 살아가며 사랑
을 베풀며 사랑을 행하며 살아가는 것
이 나 여호와에게 가장 높이와 있는
종교 집단이라 내가 말하였음이니라.
9 그러나 만일 가장 높이 와 있고 높이
있어야 할 그 종교 집단에서 서로 반
목하며 시기하고 질투하고 서로의 이
익을 위하여, 서로 자기 자신을 위하
여 아귀다툼하는 그와 같은 일이 있다
하면, 그는 믿지 않는 자들보다도 더
사악한 자들이며 더 간악한 자들이라
말하였음이니라.
10 이는 곧 무엇이더냐?
11 너희들이 사랑이 부족하기 때문이니
라.
12 그리하여 내가 너희들에게 사랑이라
는 것이 부모와 자식 간의 그 사랑도
지금 파괴되고 무너지는 그와 같은 현
실이라 하였음이니,
13 그리하여 영원히 변하지 않는, 나 여
호와가 너희들을 사랑하는 것이며 내
가 너희들에게 베풀어 가는 그 마음의
사랑의 뜻을 깨우치라 말하였음이니
라.
14 지금 내가 너희들에게 말하여 이르기
를, 하늘에서 바로 빛이 꺾여 너희들
에게 전하는 것이며,
15 세상 나의 피조물 만백성을 구하기 위
하여 나의 선지자를 통하여 너희들에
게 나의 성령을 전하며,
16 너희들이 드리는 기도 소리 그 모두를
다 선지자를 통하여 하늘에 오르도록
내가 그리한다 하였음이니,
17 너희들은 보다 더 하늘과 가까운 곳에
있지 아니한가?
18 그러한 너희들 속에서 반목이 있으며,
사랑함이 없으며, 용서함이 없는 너희
들의 삶이라 하면, 과연 너희들은 어
찌해야 되겠는가?
19 너희들만이 나의 성령을 들으며 나의
성령의 뜻을 듣고 법전을 읽어 깨우쳐
오고 있음이니,
20 너희들이 있는 그 집단의 모임이 곧,
나의 성전이 하늘과 가장 가까운 곳이
며, 그리고 가장 신선하고 깨끗한 곳
이 이곳이니,
21 이곳에 있는 너희들이 서로 반목하고
미워하고 시기하고 질투하는 마음이
있다 하면 너희들은 어찌 되는가?
22 너희들은 추락하는 자들과 같음이니
라.
23 내가 너희들에게 뭐라 말하였느냐?
24 너희들이 정녕 믿음의 그 길을 위하여
오고 있는 자들이라면 이 세상에 너희
보다 더 행복한 자 없으며 더 은혜와
영광을 받은 자가 없음이니,
25 너희들은 한 송이 피어나는 그 꽃처럼

아름답게 살라 하였거늘,
26 너희 마음이 그리 다스려지지 아니하
며 너희들의 행동함이 그러하지 못하
며,
27 서로 잘못하여 너희들에게 사과하고
용서를 빌 때 그를 밝고 깨끗한 마음
으로 받아 주는 그러한 너그러운 마음
이 없다 하면,
28 너희들은 과연 무엇을 깨우쳤으며, 무
엇을 나의 법전을 보고 공부하였으며,
너희들이 하늘에서 가장 가까운 나의
백성이라 말할 수 있는가?
29 너희들에게 웃으며 살며 한 송이 꽃같
이 아름다운 모습으로 살라 하면,
30 모두는 다 너희 마음이 비워져 있으며
모두를 다 너희들의 가슴으로 안을 수
있으며 모두를 다 너희들이 마음으로
수용할 수 있는 그와 같은 마음을 갖
고 살아야 되는 것을,
31 어찌하여 너희들은 그러한 마음을 갖
지 못하는가?
32 어렵고 힘든 자 너희들 앞에 왔을 때,
그를 흉보며 그의 허물을 나무라며 그
의 과오를 들추는 그와 같은 너희들이
되지 말며,
33 그의 아픈 상처를 달래 줄 수 있는 그
용기와, 보람된 말로써 그를 위로하고
격려하며,
34 아무도 모르게 재물로써 그에게 힘을
주고 용기를 주어 인간의 삶에서 남과
같이 부끄럽지 않은 삶을 살 수 있도
록 그리 인도하고 깨우쳐 주는 것이
너희들이 해야 하는 길이며 갈 길이라
내가 말하였거늘,
35 그 모두를 다 실천하는 자들이요, 또
나의 계명에 따라 사는 자요, 하늘에
가장 가까운 나의 성전이요, 지상에서
가장 높이 와 있는 너희들이 이를 실
천하고 행하지 못한다면,
36 너희들은 잘못 가는 그 종교의 집단의
행위보다도 더 잘못 가고 더 잘못되어
감을 어찌 깨우치지 못하는가?
37 너희들을 내가 사랑하노라.
38 너희들의 마음을 비우고, 미워하고 시
기하고 질투하는 자 있어서는 아니 될
것이며,
39 잘못한 자가 너희들에게 눈물의 회개
를 하며 용서를 빌 때 그것은 너희들
이 눈물 같은 마음으로 받아 주고 거
두어들이는 그와 같은 아름다운 마음
만이 너희들이 나에게 가장 가까이 와
있는 선택된 백성이라 함을 잊지 말며,
40 이와 같이 너희들이 살아가는 그 모든
이치를 너의 제자들이 깨우쳐 나의 피
조물 만백성에게 그리 지도하고 인도
해야 될 것을 잊지 말라 가르치라.

2,241 번째 하나님 말씀

2002년 4월 20일 18시 34분

1 사랑하는 선지자야!
2 "네, 여호와 하나님! 말씀하옵소서."
3 나의 피조물 만백성이 구약의 시대를
거치며 또 신약의 시대를 거쳐 제3의
시대가 열어지는 이 시대까지 흘러왔
음이니라.
4 구약의 시대에도 나로부터 뜻을 받아
나의 피조물 만백성을 구하는 자들을
보고 이단이요, 사탄이라 저주하고 욕
한 자가 수없이 많이 있었음이니,

5 그리하여 그리 시들어 간 자가 많이
있음이니라.
6 나로부터 무엇인가를 받지도 아니하
였으며 듣지도 못한 자, 그들이 또한
나로부터 선택된 백성이요, 지도자라
말한 자들이 수없이 있음이니,
7 그들 또한 그 시대의 흐름이었음이니
라.
8 그리하여 신약의 시대에 나의 아들 예
수를 통하여 내가 나의 성령으로써 만
백성을 구하고자 했으나,
9 나의 아들 또한 나의 피조물 만백성
너희들이 받아들이지 아니하여 그와
같은 불행한 역사를 초래하였음이니
라.
10 그러나 그 시대 또한 기록되지 아니한
거짓 선지자요, 또 무엇인가를 받았으
며 나로부터 명을 받은 자라 하여 수
없이 그들이 왔다 사라져 갔음이니,
11 그들이 왔다 간 그 흔적이 하나도 남
음이 없음이니라.
12 그러나 그 시대도 그들이 수없이 존재
하였음이니라.
13 그리하여 2천 년의 그 역사가 오는 속
에 너희들 생활 속에서 거짓 선지자
요, 거짓 예수요, 또는 모든 사람들의
이름을 다 붙여 저희들이 그리 대신
온 자라 말하여 이 세상을 혼란케 이
루었음이니,
14 그러나 그들이 다 잠시 왔다 흘러간
물거품과 같은 인생으로 살아갔음이
니,
15 그들이 과연 남긴 것이 무엇이 있겠는
가?
16 나의 그 구약의 성서와 신약의 성서를
대변할 수 있는 나의 어떤 백성들, 그
들로부터 구원을 받은 자요, 만백성을
구하는 대명을 받은 자요, 그리고 나
로부터 음성을 듣고 모든 지시를 받은
자라, 그리고 대변하는 자요, 또 대역
하는 자라며 그들이 세상을 왔다 갔음
이니,
17 그들이 또한 한 시대를 그리 장식하고
저희들이 이끌어 가고자 하였음이니,
18 그들이 남겨 놓은 발자취가 과연 무엇
이 있던가?
19 그들이 스쳐 간 자리에 무엇이 있는가
한번 물어보라.
20 그리하여 그 많은 사람들이 제 나름대
로 와서 떠들다 갔음이니,
21 지금 제3의 시대를 열어 내가 성서에
기록된 그 내용들을 하나하나 풀이하
며 내가 160권이라는 이 장서로써 나
의 성령을 태워 나의 법전을 만들어
세상에 내보냄이니,
22 천 년, 2천 년의 역사가 흐른 다음에
너희들이 세상에 존재하지 아니한다
해도 이 기록된 책들이 얼마나 많은
위력을 발휘하며 나의 피조물 만백성
이 읽고 깨우칠 것인가를 너희들은 모
를 것이나,
23 이가 곧 성서를 대변할 수 있는 책이
며, 성서 못지않은 나의 법전이 세상
에 전해짐이니,
24 거짓 선지자라 하여 왔던 자들이 이와
같이 너처럼 남기고 간 자들이 있으
며, 기록을 남긴 자가 있으며, 그 변화
의 역사를 이룬 자가 있으며,
25 내가 원하는 것이 무엇이며, 내가 이
루고자 하는 것이 무엇이며,

26 네가 지상에서 이루어야 할 대명이 무
엇이며, 네가 해 놓고 가야 할 것이 무
엇인가를 그와 같이 역사를 이룬 자
있는가 물어보라.
27 저희들이 잠시 와 제 스스로 나의 아
들 예수요, 또는 모세요, 선택된 자라
하며 떠들고 악을 쓰다 그대로 흘러간
자들뿐이니, 그들 머릿속에 남은 것이
무엇이 있겠는가?
28 그리고 지금 종교 지도자 저희만이 하
늘에 오르는 길이요, 정녕 나로부터
구원을 받는 길이라 떠들고 있음이니,
29 그와 같이 가르치는 자가 과연 너와
같은 장서를 남긴 적이 있는가?
30 그리고 나로부터 나의 피조물 만백성
을 구하는 명을 받아 나로부터 음성을
들었다 하여 나의 성령을 받아 기록한
자가 있는가?
31 구약의 성서를 벗어났으며 신약의 성
서를 벗어나며 제3의 성서 못지않은
나의 성령으로 기록된 나의 법전이 세
상에 나가니,
32 이와 같은 역사를 이룬 자가 있는가
물어보라.
33 그렇다면 너희들은 깨우칠 수 없는가?
34 내가 구약의 시대에 구약이 나왔으며,
신약의 시대에 신약이 나왔으며, 제3
의 시대를 여는 나의 법전이 세상에
나온다 하여 내가 나의 성서에 기록하
였음이니,
35 나의 성령을 세상에 전하며 그가 너희
들을 진리로 인도하며, 그가 자의로
말하지 아니하며 듣는 것만 가지고 너
희들을 깨우치며 너희들의 과거와 장
래를 알려 주는 그와 같은 능력을 가
지고 온다 하였음이니,
36 그와 같은 자 왔으나 너희들이 이를
믿지 아니하고 부정하고자 함이니,
37 이는 너희들이 구약과 신약과 제3의
시대를 견주어 볼 수 있는 그와 같은
안목도 없으며 그와 같은 생각도 하지
않으려 함이니라.
38 사랑하는 선지자야!
39 "네, 여호와 하나님! 말씀하옵소서."
40 너와 같이 지금 나의 성령을 받아 장
서를 남긴 자 없으니,
41 이게 바로 구약과 신약과 제3의 시대
가 구분되며 이와 같은 역사가 이루어
짐을 나의 피조물 만백성이 다시 한
번 나의 법전을 읽고 견주어 깨우치라
그리 이르라.
42 그리고 너를 향하여 거짓 선지자가 온
자며 나의 성령이 아니라 하며,
43 내가 너에게 내리는 성령으로써 세상
에 나가는 책이라 하는 이 법전이 나
의 피조물 만백성을 심판하며 구할 자
와 구하지 않을 자를 선별한다는 것을
믿지 아니하는 자,
44 그리고 사탄이요, 이단이요, 너희들을
사악한 곳으로 이끌어 가는 사악함이
라 그리 너에게 저주하는 자,
45 그리고 저희들이 가는 길이 정녕 구원
의 길이며 따라서 나 여호와로부터 저
희들이 무엇인가를 받았으며 대명을
받았으며 무슨 역사를 이루라는 명을
받았다 하는 자,
46 네 앞에서 말하거든 그리 말하라.
47 또한 너의 제자들도 똑같은 대답으로
써 그들에게 일러 줘야 할 것이니,
48 너희들 앞에 와 무엇을 받은 자며 나

의 선지자가 거짓 선지자라 말하며 이
성령이요, 나의 법전이 진정한 나의
뜻이 아니라 말하거든 그들에게 그리
말하라.
49 '당신은 당신의 머리에 깡통을 씌우고
사람들이 방망이로 두들겨 대니, 당신
이 지금 무슨 사리를 판단하며 무엇을
구분할 수 있는 정신이 있는가?' 물어
보라.
50 저 자신이 지고 있는 그 죄의 무게도
모르며, 제가 어찌 살아가야 되는 것
인지도 모르며, 나 여호와의 뜻이 무
엇인가 모르는 자가 어찌 나의 선지자
에게 와 이단이요, 사탄이라 말하나
물어보라.
51 그리고 내가 불로 써 내려 지키라는
나의 계명을 과연 얼마나 지키고 사는
가 그에게 물어보라.
52 그리고 제가 믿음을 향한 만큼 제가
처음에 성서라는 것의 뚜껑을 열고 지
금까지 살아오면서 저희들이 변한 역
사와 저희 개인의 생활을 한번 돌이켜
보라 하라.
53 나의 법전을 읽어 보라 그에게 말하라.
54 그가 나의 법전 160권을 읽고 난 다음
에 제가 믿음의 생활을 10년, 20년을
한 그 세월보다 더 무섭게 변하지 아
니한다면 이는 나 여호와의 성령이 아
니며 그는 제 갈 길을 가라 그리 말하
며,
55 열여섯 권의 법전을 정독하고 나서도
이가 나의 법전이요, 나의 성령이 아
니라 한들 내 그를 벌하지 아니할 것
이라 그리 말하라.
56 이를 깨우치고도 얻지 못하는 자, 제
가 눈이 없어 보지 못하며 귀가 없어
듣지 못함이니, 그는 그 죄의 대가를
그저 치를 것이니,
57 나의 법전을 거짓 선지자요, 위선자가
내린 것이며 나 여호와의 성령이 아니
라 한 그 죄목만큼은 내가 저희들에게
벌하지 않을 것이니 그리 알라 이르라.
58 다시 한 번 너의 제자들과 나의 법전
을 읽은 나의 피조물 만백성에게 이르
라.
59 그들이 와서 나의 법전이 거짓이요,
나의 선지자가 잘못되었다 말하면,
'당신이 지금 깡통을 차고 많은 사람
들에게 나무토막으로 두들겨 맞고 앉
아 있으니, 네 정신과 너 자신을 통제
하지도 못하는 그 주제에 깡통에서 울
려 나오는 소리를 듣고 헛소리하지 말
라.' 그리 깨우쳐,
60 그가 죽어 온 다음에 무엇인가를 알
것이니, 그때 가서 그가 알 것이라 그
리 말하고 네 인생 네가 알라 그리 말
하라.
61 그저 깡통을 머리에 쓰고 두들겨 맞아
그 울리는 소리를 듣고 세상사 무엇을
깨우쳤다는 등 무엇을 알고 있다는 등
그런 헛소리하지 말라 그리 이르라.
62 그 깡통을 두드리는 소리는 바람 소리
만도 못함이니, 만인을 귀 아프게 하
는 소리라 그리 전하라, 선지자야!

2,242 번째 하나님 말씀

2002년 4월 21일 08시 17분

1 사랑하는 선지자야!
2 **"네, 여호와 하나님! 말씀하옵소서."**

3 너희들 인간사에 살아가면서도, 네가
너의 제자들에게 말하여 이르지 아니
하였느냐?
4 모든 것은 나 여호와가 너희들이 취하
고 노력하는 만큼 거둘 수 있도록 육
의 생활에서 다 주었음이니,
5 그 속에서 너희들이 얼마만큼 노력하
고 너희들 자신을 다스려 나가며 부딪
치는 그 시험을 너희들 자신이 이기며
살아가느냐에 따라서 만인으로부터
존경받는 사람이 될 수도 있으며 남으
로부터 손가락질 받는 사람이 될 수도
있다 내가 너희들에게 말했듯이,
6 너희들은 지금 그 세속에서도 얼마만
큼 너희들이 노력하는 그 과정이 정확
하며 또 얼마만큼 너희들이 하고자 하
는 일을 분석하며 그곳에 얼마만큼 노
력하여 아느냐에 따라서,
7 그리고 그 모두를 너희가 얼마만큼 알
면서 그리 도전하고 그를 시도하느냐
에 따라 너희들이 말하는 실패요, 성
공이라는 그 갈림길에 서게 된다 말하
였음이니라.
8 하물며 인간사에 너희들이 성공이라
는 것을 하고 못 하는 그것도 얼마만
큼 그 분야에 너희들이 알며 파고들어
그를 시작하느냐에 따라서 그 답이 있
다 하였거늘,
9 나 여호와를 향하여 구원의 길을 오른
다 하는 너희들은 얼마나 더 완벽해야
되는가를 항상 너희 머릿속에 잊어서
는 아니 됨이니라.
10 완벽하지 아니하면 오를 수 없으며 완
벽하지 아니하면 구원을 받을 수 없음
이니라.
11 너희들이 구원을 받는 그 길은 정녕
완벽해야 됨이니라.
12 그리하여 지도자가 얼마나 어렵고 힘
든가를 너희들은 알지 않는가?
13 완벽하지 못하기 때문에 지도자들이
쓰러지는 것이며, 그들이 가는 길에
무너지는 것이며, 그리고 바르고 곧은
길을 포기하고 스스로 낙오되는 것이
니,
14 얼마나 너희들이 하늘에 오르는 길이
요, 또 그 지도자들이 가는 길이 힘들
고 어려운 것인가?
15 한 점의 오차도 있어서는 아니 되며
한 점의 실수가 있어서도 아니 됨이니
라.
16 선지자야, 이것이 지도자가 가야 하는
길이니라.
17 수천 년 역사 동안에 이제 나의 피조
물 만백성을 구하는 제3의 시대를 엶
에 있어서 나의 성령을 받아 기록하는
너는 정녕 어느 인간도 초월할 수 없
는 완벽한 삶을 살아야 되며, 조그마
한 오차도 있어서는 아니 됨이니,
18 바늘구멍만 한 오차의 실수도 있어서
는 아니 됨이니라, 선지자야!
19 이것을 네가 행해야 되는 것이니라.
20 그리해야 네가 선지자로서 바로 서는
것이며, 모든 나의 피조물 만백성이
이단이요, 사탄이요, 사악한 무리라
말할 수 없으며,
21 마지막 종말의 시대에 오는 거짓 선지
자라는 그 소리를 감히 너에게 할 수
없을 것이니,
22 이게 네가 가야 할 길이며 네가 행해
야 할 길이니라.

23 선지자야, 이를 잊지 말라.

2,243 번째 하나님 말씀

2002년 4월 21일 09시 05분

(제자들과 여행을 떠나기 전에)

1 사랑하는 선지자야!
2 **"네, 여호와 하나님! 말씀하옵소서."**
3 이 조용한 아침에 모든 나의 피조물
만백성은 저희들이 무엇인가를 이루
고자 소원을 빌고 기도하며,
4 저희들이 손으로 지은 그 성전에서 종
교 지도자라는 자가 단상에서 서서 너
희들에게 하늘에 오르는 길을 가르침
이니,
5 그 마음속에는 오늘 저희들에게 금화
와 은화가 얼마나 걷힐 것이며 앞으로
어떤 금화와 은화가 걷혀 역사를 이루
며,
6 제가 하는 그 설교라는 것이 세상 방
방곡곡에 퍼져 제 앞에 많은 자들이
무릎 꿇도록 할 수 있는 그와 같은 영
광을 생각하면서 나의 하늘에 오르는
그 길을 오고자 하여 설법하며,
7 그 밑에 고개 숙여 그 소리를 듣고 있
는 것이 지금 믿음을 향하여 가고 있
는 그들이 행하고 있는 길이니라.
8 그러나 너희들은 이 밝고 좋은 아침에
나의 성전에 모여 너희들이 무엇을 부
르는가?
9 내가 원하고 사랑하고 그리 갈구했던
'사랑'이라는 그 노래를 너희들이 나
에게 부름이니,
10 너희들의 그 음성을 듣는 나 여호와의
기쁨을 너희들이 알겠는가?
11 이는 자식이 부모 앞에 효성을 다하며
효자로서 살아가며 낳아 준 공과 길러
준 그 은혜를 알고 있음이니,
12 부모에게 감사하다 하여 인간인 자식
이 부모에게 고개 숙여 예를 올리며
눈물을 흘리는 그 정성보다도 나의 마
음이 더욱 기쁨이니,
13 너희들의 뜻이 그와 같음을 내가 받아
들임이니라.
14 너희는 들어야 할 것이니라.
15 나의 피조물 만백성이요, 지금 믿음이
라는 길을 가는 사람들이요, 다른 백
성들이 여행이라는 그 길을 가며 내가
만든 그 자연 속을 음미하며 그들은
즐거운 마음으로 그들의 모두를 토해
낼 수 있는 그러한 시간을 가지고 즐
거운 시간으로 가져야 할 것이나,
16 너희들은 지금 오늘의 그 여행이 너희
들의 즐거운 시간을 위하여 나 여호와
가 내림이 아니라 너희들에게 내가 벌
을 내림을 알아야 될 것이니라.
17 너희들이 믿음이 강하며 나를 향하여
살아가는 마음이 한 점의 부끄러움이
없으며 너희들이 정녕 십계명을 지키
며 나의 뜻대로 살아가는 나의 선지자
의 제자라 하면 너희들에게 오늘 이와
같은 여행의 시간을 내가 내리지는 아
니하였을 것이니라.
18 너희들이 나에게 드리는 경배요, 내가
너희들에게 오늘 여행을 할 수 있도록
한 그 목적을 내가 너희들에게 일러
줌이니,
19 오늘은 내가 너희들에게 벌을 내리고
자 하는 것임을 알라.
20 오늘의 너희들의 이 여행은 상이 아님

을 알라.
21 너희들의 믿음이 확실했으며 계명을
지키고 살아가고자 하는 그 마음이 굳
었다 하면 나는 너희들에게 오늘과 같
은 이 여행의 길을 명하지 아니했을
것이니라.
22 오늘 여행을 하면서 내가 선지자에게
내리는 그 음성의 그 기도 소리를 너
희들이 듣도록 하여 너희들의 마음을
더 하나로 굳건히 만들기 위하여 내가
오늘 너희들에게 명을 내렸음이니,
23 너희들은 오늘 여행 중에 나의 선지자
를 통하여 내가 성령을 태워 기록한
그 음성을 듣는 시간으로써 내가 너희
들에게 줌이니,
24 이는 너희들의 자세가 흐트러졌으며
믿음이 약하며 생각함이 틀림이니,
25 너희들이 나로부터 선택된 백성으로
서 나의 성령을 받아 천 년의 역사를
이루면서 이 지상에서 나의 백성들만
이 존재하며 나의 백성이 아닌 자 모
두를 다 털어 버리기 위한 그 역사로
써 선택된 너희들의 마음 자세가 과연
나 여호와가 믿고 기쁘게 할 수 있다
면 내가 너희들에게 오늘의 여행을 내
리지 아니하였을 것이니라.
26 오늘의 여행을 내가 너희들에게 내리
는 것은 너희들의 믿음이 약하며 너희
들이 나를 향하는 그 자체가 흔들리며
너희들이 어떠한 역사를 이루고 있는
지 그 자체도 깨닫지 못하니,
27 내가 2부에 나온 나의 선지자를 통하
여 내린 나의 성령의 음성을 너희들이
듣고 너희들의 마음과 각오를 다지게
하며,
28 너희들이 가는 길이 무엇인가를 깨우
쳐 주기 위하여 내가 너희들에게 여행
의 길을 명하였음이니,
29 인간사의 인간들은 여행이 즐겁고 행
복한 것이나,
30 너희들은 오늘 이 여행의 시간에 반성
의 시간을 가져야 될 것이며, 나의 음
성을 듣고 너희들이 어찌 믿음을 가야
할 것인가 그를 먼저 생각하는 시간을
가져야 될 것이니라.
31 또한 이는 내가 너희들을 사랑함이며,
너희들을 통하여 천 년의 역사에 걸쳐
새로운 동산이요, 새로운 나라를 이루
고자 하는 나 여호와의 간곡한 이 마
음을 너희들이 알아야 할 것이니 그리
알라.
32 오늘의 여행을 내림은 너희들에게 상
이 아니니라. 너희들에게 벌이니라.
33 너희들은 가슴에 손을 얹고 너희들이
스스로 서 있는 위치를 알아야 될 것
이며,
34 나 여호와가 그 험악하고 험난한 지옥
불을 건네 너희들의 이름을 에덴동산
에 걸어 놓았으니,
35 너희들이 그 에덴동산 앞에 와 설 수
있는 자격을 갖추라 하였으나 너희들
은 세월이 흘러가는 만큼 너희들 자신
이 흔들리며,
36 너희들 자신의 존재 가치가 무엇이며
너희들이 그 역사를 이룰 수 있는 선
택된 자인가 하는 그 자체도 불안해하
고 의심을 하고 있음이니, 이를 어찌
하여 가르쳐야만 되겠는가?
37 너희들에게 시련의 고통을 주어서 너
희들이 깨닫도록 해야 할 것인가, 나

의 성령의 음성으로써 너희들을 다스
려야 할 것인가?
38 오늘 내가 나의 성령으로써 너희들을
다스리고자 하여 너희들에게 여행을
명하였음을 너희들은 부끄러움을 알
아야 될 것이며, 가슴 아픔을 알아야
될 것이며,
39 나 여호와에게 너희들이 불효한 자식
이라는 것을 깊이 깨우치고 반성하는
그와 같은 오늘의 여행이 되도록 그리
하라.
40 나 여호와가 오늘 너희들에게 여행의
길을 명한 뜻이 여기 있음을 그리 알
라.

2,244 번째 하나님 말씀

2002년 4월 22일 08시 12분

1 사랑하는 선지자야!
2 **"네, 여호와 하나님! 말씀하옵소서."**
3 세상사 너희 인간 속에 살아가면서 너
희들도 위계질서가 있으며 또한 그 살
아가는 법도와 질서가 있음이니라.
4 지금 나의 피조물 만백성이 나의 성령
의 음성을 들으며 나의 법전을 읽고
하늘에 오르는 길이 무엇이며 정녕 네
가 누구인가를 의혹과 의심으로써 바
라보는 자들이 수없이 많이 있음이니,
5 그들은 정녕 네가 나로부터 선택된 선
지자이며, 너를 통하여 내려가는 그
성령의 모두가 나의 성령을 정말 나
여호와가 태워 너에게 내려보내어 저
희들을 구원하고자 하는 법전이라는
이 책이 나의 뜻이며 제3의 시대를 열
어 가는 그와 같은 역사를 이루는 것
인지 그를 보며 마음을 잡지 못하고
갈팡질팡하는 자가 수없이 있음이니,
6 이를 깨우치기 위하여 너는 너의 제자
들에게 일러야 할 것이니라.
7 구약의 시대라는 한 보따리의 시대가
있었으며 또 신약이라는 시대의 크나
큰 보따리의 시대가 있었음이니,
8 이게 바로 제3의 시대의 크나큰 보따
리가 역사를 이룸이니라.
9 내가 너에게 말하였음이니, 6천 년의
역사는 오늘의 시대를 위한 준비 단계
라 말하였으며, 오로지 그 시대의 모
든 역사는 준비 단계였음이니라.
10 이와 같은 이치를 너의 제자들에게 깨
우쳐 줘야 될 것이며,
11 어느 누가, 어떠한 백성이 지금 160권
이라는 법전을 만들어 나의 성령이라
하여 네가 이를 이루는 곳에 한 번의
십계명을 외우지 아니한 적이 없으며
나 여호와를 찾지 않은 곳이 없으며,
12 선하고 아름답게 살라, 질서를 파괴하
지 말라는 이와 같은 너희들의 가르침
을 누가 내릴 수 있겠는가?
13 오로지 그들은 지금까지 믿어 왔던 저
희들의 그 종교요, 저희가 숭배했던
그 모두를 버리지 못하며, 너무나 버
린다는 것이 잘못되며 아까운 줄 알며
괴로워하여 그들은 더욱더 버리지 못
함이니,
14 그와 같은 어리석은 백성들 속에서 눈
을 뜨며, 나의 법전을 보고 깨우쳐 나
의 성령의 목소리를 듣는 그 영광을
잊지 말라 이르라.
15 그들이 그것을 버리지 못하여 연연하
는 동안, 그들이 그곳을 떠나지 못하

는 동안,
16 그들이 그 결정을 하지 못하며 결심을
하지 못하는 동안 그들은 지옥 불로
떨어져 가는 그 길을 달려감이니,
17 너희들이 말하는 많은 기계들이 달려
가는 곳의 앞에 다리라는 것이 끊어져
기계가 떨어지는 것을 모르고 계속 밀
어붙이는 그와 같은 형국으로써 너희
들이 간다는 것을 어찌 모르는가?
18 너희들은 간단한 이치이니라.
19 너희 부모가 죽어 갈 때 자식들에게
남기는 그 유언에 인간사의 거짓이 있
으며 자식을 속임이 있으며 무엇을 감
추고자 함이 있는가?
20 그곳엔 오로지 진실만이 있으며 살아
온 제 인생의 과거와 지금까지 있었던
모든 역사의 삶에 대한 반성과 후회와
그리고 가르침이 남아 있음이니라.
21 나의 아들 예수가 그 고통 속에서 죽
어 가며 그의 제자들에게 이르지 아니
하였는가?
22 새로운 말씀이 내려오며, 제 뜻대로
말하지 아니하며 나 여호와 아버지로
부터 듣는 것만을 전하는 그가 올 것
이라 말하였으며,
23 그가 와 그 증표로써는 너희들의 과거
와 미래의 모두를 알려 주는 그 능력
을 가지고 옴이 증표라 말하였음이니,
24 어찌하여 너희들은 지금 나의 선지자
의 가는 그 모습을 보지 못하는가?
25 이와 같은 뜻을 너의 제자들이 나의
피조물 만백성에게 전하여, 죽음의 길
이요, 지옥 불로 가는 그들을 멈추도
록 하여,
26 그들이 나의 법전을 손에 들어 그 가
슴으로 울리는 나의 법전의 장을 열
수 있도록 그리하는 것이 너희들이 가
야 할 길이니,
27 이를 잊지 말고 시행하도록 그리 해야
할 것이니라.
28 그리고 너의 제자들에게 이르라.
29 나의 선지자요, 네가 너의 제자들과
이 법전을 읽고 깨우치는 만백성과 다
같은 한 형제임은 틀림이 없음이니라.
30 나의 아들 예수도 나의 아들이요, 나
의 아들 예수나 너희들이나 다 똑같은
형제임이니라.
31 지금 나의 선지자, 나의 종이라 하여,
또한 나의 아들이라 대신하여 그가 나
의 법전을 가지고 나의 피조물 만백성
에게 세상에 전하고자 내려와 있음이
니, 이는 곧 너희들의 형제이니라.
32 그러나 너희들의 형제이기 전에, 또한
같은 형제 중에서 가르치는 자가 스승
이니,
33 너희들은 스승과 제자라는 그 엄연한
한계를 벗어나려 해서는 아니 될 것이
니라.
34 지금 너의 제자들이 마음에 나의 성령
을 들으며 나의 법전을 읽으며 스스로
깨우쳐 가며 세상 이치를 터득해 가면
서 그들은 생각할 것이니라.
35 나의 선지자가 너희들과 같은 형제라
생각하나, 형제는 형제이니라.
36 그러나 나의 선지자가 나로부터 성령
을 받아 세상에 전하는 나의 종이요,
가장 나에게 낮은 자며, 또한 너희들
에게 가장 낮은 자며 너희들의 스승이
라 그가 말하느니라.
37 그러나 너희들은 또한 알아야 될 것이

며 너희들이 깨우쳐야 할 것이며 너희
들이 행함이 있어야 될 것이니라.
38 나의 선지자가 너희들의 형제며 같은
자매이니라.
39 그러나 그는 나의 성령을 받아 너희들
에게 가르치는 엄연한 스승이니라.
40 너희들이 스승과 제자의 그 선을 넘어
서는 아니 됨이니,
41 너희들이 오늘 가야 할 길을 내가 선
지자를 통하여 나의 법전에 기록하여
전하니,
42 너희들은 나의 선지자가 나의 종이요,
너희들의 또한 종이니라.
43 그리고 또 너희들의 스승이라 그가
말하느니라.
44 그러나 너희들이 지켜야 할 도리가 있
음이니, 이를 잊지 말고 행하여 스스
로 낮은 자의 자세를 갈 수 있도록 그
리 깨우쳐야 될 것이며,
45 오늘 내가 너희들에게 내리는 이 가르
침을 꼭 기억하여 시행하도록 해야 할
것이니 그리 알라.

2,245 번째 하나님 말씀

2002년 4월 22일 09시

1 사랑하는 선지자야!
2 "네, 여호와 하나님! 말씀하옵소서."
3 나의 피조물 만백성 너희는 들어야 할
것이니라.
4 너희들이 깨달음이 높으며 너희들이
세상을 보는 눈이 높아지며 너희들이
나 여호와에게 전진하여 옴으로 인하
여 너희들이 내려다보는 인간사의 사
는 모습과 그들이 살아가는 형태를 보
게 됨이니,
5 너희들이 여기서 하나를 반드시 지켜
야 할 것이 있으며 너희 가슴속에 깊
이 새겨 행하여야 함이 있음이니라.
6 나의 사랑하는 선지자가 너희들과 형
제요, 자매라 함은 틀림없음이니라.
7 그러나 너희들은 엄연히 스승과 제자
라는 그 한계를 지키고 살아야 한다
말하였음이니,
8 이를 지키지 아니하며 이를 너희들이
잠시라도 가슴속에서 지운다 하면 너
희들은 쓰러져 가는 그와 같은 너희
스스로 파멸의 길을 가게 됨을 잊어서
는 아니 됨이니라.
9 그와 같은 마음을 너희들이 가졌을 때
그 격이 벌어지며 그 마음의 생각이
점점 높아지며 너희들이 자만하며 오
만해져 감이니, 이를 잊어서는 아니
될 것이니라.
10 이제 너희들이 세상을 보는 눈이 높아
졌으며 나의 법전을 읽고 깨우쳐 너희
들이 나 여호와가 존재함을 알며 하늘
에 오르는 길을 알며 너희들이 계명을
지키고 살아감이니라.
11 너희들은 일반 나의 백성들과 달라져
있으며 너희들이 그리 높아져 와 있음
이니라.
12 너희들은 스스로 잘못된 점이 있으며
부끄러운 점이 있으며 잘못 행함이 있
으면 너희들은 가슴으로 나 여호와가
있음을 알며 놀라 그와 같은 생각을
하지 아니하며,
13 그와 같은 행동을 하지 아니하며, 끓
는 물에 손을 넣다가 놀라 손을 빼듯
이 너희들이 잘못 가고 잘못 행하는

그 행위를 나 여호와의 무서움을 알며
행하지 않으려고 노력하며,
14 너희들 마음속에 더럽고 추한 생각을
했다가 그 마음은 나 여호와에게 죄라
생각하며,
15 나 여호와에게 부끄러워 너희들이 그
러한 생각을 접어 두며 나에게 무릎
꿇고 기도하는 그와 같은 나의 백성이
되어 있음이니,
16 이게 선지자로부터 선택된 제자들이
지금 가고 있는 길이 아니던가?
17 너희들이 그런 마음이 아니더냐?
18 그 마음이 바로 내가 새로운 천 년을
이루는 역사의 뿌리이며,
19 그와 같은 마음속에서 살아가는 너희
자식들이 또한 그보다 더 강한 강도의
깨달음을 얻게 됨이니라.
20 그리고 그들은 또 생각하는 것이 넓으
며 생각하는 것이 깊기에 오늘의 너희
들이 깨우치고 행하는 것보다 그들이
더 강도 높은 생활을 할 것이며 그들
은 깨달음을 얻을 것이니라.
21 그리하여 너희 자손들이 또 후손을 낳
아 천 년의 역사 중에 내가 아름다운
에덴동산을 이루고자 하는 그곳에 최
초로 나의 선지자에게 선택된 자들이
니,
22 너희들이 얼마나 소중한 자인가를 알
며 너희들이 얼마나 귀한 자들인가 너
희 스스로 알아야 될 것이니,
23 그러면서 너희들이 가장 낮은 자임을
잊어서는 아니 될 것이니라.
24 너희들이 지금 생각하기에 계명을 지
키고 못 지키는 것은, 나의 율법이요,
나의 법전을 읽고 깨우쳐 지키고 못
지키는 것은 여기에 차이가 있음이니
라.
25 지금 나의 피조물 만백성이 성전이라
는 곳에 가 수십 년 동안 지도자라는
자가 가르치는 그 설교를 듣고 찬송이
란 것을 부르며 깨달음을 듣고자 하였
으나,
26 그들은 잘못된 것은 그저 인간이기에
그럴 수도 있다 그리 생각하고 넘어가
며,
27 그리고 그들은 정해진 시간에 기도하
고 회개하고 용서 빌면 그대로 구원의
길에서 중단하지 아니하며 하늘에 오
르는 길을 한 계단 한 계단 올라가는
것으로 착각을 하고 있음이니라.
28 그리고 그들은 또한 구원을 받았다는
해괴망측한 그 망발을 하고 있음이니
라.
29 여기에 그들과 나의 사랑하는 선지자
너를 따르는 너의 제자들과의 엄연한
차이가 있음이니라.
30 너희들은 더럽고 추한 짓을 할 때 그
생각조차도 부끄럽게 생각하며 그 마
음을 거둬들이며,
31 곧고 바르며 나의 법전에 있는 그 내
용에 따라 살아가고자 너희들이 놀라
는 마음으로써 너희 자신을 가다듬으
며 나 여호와에게 너희들의 부끄러움
을 기도하는 것이 무엇이더냐?
32 이것이 변화됨이니라.
33 나의 성서를 보며 나의 법전을 보고
깨우치는 자, 너희들은 오로지 선한
길로 변화되고 변화되어서 가는 것이
너희들이 가는 길이니,
34 이것이 바로 나에게 선택된 백성들의

차별화임을 알아야 할 것이니라.
35 너희들이 그리 한 번 놀라며 추한 것을 생각하지 아니하며, 두 번 놀라며 너희들이 부끄러운 생각을 했던 것을 부끄럽게 생각하며,
36 너희들이 더럽고 추한 그 마음을 마음속에서 몰아내며 너희들이 행동을 하고자 한 그것을 거두어들일 때,
37 이것이 바로 무엇인 줄 아는가?
38 성서에 비유된 것이니라.
39 오른손이 잘못하고 도둑질할 때 그 손을 자르라 하였으며, 더러운 것을 보고 그것을 즐기는 너희 눈을 빼라 하였으며, 그리고 더럽고 추한 말을 들은 그 귀를 자르라, 그리하여 너희들이 바르고 곧은 하늘에 오르는 그 길을 찾으라 나 여호와가 너희들에게 간곡히 비유하여 성서에 알려 주었으니,
40 이것이 바로 그것이니라.
41 너희들이 더럽고 추한 마음을 거두어들이는 것이며, 더럽고 추한 것을 보지 않으려고 눈을 감으며, 듣지 않으려고 너희들의 귀를 막는 그것이 바로 내가 성서에 기록한 비유의 그 말의 뜻이니라.
42 이제 너희들은 그리 행하고 있음이니, 너희들이 바로 무엇이더냐?
43 몇천 년 동안 기록되어 온 그 성서의 내용을 너희들이 그리 시행하고 있음이니라.
44 지금 종교 지도자들은 그것을 정녕 너희들이 잘못해서 자르는 것으로써, 눈을 빼라는 것으로써, 귀를 자르는 것으로써 그와 같이 행하면 된다 그리 가르치나, 그것이 아니니라.
45 바로 여기에 뜻이 있음이니라.
46 너희들의 마음을 거두어들임이니라.
47 그게 바로 너희들의 육신을 자르는 것보다도 더 소중함이니, 내가 영의 세계의 너희들의 삶을 위하여 살라 했지, 육의 삶을 위해 너희들의 모두를 바치라 말하였더냐?
48 여기에 이 이치 하나도 모르고 지금 나의 피조물 만백성을 깨우쳐 하늘에 오르는 길이라 인도하는 종교 지도자들이 가르치고 있으니, 나의 성서의 속을 어찌 알겠는가?
49 그리하여 내가 너희들에게 말하였느니라.
50 수박이라는 것을 겉을 핥는 것이 아니라 그 겉조차도 모르고 있는 형국이라 내가 말하였음이니, 그게 바로 그들이 행하고 있음이니라.
51 그리하여 너희들이 나에게 소중한 백성이라 말하였음이니라.
52 너희들이 마음으로써 모두를 거둬들이며 그리 행하는 것은 바로 그것이 내가 너희들에게 가르침이니,
53 이 뜻을 너의 제자들에게 가르쳐 그 제자들이 성서에 기록되어 있는 그 뜻을 바로 보고 깨우치도록 그리 가르치라.
54 마음을 거두어들이는 것이 곧 성령으로 거둬들이는 것이며 성령으로써 행하는 것임을 알라, 선지자야!

2,246 번째 하나님 말씀

2002년 4월 23일 0시 06분

1 사랑하는 선지자야!

2 "네, 여호와 하나님! 말씀하옵소서."
3 구약과 신약의 역사가 수천 년 흐르는
동안에 나로부터 제사장이요, 선지자
요, 나의 명을 받아 세상에 나가 만백
성을 구하고 하늘로 인도하는 그들도
육이라는 그 삶의 생활 속에서 부딪치
고,
4 그리고 거쳐야 하는 모든 그 고비 고
비를 넘기고 또 넘기고 그 자신을 지
키고 살아가 나에게 오르고자 하였으
나,
5 그들 또한 그 육의 삶의 한계를 벗어
나지 못하며, 수시로 부딪치는 유혹이
요, 그 자신을 무너뜨리고자 하는 자
들로 그 한계를 넘지 못하여 저희 스
스로 그 죄를 인식하며 모두를 다 버
렸음이니,
6 너 또한 나의 선지자로서 네가 60에
가까운 인생을 살며, 육신의 세계에서
얽히고설킨 그 인생살이와 가족과 자
식과 모든 관계의 그 벽을 넘어,
7 네가 나의 성령을 받아 나의 법전을
기록하여 만백성을 일깨우는 그 길을
가는 길이 네가 생각하는 만큼 그리
쉽지 아니함을 너는 알고 있을 것이니
라.
8 그러나 너는 이 길을 넘어야 되는 것
이며 너는 행하여야 됨을 잊어서는 아
니 될 것이니라.
9 나의 법전의 열여섯 권을 세상에 냈으
며, 이제 2부의 열여섯 권이 세상에
나오니,
10 아직도 네가 말하는 10부까지 160권
의 법전을 넘기는 그 길고도 긴 세월
에 너 자신이 어찌 살아가며 지켜 가
야 할 것인가는,
11 그 부딪치는 수천, 수만, 수억 가지 생
활 속에서 그 모두를 네가 진리요, 순
리에 따라 바르고 옳게 살아가는 그
길밖에 없음이니,
12 네가 10년의 공을 들여 나 여호와의
뜻에 따라 나의 피조물 만백성을 구원
하고자 네가 몸부림치고 온 그 길이
13 단순히 몇 초 만에 너 스스로 모두를
다 무너뜨리며 너 자신이 부끄러워 나
에게 모두를 다 바치는 그와 같은 아
픈 상처를 갖지 아니하도록 해야 할
것을 잊지 말라.
14 또한 너의 제자들에게 일러야 할 것이
니라.
15 너희들이 오늘의 계명을 지키며 그 계
명을 지키고 산다 말하나,
16 너희들이 살아가는 그 생활 속에 부딪
치는 모든 육의 세속에서 이루어지는
그 생활에서 너희들이 1년, 2년이요,
또는 10년을 버틴다 해도,
17 너희들이 무너지는 그 순간은 몇 초도
아니 됨이니라.
18 과연 너희들이 한 점의 부끄러움이 없
이, 금화와 은화를 너희들 앞에 그득
히 쌓아 놓으며 너희 마음을 유혹할
때, 너희들은 어찌 지탱할 수 있는가?
19 사랑하는 선지자야!
20 "네, 여호와 하나님! 말씀하옵소서."
21 너희들은 말할 것이니라.
22 '어찌하여 여호와 하나님께서는 저희
들을 굽어 살피지 아니하시며, 저희들
을 도와주지 아니하시며, 이와 같이
살려고 노력하는 저희들에게 은혜와
영광을 내리지 아니하시는가?' 하며

너희들은 원망할 것이니라.
23 그러나 너희들은 들어야 할 것이니라.
24 너희들보다 더 잘 지키며 너희들보다
더 순종하며 너희들보다 더 나의 뜻에
따라 살아가고자 발버둥치는 자들이
있음을 알아야 할 것이니,
25 지금의 너희들보다 많은 자들이, 나의
성령이요, 나의 계명을 지키며 나의
법전의 뜻에 따라 살아가는 자들이 앞
에 있음을 너희들이 알아야 할 것이니
라.
26 뒤에 오는 자가 앞에 오는 자를 보지
못하며 나에게 은혜와 은총을 내려 달
라 말함이니,
27 나는 항상 앞에 가는 자, 앞에 달려가
는 자를 내가 보살피고 있으며 그들에
게 하늘에 오르는 길을 열어 주기 위
하여 나 여호와가 그들을 바라보고 있
음을 너희들이 잊어서는 아니 됨을 알
라.
28 오늘의 너희 모두에게 영광과 은혜를
주지 아니한다 하여 나에게 무엇을 달
라 기도하지 말라.
29 너희들이 생각할 수 없이 많은 자들이
너희들보다 높은 경지에서 어렵고 힘
든 그 고비를 하나하나 넘겨 오고 있
음이니,
30 나는 그들을 바라보며 그들이 하늘에
오를 수 있도록 그들을 보살피기에도
나 여호와가 다른 데 쳐다볼 시간이
없음을 알아야 할 것이니,
31 그리하여 내가 너희들의 육의 세상에
60점이라는 그 선을 넘었을 때 내가
너희들을 본다 하였음이니라.
32 그 선도 넘지 못한 너희들에게 내가
은혜와 축복을 내려 줄 것이라 너희들
이 그리 생각하지 말라.
33 사랑하는 선지자야!
34 "네, 여호와 하나님! 말씀하옵소서."
35 네가 10년이요, 20년이요, 그 세월을
참고 인내하며 바르고 곱게 살아온다
하여도, 네가 무너지는 것은 네가 숨
한 번 쉬는 것보다도 더 빠르고 무섭
게 무너짐이니,
36 그때 네가 너 자신이 무너지는 그와
같은 일이 있어서는 아니 될 것이며,
37 어떠한 순간이요, 어떠한 시기에도,
어떠한 상황에서도 너는 나 여호와를
바라보고,
38 나 여호와가 존재하며 너로 하여금 나
의 성령을 전하여 법전이라 만들어 나
의 피조물 만백성을 구하는 대업을 맡
은 것을, 너는 이를 잊어서는 아니 될
것이니라.
39 "전지전능하신 여호와 하나님!
40 저는 정녕 어찌하여야 하오리까?
41 인간사 세속에 살아가면서 황금 덩이
를 제 앞에 놓고 저에게 이 길을 가지
말라 할 때, 정녕 제가 감내할 수 없는
육신의 부귀와 영화를 누릴 수 있는
그 크나큰 황금 덩이를 주었을 때,
42 남들이 보지 않는 속에서 저에게 황금
덩이를 주며 사탄이 거래하자고 할
때, 제가 과연 그를 뿌리칠 수 있는 것
인가, 저는 정녕 자신이 없사옵나이다.
43 이 길을 어찌 가야 하오리까, 여호와
하나님!
44 무서운 매로써, 무서운 가죽채로써,
그리고 무서운 가시나무 채로써 저를
후려 주시고 저를 체벌하여 주옵소서.

45 그것만이 제가 갈 수 있는 길이며 제
가 지탱할 수 있는 길이옵나이다.
46 파도가 밀려와 바위에 부딪쳐 수천수
만 가지가 벌어지듯이,
47 그 무너지는 물방울처럼 밀려오는 모
든 생활 속에서 저 자신이 지키고 다
스린다는 것은 저 자신을 속이는 것이
며, 저의 제자들을 속이는 것이며, 여
호와 하나님 앞에 감히 그를 속이고
있사오니,
48 이를 어찌해야만 제가 바로 서며 제가
바로 가겠사옵나이까?
49 사랑하는 선지자야!
50 "네, 여호와 하나님! 말씀하옵소서."
51 네가 가는 길은 내가 주관함이요, 네
가 행하는 것은 내가 주관함이니, 네
머리로써, 네 상식으로 판단하여 네가
그 고통 속에서 허덕이지 말라.
52 너는 이미 내가 너를 주관하며 너를
통제하며 너에게 임하여 내가 함이니,
네가 인간으로서 생각하는 그 잘하고
잘못하는 것이요, 선과 악을 네가 구
분하지 말라.
53 그 모두는 나 여호와가 주관하며 내가
명하며 너에게 임함이니, 너 스스로
그리 판단하여 네가 괴로워 울지 말
라, 사랑하는 선지자야!
54 오늘이 있으면 내일이 있음이니라.
55 그 순간에 무너지는 그 모두를 네가
이길 수 있는 것은 나 여호와가 존재
함이요, 내가 너와 같이하고 있음을
잊어서는 아니 될 것이며, 그리고 또
한 네가 행하며 가는 길에 너는 너무
슬퍼 울지 말라.
56 그 모두는 내가 다 주관하고 있음이
니, 네 머리로 판단하며 네 머리로 결
정하지 말라.
57 네가 잘 가고 있음이니라. 네가 잘 깨
달아 가고 있음이니라.
58 오늘의 너에게 내린 모든 상과 명은
내일이 있기 때문이니라.
59 오늘에 네가 고통의 그 세월을 견디고
가는 것은 내일이 있음이요, 네가 도
저히 상식으로써 이해할 수 없는 그
고개를 넘으라 함은 내일과 모레가 있
으니, 그 후에 네가 그를 깨달음이니,
오늘의 네 생활에 너무 눈물을 흘리는
그와 같은 삶을 살지 말라.
60 미래를 보라.
61 나의 성령을 받아 160권의 법전을 기
록해야 될 것이며, 나의 피조물 만백
성을 구하여 새로운 역사를 이루는,
낙원을 이루는 네가 지금 뿌리를 내리
고 있음이니,
62 그 뿌리를 심음에 네가 흔들리지 말라.
63 거기에는 네가 말하는 좋은 퇴비라 생
각하는 것도 있으나, 옥토라는 것만이
옥토가 아님이니라.
64 그 옥토 속에 벌레도 있을 것이며 그
씨앗을 갉아먹는 병충해가 있을 것이
니,
65 내가 너에게 내리는 그 옥토가 옥토로
아니 보일망정 내가 내리는 것은 옥토
이니, 너는 그저 받아 그곳에 씨앗을
심으면 되는 것이니,
66 네 머리로 판단하지 말라, 선지자야!

부 록

【하나님께서 가르쳐 주신 운동】

천재지변이 일어날 때, 동물이나 미물들은 미리 알고 대피하지만, 인간은 알지 못하고 큰 화를 당합니다. 하나님께서 인간에게 가장 높은 지혜를 주시고 완벽하게 창조해 주셨기에 동물들보다 더 잘 알 수 있지만, 욕심으로 마음이 혼탁해져서 한 치 앞을 보지 못하는 것입니다.

마찬가지로, 인간은 누구나 스스로 필요한 운동을 해서 건강을 지킬 수 있도록 하나님께서 만들어 주셨습니다. 우리의 머리에서 우리 몸에 필요한 동작을 해 달라고 끊임없이 신호를 보내지만, 인간이 혼탁하게 살아서 그 신호를 알아채지 못합니다. 그러니 자연스럽게 자기 몸이 원하는 그 신호를 따라서 운동하는 것이 하나님께서 가르쳐 주신 운동 방법입니다. 바로, 우리의 영이 육을 이끄는 운동입니다.

▶ 하나님 운동법

1. 눈을 감고, 발을 어깨너비로 벌리고 바르게 선다.
2. 몸에 힘을 풀고, 허리를 숙이면서 손과 머리를 아래로 내린다.
3. 허리를 펴고 싶을 때, 천천히 펴면서 하고 싶은 동작을 하면 운동이 시작된다. (사람마다 다르다.)
4. 멈추지 말고, 어떤 동작이든지 자기 몸의 느낌대로 계속 이어서 한다.

▶ 참고 사항

① 눈을 감은 상태로 아무 생각 하지 않고, 자기 몸의 느낌대로 움직입니다.

② 마음을 비우고, 욕심을 버리고, 지난날의 잘못을 반성하면서 몇 차례 시도하다 보면, 자기도 모르게 하고 싶은 동작이 끊임없이 생깁니다.

③ 운동 장소는 방 안이든 운동장이든 관계없으며, 걷거나 달리고 싶을 때는 눈을 떠도 됩니다.

④ 매일 40분 이상, 주 4회 이상, 3개월 이상 하면 음식 조절에 들어갑니다.
- 음식으로 생긴 병은 음식으로 치료하게 되며, 어떤 음식을 먹어야 하는지 스스로 알게 됩니다.
(자기 몸에 필요한 음식만 먹고 싶어집니다.)

⑤ 사랑하는 사람과 함께 운동하면 서로 치료해 주기도 합니다.

⑥ 운동을 하다가 몸의 어느 한 부분을 계속 손으로 자극한다면 그쪽에 이상이 있는 것이니, 의사에게 상담을 받고 적절한 치료를 받으면 됩니다.

⑦ 다이어트 및 기타 건강관리에 효과적입니다.

⑧ 꾸준히 운동하여 영이 맑아지면, 자신의 과거와 미래를 스스로 보게 됩니다.

누구나 스스로 하실 수 있습니다.

간행사

《새로운 성경》은:

· 새로운 성경은, 하나님께서 선량하고 선한 자를 선택하여 십계명을 암송하도록 하시고, 십계명을 암송한 다음에 음성으로써 들려주시는 말씀을 듣고 그대로 카세트테이프에 녹음해서 받아쓴 책입니다.

· 90분짜리 녹음테이프 700여 개에 달하는 말씀으로, 1999년 8월부터 2004년 7월까지 총 160권(권당 288쪽)을 완성하였으며, 그 이후에도 현재까지 계속 말씀을 내려 주고 계십니다.

· 새로운 성경은 "하늘을 두루마리 삼고 바닷물을 먹물 삼아 쓰고 써도 다 못 쓴다"는, 끝없이 방대한 하나님의 말씀이 두루마리로 직접 내려오는 것입니다. 이러한 새로운 성경은 구약과 신약을 폐하려는 것이 아니라 "인봉된 성서의 비유의 뜻"을 상세히 설명하여 완성하고자 하나님께서 직접 내려 주신 말씀입니다.

《새로운 성경》의 구성:

· 제 목: 2013년, 160권 모음집을 발간하면서, 본 도서의 제목을 "하나님! 말씀하옵소서"에서 《새로운 성경》으로 명해 주셨습니다.

· 단행본: 각 권당 288쪽(신국판) 책이 160권까지 시리즈로 출판됩니다.
(모음집은 단행본을 16권씩 묶어서, 총 10부로 구성됩니다.)

《새로운 성경》의 성경적 근거:

· 신약 성경 [요한복음] 16장 13절에 "진리의 성령이 오시면 그가 너희를 모든 진리 가운데로 인도하시리니 그가 자의로 말하지 않고, 오직 듣는 것만을 말하며" 하신 말씀처럼 하나님의 음성을 들은 것만 기록하였으며,

· "장래 일을 너희에게 알리시리라" 하신 말씀과 같이 개인, 나라, 인류의 "장래"일을 하나님께서 알려 주시는 것만 기록하여 책으로 만들었습니다.

《새로운 성경》의 기록 방법:

- 1999년 8월부터 하나님께서 저에게 들려주시는 음성을 기록하였습니다. 처음에는 제가 들은 말씀을 불러 주면 저의 아내가 기록하여, 2000년 1월 29일에 1권 초판이 세상에 나왔습니다. 2000년 4월부터는 주시는 말씀을 받아 녹음기에 기록하기 시작하였습니다.

- 녹음을 시작하면서 하나님의 말씀을 받는 데 가속도가 붙었고, 2001년 5월 3일에 1부(1~16권까지)를 인쇄하여 출판하였으며, 2004년 7월까지 총 160권 분량의 말씀을 받아 기록하였습니다.

하나님께서 저에게 주신 것은:

- 첫째, 만백성을 상대로 내려 주시는 "기도", 둘째, 수시로 내려 주시는 "묵상", 셋째, 개인의 과거, 현재, 미래를 알려 주시는 "개인 기도", 넷째, 개인의 건강을 위해서 내려 주시는 "음식 처방", 다섯째, 하나님께서 가르쳐 주신 "운동"등이 있습니다. 이 중에 첫 번째, "기도"를 책으로 편찬하였습니다. 사람의 생사, 개인의 미래에 관한 천기는 수록하지 말라 하셨습니다.

강론 안내:

- 하나님께서는 지금도 매일 저에게 새로운 하늘의 비밀의 말씀을 내려 주고 계십니다. 수시로 내려 주시는 말씀을 정리해서 제자를 육성하라는 말씀에 따라 매주 강론을 하고 있습니다. 누구나 무료로 들으실 수 있습니다. (book160.com)

《새로운 성경》을 읽는 분들에게 드리는 선물:

- 개인 기도: 개인의 과거, 현재, 미래에 관하여 말씀을 내려 주십니다.

- 음식 처방: 사람은 음식을 먹고살다가 건강을 잃으니, 음식과 운동으로 건강을 되찾는 방법을 알려 드립니다. 단, 하나님이 계심을 믿고, 십계명을 지키겠다고 진실로 서약하는 분들께 알려드립니다.

《새로운 성경》의 은혜와 기적:

- 새로운 성경 전160권은 16권씩 묶어서 총 10부의 모음집으로 구성됩니다. 모음집 한 부를 읽고 깨우치는 자에게 하나님께서 다음과 같은 기적이 있다고 하셨습니다.

· "첫째, 그가 죽어 하늘에 갔을 때 그의 죄를 묻지 아니하며, 구원을 받는 위대한 은혜가 있으며, 둘째, 그의 소원과 소망이 이루어지고, 셋째, 죽은 자(부모, 형제, 자식, 사랑하고 은혜 입은 분)의 이름으로 구입한 책을 읽고 누군가 한 사람이 깨우칠 때, 그 죽은 자가 지옥에서 천국으로 구원을 받게 되며, 넷째, 유산, 중절 수술 등으로 태어나지 못한 아이를 위하여 구입한 책을 보고 한 명이 깨우쳤을 때, 그 아이가 사람으로 다시 한 번 태어나는 은혜를 받는다."

· "새로운 성경"을 3회 이상 정성을 다해 정독하는 자, 성서의 비밀을 알게 되고, 세상의 이치를 알게 되며, 세상을 지배하고 통제할 수 있는 지혜를 다 얻게 된다고 하셨습니다. 이 책은 만백성이 정독하고 이웃에게 전하여, 평생 가슴에 묻은 슬픔과 고통의 짐을 벗고 미래를 위한 힘찬 삶을 살아가도록 하는 책입니다.

끝으로

· 하나님께서는 흰 눈이 세상을 덮듯이 새로운 성경을 온 세상에 전하라고 하셨습니다. 《새로운 성경》 을 각국어로 번역해서 온 인류에게 구원의 길을 깨우쳐 주고, 그 수익으로 가난하고 어려운 백성을 구제하여, 만백성의 영과 육을 함께 구원하는 선지자의 임무를 수행하라고 저에게 명하셨습니다.

· 하늘에서 내려 주신 말씀의 보화를 만백성에게 나누어 주는 것이 선지자의 임무라고 하셨습니다. 새로운 성경을 통해서 얻는 재물을 사용할 곳도 하나님께서 일일이 명해 주십니다. 모든 재물은 저의 자의로 쓸 수 없고, 하나님께서 명하시는 대로만 쓰여집니다.

· 어떤 명분으로든 십일조나 각종 헌금을 거두어들이지 말라 하셨으며, 국내뿐 아니라 각국에 성전과 단독 서점을 운영하며, 한국의 많은 젊은이들을 전 세계에 지도자로 내보내라고 하셨습니다.

· 우리는 세계적으로 새로운 성경을 보급하며 어려운 이들을 돕는 역사를 해 나갈 것입니다. 지금까지 비록 몇 명 안 되는 제자들과 함께 이러한 일을 역사했지만, 앞으로도 계속 하나님께서 기뻐하시는 일들을 해 나갈 것입니다. 부족한 저희에게 여러분들의 지혜와 성원을 보내 주시기를 바랍니다. 많은 분들의 참여와 도움을 간절히 기다립니다. 감사합니다.

한국어로 내려온 《새로운 성경》 단행본을 출간하며
2016년 4월 10일

발행인 **김 용 철**

한국어로 내려온

새로운 **성 경** · 2부 · 제29권

지은이 하나님 말씀
대역자 김용철

초판인쇄 1쇄 2006년 12월 12일
재판인쇄 1쇄 2017년 4월 3일

펴낸 곳 도서출판 하얀마음
등록번호 제 10-2107호 (2001년 2월 14일)
주소 서울시 노원구 덕릉로86길 5, 2층
전화번호 02) 313-1114
팩스 02) 393-5554
전자우편 book160@hanmail.net
편집위원 조나영 김미향 이석교
제작지원 민평기 양영아 민대웅 민영주 김도윤 민지영 이현종

도서상담 1600-7527
ISBN 978-89-5875-129-8 (04230)
978-89-5875-100-7 (세 트)

값 10,000원
잘못된 책은 구입하신 곳에서 바꾸어 드립니다.

※이 책은 10부로 제작되며, 각 부 16권씩 총160권으로 구성됩니다.※

1부	**2부**	3부	4부	5부	6부	7부	8부	9부	10부
1권	17권	33권	49권	65권	81권	97권	113권	129권	145권
2권	18권	34권	50권	66권	82권	98권	114권	130권	146권
3권	19권	35권	51권	67권	83권	99권	115권	131권	147권
4권	20권	36권	52권	68권	84권	100권	116권	132권	148권
5권	21권	37권	53권	69권	85권	101권	117권	133권	149권
6권	22권	38권	54권	70권	86권	102권	118권	134권	150권
7권	23권	39권	55권	71권	87권	103권	119권	135권	151권
8권	24권	40권	56권	72권	88권	104권	120권	136권	152권
9권	25권	41권	57권	73권	89권	105권	121권	137권	153권
10권	26권	42권	58권	74권	90권	106권	122권	138권	154권
11권	27권	43권	59권	75권	91권	107권	123권	139권	155권
12권	28권	44권	60권	76권	92권	108권	124권	140권	156권
13권	29권	45권	61권	77권	93권	109권	125권	141권	157권
14권	30권	46권	62권	78권	94권	110권	126권	142권	158권
15권	31권	47권	63권	79권	95권	111권	127권	143권	159권
16권	32권	48권	64권	80권	96권	112권	128권	144권	160권